湛庐CHEERS

与最聪明的人共同进化

HERE COMES EVERYBODY

可复制的成功

SCALING UP EXCELLENCE

[英] 罗伯特·萨顿　哈吉·拉奥　著
Robert Sutton　Huggy Rao

王殊　译

浙江教育出版社·杭州

前　言

成功的增量问题

《可复制的成功》这本书解决的是领导者和组织面对的一个挑战，即如何将建设性的信念和行为从局部扩散到整个组织。书中介绍了打造和发掘成功案例，以及传播这些成功案例的方法，同时也告诉大家，当一个组织变得越来越成熟壮大，而不是滑向平庸、每况愈下时，如何运用更好的方法去完成手头的工作，来给组织充电、增加能量。

2006 年，我们在斯坦福大学开设了一个主题为“以客户为中心的创新”的管理培训课程，为期一周。从那时起，这个挑战就与我们形影不离，时时冲击着我们的头脑。无论我们给课程的参与者布置什么任务，比如讨论哈雷－戴维森（Harley-Davidson）的案例、在机场采访捷蓝航空公司（JetBlue）的顾客，或是设计方案以改善加油站的顾客体验，同样的问题总是困扰着课程参与者，令他们苦恼。参与者做出的评论、提出的问题都绕不开这个挑战，大家都认为它是在建立以客户为中心的组织方面的最大障碍。课程参与者的反馈迫使我们每年都要花更多的时间来研究如何应对这个挑战。

我们将这一挑战称为“成功的增量问题”，也即如何在组织中“复制成功”。公司的高管总是能够指出，自己的组织里在发掘与满足客户需求方面有哪些成功之处。每家企业都会有一些成功之处，只是还不够。如何将成功传播给更多人、传播到更多的地方，这个挑战总是使高管们感到困难重重，令他们抓狂，甚至夜不能寐。他们同时也强调，复制成功不局限于建立以客户为中心的组织方面，它是领导者在带领组织追求各方面成功的路上所必须掌握的技能。

那些高管对于成功的迷恋令我们深受感染，同时也令我们感到很苦恼。无论我们原本在谈论哪些内容，成功的增量问题总是很快地成为我们大部分对话或往来邮件的主题。这个问题无处不在，而且对每位领导者和每个组织的前途而言举足轻重，因此我们也对之兴趣盎然。同时这个问题也让我们很伤脑筋，因为高管们的问题提得非常高明，而我们的回答却空洞无物。而且一旦大家了解到我们在探究有关复制成功的问题，更多棘手的提问就会接二连三地涌来。不管是谷歌公司还是少儿团体，领导者们都在探索更好的答案。于是，我们开启了这个为期 7 年的探索项目，这本书也就应运而生了。

在 7 年之中，我们做了许多工作，来探索复制成功的方法。我们做的所有工作都始终围绕着两个目标：一个是力所能及地找到最严谨的证据与理论，另一个是给那些希望大规模复制成功的人提供实质性的意见和建议。至于我们是在撰写一份关于惠氏制药公司（Wyeth Pharmaceuticals）开展精益化生产案例的研究报告，还是在大伤脑筋地思索团体有效性研究（Group

Effectiveness Research）对管理美国海军海豹突击队（U.S. Navy Seals）和麦肯锡顾问的意义，是向热衷于推广以患者为中心的治疗方案的挪威医疗保健部门高管提出不同意见，还是指导一群学生去说服斯坦福大学的足球队队员骑自行车时要戴头盔，都不影响我们对于这两个目标的追求。

理论研究的世界单纯、谨慎、有序。身为研究人员，我们如此热爱学术的严密性。但在现实中，当人们努力将成功复制给其他有需要的人时，会出现许多与他们息息相关的复杂问题、令人抓狂的局促状况以及一波三折的曲折事件，因而我们会在学术研究世界和现实生活之间来回穿梭，研精致思。

这种方式使我们将精力集中在以大规模研究为基础的理念开发上，以帮助大家复制成功，并且会一直吸引着大家的关注。本书中的各个章节阐述的就是这些经验教训。我们致力于让这个挑战回归到它的本质，并提出一些切实可行的建议，而这些建议都来自我们在写作本书的过程中总结的四大经验教训。这些经验教训不仅帮助我们完成了这本书，而且它们对所有正在思考或经历“成功的增量问题”的人来说，都是有益的精神食粮。

复制成功的经验教训

我们首要的经验教训是，尽管各地的日常生活细节不尽相同，但是关于复制成功的挑战，相似性比差异性更为重要。无论领导者的任务是什么，比如将一家像脉冲新闻（Pulse News）这样的硅谷初创公司的规模从 4 个人发展到 20 个人、将谷歌公司的律师团人数翻倍、将啤酒销售表现最佳的美国百威啤酒分销商的实践方法推行到其他的分销商那里，或是在华盛顿哥伦比亚特区新设立一所 KIPP 特许学校[1]、发展幸福生活酒店集团（Joie De Vivre）的业务、在得克萨斯州新开一家时思糖果店（See's Candies）、降低旧金山地区医院的用药出错率，抑或是在中国新开一家宜家门店，领导者所面临的关键性抉择和帮助组织获得成功所需遵循的原则都惊人地一致。

我们所探究的抉择兼具通用性和关键性，它们影响着成功是如何被复制的。抉择的关键之一，就是是否以及何时采取克隆式复制或改善式复制的方法。要做到有效地复制成功，领导者势必要做出一些权衡。这些权衡需要在以下两种方式中调整：要么使新员工、新地方完美地“克隆”一些原有模式，要么鼓励大家做一些本地化修改，以及实验性、个性化定制。我们展示了明智的领导者和组织是如何处理这种具有共通性的抉择的，以及他们是如何做出取舍的。比如，是“更多”还是“更有效”地复制成功，是以“单干”还是“合伙”的方式。

我们借鉴了丰富的案例研究与复制成功方面的资深人士进行的日常对话和邮件往来，并参考了几百项学术研究成果，最终总结出可以用来指导领导者顺利复制成功的 4 个经验教训。我们曾主持过一个高管研讨会，他们当时正在尝试使大型监狱专注于让犯人改过自新而非一味细化惩罚机制；我们曾与百胜餐饮集团的 CEO 戴维·诺瓦克（David Novak）谈论他是如何为塔可贝尔（Taco Bell）、必胜客、肯德基的连锁店培养领导者的；我们曾与互联网公司的高管和工程师面谈，讨论他们是如何招募到上千名新工程师的；我们还撰写过一个案例研究，关于捷蓝航空公司及其高管邦尼·西米（Bonny Simi）是如何在恶劣的天气下实施关闭机场的最佳方案的。这些经历带给我们的第一个经验教训就是，仅仅向人们解释为什么应该复制某种形式的成功，是不足以促使他们采取行动的。经验丰富的领导者会找到一些激发情绪的方法，

① 指“Knowledge Is Power Program”（知识就是力量项目），是美国的一种大学预科公立学校，全国统一招生。——译者注

来推动人们采取实实在在且令人满意的行动。这一观察结果与关于个人行为和社会活动的研究成果相吻合。因此，我们在第 3 章展示了如何对“热问题”进行“冷处理”，从而推动复制成功的进程。

在《可复制的成功》一书中，我们还呈现了在某些情况下为什么某个原则比其他原则更有成效，以及该如何运用每个原则来传播新的信念与行为。对于那些曾将某一类成功传播开来的人来说，他们往往认为自己是“第一个吃螃蟹的人”，但事实可能并非如此。实际上，有些共同的抉择和原则能够引导他们更顺利地走下去。而且，从那些亲身经历过类似挑战的人们身上学习成功的经验和吸取失败的教训，也会使自己轻松得多，或许还能避免经受同样的痛苦，代价也不会那么昂贵。

我们的第二个经验教训是，复制成功不仅关乎成功的增量问题。“成功的增量问题”这一提法其实并不准确，它会将人们引入这样的误区：当人们认为自己已经表现得十全十美的时候，他们会认为，自己需要做的只不过是将这种完美扩散得更远更广。虽然复制照搬与不断重复始终是复制成功过程中的一部分，但真正的复制成功并不是简单地重复使用同样的老魔法，仅仅使数据有所增长而已。如果只是一味地去完全“克隆”一些原有的理想化模式，比如照搬创始团队、特许经营、建立工厂、进行质量管理、革新流程、开设特许学校或社会服务项目，那显然是不够的。

更准确地说，我们要解决的这个问题既与如何更广泛地复制成功有关，也和怎样更有效地复制成功脱不了干系。正如奥斯卡金像奖得主、皮克斯公司的导演布拉德·伯德（Brad Bird）所言，但凡是能复制成功的组织，都处于“无休止的不安分”的状态中。这种状态经常会让人感到不自在，驱使组织的领导者持续不断地革新，而这股驱动力是源于领导者永远感觉不满意的一种不安情绪。无论是诸如 Twitter 这样年轻的社交媒体公司，还是在菲律宾快速扩张的 KALAHI 扶贫项目；无论是像美国加州的 Lulu’s 餐厅这样在开业后前 10 年里只开了 3 家门店的连锁品牌，还是存在了 90 年历史、拥有 5 万名员工的克利夫兰市诊所；无论是像沃尔玛这样的大型跨国公司，还是阿肯色州的肯德基餐厅，想要有效地复制成功，都需要一种永不满足的精神。这就意味着要在新旧体制中不断地找寻与实施更好的思维模式与行动方法。

我们的第三个经验教训是，善于复制成功的高手的处世方式，是即使深陷于一个混乱的局面，但还是相信一切可控。他们相信，只要拿出英明的决定、遵循正确的原则、发挥技能并运用常识，就能在一定程度上对组织的命运有所控制，从而提高成功的概率。但是他们同时也意识到，复制成功的过程错综复杂，充满着不确定因素，比如他们有时候会因为遇到无法预知与令人不快的事情而备受打击，有时候又会感到特别沮丧和惶惑，甚至会感受到弥漫在空气中的失败气息。在这种时刻，甚至在长达数月的混乱时期里，最卓越的领导者和成功的团队都能坚毅地前行，甚至会自娱自乐。

我们从戴维·凯利（David Kelley）的身上见识到这种在混乱中坚毅前行的力量。戴维·凯利是全球知名创新咨询公司 IDEO[①] 的创始人。从 1995 年开始，我们就关注了 IDEO 公司并经常与其合作。在此期间，它从一个只有 75 名员工、3 个办公地点的产品开发公司，发展成了一个拥有 600 多名员工和 8 个办公地点的综合性创新咨询公司。这家公司早期主要开发诸如法拉第（Faraday）电动车这样的产品，不过现在 IDEO 创新者的工作无所不包，比如为献血的人提供一些更人性化的体验，为普拉达的纽约门店设计试衣间，帮助三星公司制定创新战略等。通过所有这些业务扩张活动，IDEO 在某种程度上维持住了它原有的玩乐精神和对成功的渴求。而早在差不多 20 年前，我们就对这些品质十分欣赏。

---

① IDEO 以长久保持高水准创新能力而闻名，倡导以人为本的设计思维，用创新性的方式解决“真正棘手的问题”，IDEO 现任 CEO 蒂姆·布朗（Tim Brown）将设计思维系统性地呈现在《IDEO，设计改变一切》（*Change by Design*）之中，本书简体中文版由湛庐策划，浙江教育出版社于 2019 年出版。——编者注

当 IDEO 正在发展壮大时，凯利和其他高管始终相信公司的前途尽在掌握之中并将自己的信心表现出来。这是他们获取成功的很大一个原因。具体而言，他们运用了许多复制成功的原则。对于这些原则，我们将在后面的章节中详细阐述。凯利在这方面尤为技高一筹，举例来讲，当 IDEO 要招募新员工、开设新的办公地点时，他会引导相关人员“制造一个热点问题”（见第 3 章）并“扩张优势”（见第 6 章）。当所有事情似乎都不顺利，大家惶惑不已、脾气一点就炸，甚至快要崩溃的时候，凯利采取的可能就是他最好的、最明智的做法了。他会提醒大家：“生活有时就是一团乱麻。你唯一能做的就是接受它，尽量地喜欢它，并继续前行。”

我们的研究表明 IDEO 并非异类。有效复制成功的组织中到处可以见到一些人，他们相信自己所处的混乱状态完全是可控的。这个经验教训同时也为实践本书中所提及的理念提供了很好的指导。书中的这些原则能帮助你顺利地将局部的小成功复制到整个组织。但请记住，你和你的同事总会经历一些混乱、迷惑和沮丧的阶段，这时候，没有任何方法是能够彻底解决问题的，哪怕是这里我们提到的建议也可能没什么用。一旦发生这种情况，上上策就是“拥抱”这些混乱，在混乱中继续前行，直到前路变得清晰。

我们的第四个经验教训是，复制成功始于个人、终于个人。成功与否，取决于组织中各层人员的个人意愿和技能水平，而不仅仅是需要高管担心和解决的事情。当然，许多复制成功的活动是由组织高层发起的。但是，如果没有整个组织员工的热忱、努力和想象力，高管是不可能顺利复制成功的。举个例子，2007 年，惠氏制药公司总裁迈克尔・卡马克（Michael Kamarck）最初做了一个决定：他配置了一部分资金，并以个人名义作担保启动了一个项目致力于改变 17 000 名员工的思维模式与行动方法。如果没有那么多有奉献精神的一线主管和中层管理人员的努力，惠氏公司 37 个生产工厂是不可能在节省了 25% 成本的同时还能提高生产质量水平的。他们对每个工厂进行了初期的“微改造”，即打造一套全新的成功模板，然后把它推广到其他所有配套部门。

比如，在位于纽约州珀尔里弗（Pearl River）的生物技术工厂里，菲森·哈克纳萨尔（Fysun Haknasar）带领团队进行了微改造。该团队在注射器灌装疫苗的批量生产过程中，系统化地移除了一些不必要的步骤，缩短了批次转换时的延误时间。他们将转换流程的平均耗时从 14 小时锐减到 7 小时。之后，哈克纳萨尔以“教练”的身份，将这些经验逐级传授给了珀尔里弗工厂的其他团队。

许多组织之所以诞生，正是由于某些精力充沛的人发现了问题并决意去解决它。以下是人类学博士生香农·梅（Shannon May）前往发展中国家研究经济发展状况的经历。她有一部分工作是要在当地的一所小学教英语。而令香农·梅感到震惊的是，那所学校里的一些老师对于应该向学生教什么缺乏足够的了解。同时，她还很反感他们不怎么关注学生，不按时出勤，甚至有的人会在午餐时间就喝得醉醺醺的。她认识到，像这样糟糕的学校只会加速贫困的恶性循环。香农·梅推测，在她之前任教的小学中，估计有 80% 的学生从未熟练掌握阅读、写作技能，甚至连基本的算术都不太会。

于是，香农·梅开始与企业家杰伊·基梅尔曼（Jay Kimmelman）和菲尔·弗赖（Phil Frei）商谈，他们三位琢磨着：“为什么没人像星巴克研究咖啡那样，认真考虑在发展中国家建学校的事呢？”不久后，他们就筹资创立了“桥梁国际教育”（Bridge International Academies）。这是一家高质量、低成本的学前和小学教育连锁机构，旨在培养高素质的学生。2009 年，第一所以“教学盒子”（Academy-in-a-Box）为办学模型的学校在肯尼亚内罗毕的穆库鲁（Mukuru）贫民窟开学了。目前，这家机构在 3 个非洲国家运营着 140 余所学校。在那里，父母只要每月支付 4 ～ 10 美元，孩子就可以从 3 岁开始进入学校，并得到高水准的正规教育。而那里的学生所取得的好成绩也令人印象深刻，这给他们的父母带来了希望，增强了对自己的孩子将来能摆脱世世代代贫困的信心。另外，这些学校还创造了 2 000 多个不错的工作机会。

即便是在一些规模较大的公司里，复制成功的推动力往往也并非由公司高层发起的。在一家杰出的公司里，人们明白，尽管组织内部不会时时获得成功，但成功的经验可以从任何角落生根发芽。下面举一个在道格·迪茨（Doug Dietz）身上发生的例子，他是通用电气公司医疗器械业务部的一位工程师。

2005 年，迪茨去一家医院查看一台他曾协助设计的新型核磁共振成像设备。当时他有了一个出乎意料的发现。那天，迪茨迫不及待地想看看自己的宝贝设备正式运行的情况。但当他见到第一位前来做检查的患者时，所有的自豪感一下子烟消云散了。这是一个 7 岁小女孩，当时她被那台冰冷的白色机器和它所产生的可怕噪声吓得大哭。迪茨意识到："我们设计的东西对小孩子来说，简直糟糕透顶。"

之后，迪茨花了 5 年的时间，为儿童医院开发并推广了"历险系列"（Adventure Series）的检查设施。医院检查室内五颜六色，围绕着"海盗岛""丛林探险""舒适营地""水下探险"等各种梦幻主题设计而成。通道里画上了动物和鱼，各种医疗设备也被涂成潜水艇或海盗船的样子；室内播放着丛林中的声音或海盗歌曲，空气中还散发着薰衣草香水或果汁朗姆酒的味道。迪茨和医院的员工、通用电气的设计师、孩子家长以及儿童顾问团队一起，将孩子们做检查的过程变成一次有趣的"历险"体验，比如让小孩子爬进一个挖空的树干或睡袋里。截至 2014 年，大概在 20 家医院里有 80 个这样的"历险检查室"，其中包括 X 光机、核医学仪器和核磁共振成像设备的检查室。这种检查设施的推广最终使检查过程中镇静剂的使用率下降了 80%，不仅让小孩子不再害怕做检查了，而且家长的满意度也提高了 90%。许多小孩子都非常喜欢这种体验，他们甚至还会央求父母再来检查一次。

从何处着手

我们经常会和宝洁公司前高管、下一章节的主角之一克劳迪娅·科奇卡（Claudia Kotchka）一起，向学生、经理以及高管教授本书中提到的决策方法和原则。有时，我们也会共同指导那些正在努力复制成功的人。科奇卡经常被大家问到一个问题，即应该从何处着手。在我们看来，她的回答完美地总结了我们说的这 4 个经验教训。她说："从你自身着手，从你现在所处的位置着手，充分利用你现有的和能够得到的资源。"这个忠告不仅适用于复制成功的开始阶段，而且将在整个过程中发挥作用。

接下来，我们就开始正式地介绍关于"成功的增量问题"的各个具体的方面。第 1 章开头讲的是我们在这 7 年的探索历程中发现的有关复制成功的基本见解。然后，我们会介绍 7 条复制成功的箴言，每一条都是贯穿本书的重要主题，也是复制成功的关键要素。

测一测　　你知道如何带领组织复制成功吗

1. 复制成功，指的是扩大组织的规模与优势，将局部的小成功“复制”到更大的范围。复制成功始于个人、终于个人。成功与否，取决于组织中各层人员的意愿和技能，而不仅仅是高管。

   A. 正确　　B. 错误

2. 复制成功靠的是贯彻组织的思维模式，而不是强制性的规定。

   A. 正确　　B. 错误

3. 思维模式的传播靠的是文字与语言的影响力，图像、气味、声音等对于思维模式的影响微乎其微。

   A. 正确　　B. 错误

4. 小型组织遇到问题时应该尽量采取当下最简单易行的措施，追求当下的尽善尽美，不用过多地考虑长远的未来。

   A. 正确　　B. 错误

5. 组织通常使用激励手段来扩散良好的行为，但误导性的激励手段可能会鼓动人们投机取巧。

   A. 正确　　B. 错误

扫码下载“湛庐阅读”App，
获取测试题答案和解析。

目 录

第二部分
扩散局部小成功的五大策略 / 063

SCALING UP EXCELLENCE

Getting to More Without Settling for Less

第一部分

复制成功的两个原则

第 1 章

原则 1

01

这是一场地面战，所有的行动都要深入泥土

我们明白了一条最重要的道理，它值得每个人都时刻牢记在脑海里。那就是，如果你一心想把成功的经验模式传播给更多人、传播到更多地方，那么作为掌握着“扩展人类组织规模的魔法”[①]的相关人士，你的行动应该像在进行一场地面战，而非空战。

在第二次世界大战的空战中，指挥官通常会命令飞行员朝一个大致的方位投掷炸弹或进行扫射，希望这样能有效打击敌人。不幸的是，这种进攻方式的精准性非常差。政治学家罗伯特·佩普（Robert Pape）估计，第二次世界大战期间，“美国投下的炸弹仅有 18% 落在距离目标约 300 米以内的地方，而英国在晚上投掷的炸弹仅有 20% 落在距离目标约 8 千米以内的地方”。即使空中打击的人员伤亡数量更少，美国盟军的长官也明白，如果不展开地面战，使士兵更接近目标，一寸寸地去争夺领土，他们便毫无胜算。即便是时至今日，哪怕导航系统能确保 70% 的炸弹落在距目标约 10 米以内的地方，仅靠空战也不足以打败敌人。美国空军退役上将梅里尔·麦克皮克（Merrill McPeak）曾得出这样一条结论：“在战争一开始就把地面部队排除出去是一个重大的失误。”

① 这一说法来自美国硅谷顶级投资人本·霍罗威茨（Ben Horowitz）。——编者注

同样的道理，英明的组织领导者也知道，想要将一些成功的优势从少数员工复制给大多数员工，仅仅是突击式地用一些简单的幻灯片给员工做演示，上几天培训课，或者举办一场鼓舞人心的演讲，都是不行的。当然，在复制成功的过程中总会出现一些关口。在遇到这些关口时，有时选择简单易行的道路或者保证快速胜利的做法，才是明智的。不过，随着对一个又一个的案例研究得越发深入，我们发现，其实当初我们并没有很好地去理解那些所谓的轻松又快速地复制成功的案例。复制成功的重点是磨合，迫使每个人，每个团队、小组、部门或组织，在自己的思考方式或者行事方式上做出一个又一个微小的改变。

这正是克劳迪娅·科奇卡在宝洁公司推广创新方法的 7 年中所学到的。科奇卡是设计创新与战略部门的副总裁。一开始她的团队人数很少，只有一个项目，到了后期，团队的创新专家超过了 300 人，他们投入了几十项业务。我们问过她这样一个问题：在复制染成功的过程中，她吸取的最重要的经验教训是什么？她回答说，她不是一个有耐心的人，而是一个希望工作能够立刻被完成的人，并且要尽可能快、尽量简单。这种说做就做的方式对她的团队十分适用，促使大家每天都有所进展、找到捷径并迅速达成目标。但是科奇卡也解释道，如果这种对行动的偏好没有与耐心和毅力相融合，她的团队可能就无法复制成功了。她说：“首席执行官雷富礼（A. G. Lafley）多次跟我强调务必注意这一点。”科奇卡的忠告让人联想起麦肯锡的一位顾问，他是复制成功方面的高手。他曾告诉我们：“当大型组织的规模扩展进程很顺利时，他们会专注于‘使 1 000 个人齐步向前一步一步地走，而不是只让一个人的脚步向前挪 1 000 步’。”

这一行为准则对小型初创组织也同样重要。对于香农·梅和她的团队来说，自从他们创立了我们在前言里提到的“桥梁国际教育”这个低成本、标准化的学前和小学教育连锁机构以后，“使团队齐步向前走”这个行动准则已经成为他们的生活方式了。让我们来看看“桥梁国际教育”筛选和培训新老师的艰苦过程吧。2012 年初，他们一共为 51 所新学校和 83 所现有的学校招聘了 800 位老师。学生每周一到周五的上学时间是早上 7 点到下午 5 点半，周六还要来学校半天，而老师需要让学生尽可能地将时间花在“完成布置的作业、积极参与学校学习”上。“桥梁国际教育”的一个30人的团队面试了10 000名教师候选人，每名候选人要经过一系列的测试，这些测试包括阅读能力、写作水平、数学考试。面试团队还请候选人做简短的演讲，并与他们一对一地面谈，以评估候选人教授教材及与学生互动的能力。团队最终选定1 400名入围者，并把他们分为两组，每组700人，让他们参加一个为期5周的训练营。在训练营里，每名候选人学习“桥梁国际教育”的思维模式、相关的技能与流程，“桥梁国际教育”则给所有人支付工资。最终，面试团队录取其中最优秀的800人来担任学校的教师。

“桥梁国际教育”团队并不只是将复制成功看作成功的增量问题。在扩张连锁学校的过程中，他们的目标并非只是维持现状。团队成员日复一日地使他们的体系运作得更有效率，并且从来不见好就收。比如，他们会锲而不舍地改进电话教学的技术与内容，也会对Nook平板电脑进行“刷机”，这个机器是用来向学生家长收学费、给员工付工资、交付教学资料以及监督学生和老师表现的。香农·梅还介绍了他们正在进行一个新的尝试，具体是针对同一个班级里不同能力水平的学生，如何定制化地给学生布置作业。

这种决策与行动准则也规范着那些从组织的底层或中层开始复制成功的人们的行为。1991年，安迪·帕帕（Andy Papa）从斯坦福大学毕业，他曾在那里的橄榄球队打过4年的防守前锋。帕帕的好运与坚持不懈，让他得到了在位于北卡罗来纳州的纳斯卡赛车队（NASCAR）[①] 工作的机会，工作内容主要是作为后勤维修人员，在比赛中为赛车更换轮胎、加油、校准和快速维修等。帕帕询问队员们什么时候练习进站维护，回答是他们从不练习，因为大部分的时间大家都在做机械师的工作，没有时间练习。帕帕此时灵光一现，想到如果将他在橄榄球比赛里学会的“运动员的思维模式”运用到赛车的进站维护上，

① 美国纳斯卡车赛是在美国流行的一项汽车赛事，有人称它为美国人的F1比赛。——编者注

他们能够做到更快，且更能行动一致；而这将是一个极大的优势，因为在纳斯卡车赛中，输赢之间的差距很小，车赛的冠亚军成绩往往只相差不到 1 秒。帕帕于是跟队员们提议一周做几次进站维护的练习，每次仅需二三十分钟。他还着手分析进站维护工作的录影带，并测试了不同的方法，比如将空气软管绕成 8 字形而不是绕成圆圈，以减少缠绕打结的情况发生。结果，车队进站维护的平均时间从大约 22 秒减少到了 20 秒，更重要的是，原本令人伤脑筋的进站维护频率也直线下降。

帕帕最后将这种对于“运动员的思维模式”的热忱带到了亨德里克赛车场（Hendrick Motorsports）上。他多年来担任他们的“运动员思维指导”，监督那些为精英赛车手服务的后勤维修人员，这些精英赛车手包括马克・马丁（Mark Martin）、杰夫・戈登（Jeff Gordon）、吉米・约翰逊（Jimmie Johnson）、小戴尔・厄恩哈特（Dale Earnhardt Jr.）。每个车队的所有后勤队员都由帕帕和同事们挑选、训练和指导。他们实施了一个严格的体能训练、实践和学习的管理方案，旨在使这些队员于每年参加的 36 场艰苦的比赛里（每场比赛有 6 ～ 12 次进站），进站维护所需的时间更少（当时的目标是 14 秒），行动也更能保持一致。这项行为准则使亨德里克赛车场上的车队比任何一支纳斯卡赛车队赢得了更多的冠军，其中包括 2006—2010 年由吉米・约翰逊获得的史无前例的 5 场斯普林特杯系列赛冠军。

克劳迪娅・科奇卡、香农・梅和安迪・帕帕所走的道路不尽相同，但他们有一个共同点，那就是他们都拥有将地面战进行到底的基本素质，面对在所难免、突如其来的困难时百折不挠。这些复制成功的高手都极具勇气。研究员安吉拉・达克沃思（Angela Duckworth）和同事发现，这种勇气意味着“他们面对挑战永不言弃，不论遇到失败、挫折还是阻碍，都会坚持不懈、兴致盎然。意志坚定的人将获得成功的过程视作一场马拉松，他们的优势就是耐力持久”。特别是当人们面对令人却步和旷日持久的挑战时，勇气促使人们去获取成功，而这是能复制成功的一个标志。

7 条箴言送给想要复制成功的你

本书重点阐述了当组织在努力复制成功的过程中，如何以及在何处倾注坚定的勇气。我们明确了一些可靠迹象来表明复制成功进行得是否顺利，同时将这些迹象提炼成了 7 条箴言。如果你正着手复制成功的工作，请记住这些箴言，将它们教给别人，特别是当事情的进展不顺时，要想方设法使它们集中起来发挥作用。

复制成功的 7 条箴言

1. **复制的是一种思维模式，而不仅仅是一个脚印**

   仅仅是广泛传播你的座右铭，在尽可能多的地方拴上你的横幅、标志是不够的。

2. **调动全身感官**

   搭配视觉、听觉、嗅觉及其他人们不易察觉的暗示来强化你想传播的思维模式。

3. **将眼前的现实与长远的愿景联系起来**

   不断问自己和他人，怎样才能将现状和你日后希望实现的甜美梦想联系起来。

4. **提升责任感**

   感受到“这个地方是我的，我也属于这个地方”。

5. **“复制成功”失败的 3 个因素**

   错觉、急躁、无能是无时不在的会导致失败的风险。适度的担心与自我怀疑则是它们的解药。

6. **复制成功既需要做加法，也需要做减法**

   成功的增量问题同时也是做减法的问题。

7. **慢下来，才能更快更好地一路向前**

   学会何时、何地从即时、无意识、快速的思考模式（“系统 1”），转换到缓慢一些的准备状态，有逻辑、有意识的慎重的思考模式（“系统 2”）；最好的忠告就是：“不要只顾着做，原地停一下”。

复制的是一种思维模式，而不仅仅是一个脚印

在尽可能多的地方挂上你的横幅、标志，广泛传播你的座右铭，与深刻持久地影响员工和客户的想法、行为、感觉和信息过滤方式，这两者天差地别。当人们在推进复制成功的工作时，大家达成了什么是对或错、什么应该关注或忽略的共识，那么复制成功的过程中，摩擦就会更少，一致性则更强。有效的复制成功取决于整个团队、部门、组织相信并奉行同一种思维模式。复制成功好比是一场地面战而不是空战，因为发展、传播并更新一种思维模式需要保持警觉。它要求阐明信念、身体力行，并且周而复始地这样去做。这些共享的信念减少了困惑、争论，避免走进死胡同，并降低了越走越远时，组织优势反而会随之消失的可能性。

即使一个组织前进的速度如野火燎原一般，又该做些什么才能在组织内部将一种思维模式维持下去呢？Facebook 向我们展示了一个范例。2004 年 2 月一个传奇般的夜晚，还是 19 岁哈佛大学学生的创始人喝着啤酒，为网站做着简洁却颇能吸引眼球的第一轮迭代编程，这便是 Facebook 一飞冲天的开端。至 2004 年底，Facebook 拥有了超过 100 万的用户，到了 2012 年底，它的用户数达到了 10 亿之多。Facebook 的未来不可估量。包括一次搞砸了的公募在内，撇开那些失败不谈，一些专家预言 Facebook 将超越苹果和谷歌而独占鳌头，而另一些专家则预言它将像美国在线公司（America Online）那样混乱不堪，最终江河日下。

不论 Facebook 的命运将会如何，它在 2012 年公募前短短 8 年时间里成就了如此巨大的里程碑，其间它所经历的波折是很有启发意义的。Facebook

的领导者在培养员工助推规模的扩张方面，会注意放慢节奏、不走捷径，在公司内部培养共同的意志、提高大家的技能，并实行弹性管理，使公司上下能够随机应变。从 2006 年以来，我们就开始接触 Facebook 的员工，与他们交谈、合作项目。不论这家公司一路的发展变得多么疯狂、失控，我们还是看到了他们保持专注的能力。尽管要面对紧迫的时间压力和众多纷扰，他们还是做到了平均每周增加 300 万用户，同时又要面对媒体的严格审查。另外，有部好莱坞大片把这家公司的创始人拍得很不讨人喜欢，他们还遇到过官司缠身以及用户抵制Facebook的情况，比如2006年有75万用户反对News Feed[①]的功能，2012 年有几百万用户投诉了 Timeline[②] 的功能。

Facebook 在发展与培养员工方面的投入一开始并不是很正式。早年间，创始人和员工一起挤在狭窄的办公室里工作。对于自己的信念，以及这些信念是如何强力支撑 Facebook 的，这位创始人总是滔滔不绝。当他为信念而身体力行的时候，员工们也亲眼见证着，并与他一起奋斗。一旦公司规模变得太大，而领导者个人又无法影响每一位员工时，Facebook 就会采用更系统化的方式，比如设立著名的“新员工训练营”（Bootcamp）。Facebook 的工程师和负责产品开发的员工要历经几轮严格的面试，在被评估过技术水平与文化理念的匹配度后才能被聘用。但他们在入职 6 周以后才会被安排到具体的岗位上。管理层即便能预设每位新员工可以负责什么工作，还是要等到他们从“新员工训练营”结束以后才能做出最后的决定。而“新员工训练营”几乎全部由工程师策划和主导，并非由人力资源部门的员工负责。

---

① News Feed 是 Facebook 推出的，借助算法调整用户打开 Facebook 之后看到的内容的一项功能，内容包括朋友的状态更新、重要新闻推送等。这一功能改变了社交媒体的福利模式，也影响了用户的在线行为习惯。——编者注

② Timeline 是 Facebook 推出的，让用户以时间轴为导向发布个人故事的页面呈现功能。它背后的理念是让每件事发生的时间点更明确，它倾向于可视化的呈现，鼓励用户发布照片。——编者注

在这个训练营活动里，每位新员工都要为十几个不同的部门做些无足轻重的杂事。31 岁的克里斯·考克斯（Chris Cox）是 Facebook 的产品副总裁，他强调"新员工训练营"的目的并不只是确定每位新员工最合适的角色是什么，更主要的目标在于要用 Facebook 的思维模式感染他们。"新员工训练营"要求新员工践行 Facebook 最神圣的信念：快速前进，打破常规（Move fast and break things）。正如考克斯所说的，告诉新来的工程师，他们可以更改 Facebook 网站上的代码是一回事，而让他们亲自动手去做却是另外一回事。他补充说："我们会手把手地教他们每一个步骤。"考克斯告诉我们，有一天，一位新员工的爸爸打电话过来说某个下拉菜单有点问题。这位员工第二天就回电话说："我解决这个问题了，爸爸。你看到了吗？"这就是 Facebook 的思维模式。如果你想让人们行动得更快，并去解决一些问题，那么最好让他们在打破陈规时始终都有安全感。在开发网站时，做事慢条斯理、讲求完美是 Facebook 禁止的方式。如果你老是等别人告诉你要做什么，陷入困境时又不寻求帮助，而且觉得工作做得不完美就不能展示给别人看的话，那么你就会像工程师桑吉夫·辛格（Sanjeev Singh）所说的那样："你在 Facebook 待不了多久。"

"新员工训练营"还灌输其他一些信念，是关于在 Facebook 公司里，什么样的事情是受到追捧的，什么样的事情又是禁忌。公司还期望工程师不仅要了解自己日常工作的那一部分事务，还要了解代码库。工作时方方面面的接触有助于新来的员工把握大局。在不同的部门之间轮岗，也让大家预期到他们在 Facebook 不会长时间地做同样的工作。克里斯·考克斯在公司的前 6 年里，就先后担任过程序员、产品设计师、项目经理，后来成为人力资源部负责人、产品副总裁。"新员工训练营"结束之后，这些信念被持续不断地强化。工程师贾森·索贝尔（Jason Sobel）解释说，Facebook 并不仅仅告诉新员工他们可能不会长时间地做同样的工作，还通过一个名为"月度黑客"（hack-a-month）的近乎强制的项目，来践行这种理念。这个项目具体是指，新员工每年都会被另一个部门"借用"一个月的时间。

每位新来的员工都会被分配给一位导师。这位导师通常是工程师而非经理级别的人物，其任务是到“新员工训练营”指导大家。2011年，大概每两周时间，就会有二三十位新员工组成一个新的“班级”。也就是说，每次有七八十位工程师会脱离岗位去当导师。这样做有时会拖慢一些关键项目的进度，但Facebook的领导者，包括克里斯·考克斯和首席技术官迈克·斯科洛普夫（Mike Schroepfer）等，都坚信付出这种代价是值得的。他们接二连三的成功取决于公司里充满着同呼吸、共命运，有着正确信念的这些员工。“新员工训练营”还帮助Facebook扩充了公司的人才，因为它使导师能在公司管理方面一试身手，有助于工程师发现自己是否乐于做导师、乐于领导他人。Facebook的高管也能从中获得一些有益的提示，发现哪些员工有管理方面的才能。

没有任何一种思维模式是适合每个组织的，甚至对同一组织的不同部门来讲，也是这样。对这个组织来讲是受到追捧的信念，在其他地方可能会被禁止。不过我们认为也应当如此。萨顿有次问威睿公司（VMware）的一位高管，他们是否也采取了“快速前进，打破常规”的方式，这位高管笑了。他说对他们公司来讲，特别是对于他们那个为核潜艇开发软件的业务部门来说，采用相反的信念会棋高一着。再来看看信息保密政策。苹果公司的保密政策令人望而生畏。1997年，当史蒂夫·乔布斯重返公司掌管业务时，几位员工将他的一封电子邮件透露给了媒体。他立即解雇了这几个人并告诉其他所有的员工他为什么这样做。《财富》杂志的作者亚当·拉申科西（Adam Lashinksy）曾报道，在苹果公司新员工培训中，“没有一位苹果员工会忘记”的那一课就是“沉默是金”。新员工被告知，一旦他们泄露苹果的机密，不论是有意还是无意的，都将被立即解雇。相反，谋智公司（Mozilla）几乎没有秘密。这家信息公开的软件公司最为人熟知的就是火狐浏览器（Firefox），现在有超过3亿用户在使用它，并被翻译成了65种以上的语言。谋智公司从12人的规模发展到500多人，我们一直在跟踪研究它。在这过程中我们发现，公司高管对于设计的瑕疵、竞争的威胁、偶尔的失误、内部意见不一致的现象持相当开放的态度，这令我们感到瞠目结舌。前 CEO 约翰·利利（John Lilly）有次在斯坦福大学的课堂上告诉我们，即使他的人力资源部门负责人不同意，他也打算不再像其他公司一样对员工进行表现评估了。

说到不存在放之四海而皆准的思维模式，还有另外一层意思。最佳思维模式能够指点迷津，但如果将它运用到所有的情形中，则可能寸步难行。有时，对最受追捧的信念视而不见或干脆使用与之截然不同的方法，也是一种明智之举。谋智公司的保密政策就是一个很好的例子。约翰·利利告诉我们："在公司成立后的前 10 年间，所有的项目，不论进行到什么阶段，基本上都是从一开始设立它们时就对所有人公开的。不过我们也意识到，当一些想法初具雏形时，就好比弱不禁风的花朵。这些想法之所以荒诞不经、一无是处、愚不可及而不值一试，其中的原因不胜枚举。"为了保护这些尚不成熟的想法，以免它们过早地就被谋智公司开放源代码群体中数以千计的帮手或评论者扼杀，公司管理层启动了谋智实验室。利利表示："这一项目收到明确的指示，即没有必要立即公开所有信息。这一举措非常有效，因为这意味着项目能够被定义得更精准，动力也会更强劲，其中还会产生更多出其不意的想法，而这些都是我们所需要的。"

最后，锲而不舍地改进组织的思维模式就好比耗费精力去维护一段个人关系一样。时时保持警觉是很有必要的。好心也不一定能办好事。人们一旦开始自鸣得意、走捷径或随波逐流，就会失去获得成功所需要的本质。如果大家一味地追求数据的提升，到了见人就喊口号的程度，那么必定会走向平庸，甚至更糟的结果。

星巴克就是一个前车之鉴。2007 年，萨顿和斯坦福大学的教员迈克尔·迪林（Michael Dearing）、佩里·克莱班（Perry Klebahn）一起在阿布扎比为星巴克的 50 位高管举办了一个为期 3 天的管理研讨会。那时，萨顿就看出了星巴克公司的平庸之处。研讨会的茶点由两位星巴克员工负责，他们坐在会议室的后面。咖啡喝起来很淡，还是冰凉的；果汁闻起来也很不新鲜，尝着好像是变质的一样；甜甜圈吃起来硬得像石头。这两位员工有一半的时间只是坐在那里垂着头酣睡。星巴克创造过骄人的业绩，它对招聘出色的员工和提供一流产品的热忱曾经名噪一时，但由于规模扩张得太大、太快，这份热情已经消失殆尽。这不仅仅是我们的观点。星巴克前 CEO 霍华德·舒尔茨（Howard Schultz）在 2007 年 2 月的一份内部备忘录中感叹道，星巴克正在滑向平庸。之后这份备忘录的内容被媒体知道了，他本人也确认属实。舒尔茨指出，在公司从 1 000 个门店扩张到 13 000 个门店的过程中，一系列的决定导致了星巴克为顾客提供的体验质量有所下滑。在舒尔茨 2011 年出版的《一路向前》（*Onward*）一书中，他深刻地指出“星巴克体验的商品化”如何导致大家不再能感受到邻居般的温暖，解释了为什么会发生这种“淡化”现象，并且展示了公司正在采取什么行动来“让大家找回旧日的好时光”。

那么，我们能从星巴克的例子中得到什么关键的经验教训呢？那就是任何组织不会突然一下子失去它原本运行良好的思维模式和由此带来的成果。通常总是要先经过一系列微小的、不易察觉的变化，而正是这些变化蚕食了原先受到追捧的信念，最终将那些信念变成空洞而虚伪的言辞。

调动全身感官

霍华德·舒尔茨在备忘录里还指出，因为星巴克不再在门店里研磨咖啡了，研磨机发出的声音、新鲜磨制的咖啡所散发的香气——这些会唤起“旧时光的老灵魂”便都不复存在了。他的悲叹与我们提出的第 2 条箴言完全吻合。思维模式的传播，靠的是能激活人们所有感官的、不易察觉的暗示。很多研究表明，有些刺激性因素虽然不易被注意到，或者总被人们认为是微不足道的，但是对人们的思想和行为却极具影响力。我们见到的形形色色的图像、听到的声音、闻到的气味、品尝的食物、触碰的物体，会增强或削弱我们的信念和行为。另外，别人说话时的声调、面部表情，他们是否看着我们的眼睛说话，他们摆出的姿势，还有周围很多看起来无关紧要的因素，其实都在影响我们。

我们来看看一项研究人员的调查，它具体研究的是：在一家英国超市播放法国音乐和德国音乐对顾客买酒行为所产生的影响。当法国的手风琴乐响起之后，顾客买的法国酒数量是德国酒的 5 倍。当德国的铜管乐嗡姆吧声响起之后，顾客买的德国酒数量是法国酒的 2 倍。该调查结果表明，顾客的购买行为会受到音乐的影响，即使他们自己没有察觉到这一点。气味也会产生类似的效果。荷兰的心理学家做了一个奇怪的实验：在 18 趟 2 小时车程的火车旅途中，研究人员往车厢里喷洒了柑橘味的清新剂，然后他们收集这些车厢内的乘客留下的垃圾并称重，再与那几周时间里没有喷清新剂的车厢中所留下的垃圾量相比较。结果发现，没有喷清新剂的车厢里的乘客留下的垃圾量是喷了清新剂的车厢里的 3 倍多，这也许就是由于“与清洁相关的动机和行为的无意识启动效应”[①]。这个发现与另外一项研究结果很相似，那项研究是调查人们闻到清洁产品的柑橘气味之后的行为倾向。结果表明，这些人“在一天的计划里安排了更多的清洁活动，在大口咀嚼饼干时也几乎没有撒落什么碎渣”。

我们周围的事物也具有类似的效应。心理学家凯瑟琳·福斯（Kathleen Vohs）和同事们用各种刺激手段将人们的注意力转向金钱，比如在人们面前摆放成堆的假钱，或者展示钱的照片。然后，研究者安排了一些挑战实验，比如在大家努力想解开一些根本就无法解开的字谜时，看看他们是否会寻求帮助，或者观察他们是否会帮助一位不慎掉落了一堆铅笔的“盲人”（其实是找健康的人假扮的）。结果让人瞠目结舌。金钱的刺激使人们不想寻求他人的帮助，也不想对他人施以援手，一门心思只想独自工作与玩乐，并且更偏向于和新认识的朋友之间保持一定距离。在有“盲人”参与的那项研究实验中，被试玩了 7 分钟的大富翁游戏。不管游戏进行得如何，被试都会在游戏中获得不

① 启动效应是指人们由于之前受到某一刺激的影响而使得之后对同一刺激的知觉加工过程变得容易的心理现象。——译者注

同数量的金钱：有的高达 4 000 美元，有的是 200 美元，还有的一分钱都没有。然后一个“盲人”走进来，“不小心”（其实是有意的）将一些铅笔掉落到了地上。这时，被试当中，手里拿着一大堆钱的人帮忙从地上拾起的铅笔远远少于那些手里拿着一小叠钱的或者根本没有钱的人所捡的。这一研究表明，人们都注意到了手里的钱，虽然没有流露出来，但是金钱却引发了人们对商业、财富、资本的联想，从而使人们更倾向于袖手旁观，变得更自私、更自负。

温度和触觉也同样影响着我们的信念和行为。比如，哪怕只有一丝温暖或寒冷的感觉，都能产生惊人的影响。心理学家劳伦斯·威廉斯（Lawrence Williams）这样描述他暗地里进行的一项研究。这项研究中，参与者被随机抽选而握住一杯热的或冷的咖啡。

> 我们安排了一位同事到心理学教学楼的一楼去“偶遇”一些参与者。在大家上楼到实验室的路上，这位同事手里拿着几本教科书、一个写字板，还有一杯冷的或热的咖啡。接着，她看似随意地请参与者帮她拿一下咖啡杯，以便她记下一些信息，包括时间、参与者的名字等信息。然后等这些参与者进了电梯，她再将咖啡杯拿回来，最后将他们带进实验室。这样一来，参与者一点都不会知道其实拿咖啡杯才是这个实验最关键的部分。

拿到热咖啡杯的参与者对这位同事的评价是“热情、亲和、大方”，而那些拿到冷咖啡杯的人给这位同事的评价却是“冷淡、疏离、拘谨”。研究结果还发现，前者更倾向于为朋友买礼物而不是为自己买，后者则更喜欢为自己买礼物。

这项研究得出了结论：通过把一些能调动多种感官的、不易察觉的细微因素编织在一起，就能强化某种思维模式。我们可以从迪士尼乐园的设计师那里借鉴一下。卡琳·克里科里安（Karin Kricorian）是迪士尼乐园研究顾客体验的负责人，她告诉我们，迪士尼会运用几十种小因素来传播欢乐：气味、颜色、制服、言语，以及员工们（他们被称为“演职人员”）在拿不定主意该怎么做时可以应用的简单指南。比如，当演职人员和小朋友说话时，他们学会了要蹲下来，这样才能更靠近小朋友，看起来就没那么吓人了。克里科里安还强调，关于这些细微的因素，关键在于要发现并消除任何与期望的思维模式相冲突的“不和谐的细节”。在迪士尼乐园，顾客不会看到米老鼠打手机或白雪公主嚼口香糖。克里科里安的建议使萨顿想起他在20世纪90年代研究过的一家大型能源公司。这家公司的高管一再表示，有一些事情令他们很沮丧，因为要让员工们通力合作、分享信息、看得长远些（而不只是关注短期利润）会非常困难。每位这样抱怨的高管都设置了同样的电脑屏幕保护程序，即公司当前的股价。正是这个“不和谐的细节”与高管们想要传播的思维模式发生了冲突。

将眼前的现实与长期的愿景联系起来

几年前，我们去斯坦福董事学院（Stanford Directors' College）参加了比尔·坎贝尔（Bill Campbell）的讲座，他讲的是一个为在上市公司董事会工作的人士提供指导的项目。在硅谷，坎贝尔是最令人敬仰的董事和导师。他为苹果公司和财捷集团（Intuit）的董事会工作，并以培养了众多有影响力的高管而闻名，其中就包括谷歌和苹果公司的领导者。大家都称坎贝尔为“教练”，因为他在39岁以前一直是哥伦比亚大学橄榄球队的总教练；39岁之后，他才离开纽约到硅谷工作。在史蒂夫·乔布斯生命最后的10年时间里，坎贝尔和苹果公司这位传奇CEO几乎每个周日都会一起散步、交谈。当有人在斯坦福董事学院的讲座上请教坎贝尔，对于一名高管来说什么才是最关键的技能时，他说需要有一种百年不遇的能力（像乔布斯这样的人肯定是具备的），这种能力能够确保人们出色地完成短期任务的同时，也不会让人们对最重要的事情视而不见。

于我们普通人而言，要达到这种平衡相当困难。纽约大学的雅各夫·特罗佩（Yaacov Trope）和同事所做的研究表明：有远虑是有益的，因为这说明我们关注长远的目标；但同时这也有不好的一面，因为我们制造了脱离现实的幻想。我们对于达到最终目标所需的步骤思考得不充分，而且即使思考得足够充分，也会低估完成目标所需要付出的时间与精力。不过，仅仅考虑到迫在眉睫的最后期限和短期目标，有时情况也确实复杂。我们有时专注于可行的事项以及要立刻采取的步骤，但同时会忘记或轻视长期的目标，于是就会将精力全都用于创造那些可行的里程碑上了，即使这样做会有损我们达到最终目标的能力。

复制成功也需要你有技巧地去追问自己和他人，如何将每个人都深陷其中并且没完没了的现在进行时，与你将来期望实现的甜美梦想相联系？在我们与“桥梁国际教育”的联合创始人之一香农·梅的访谈中，她强调他们在内罗毕建的第一所学校就是“为复制成功而建”的。尽管组建团队都驻扎在当地，很容易与当地员工、学生和家长进行面对面的沟通，但他们还是坚持大部分时间用电话来交流，因为正如香农·梅所说的：“对于我们所做的每一件事情，我们都会问自己，假如有另外 100 所学校，这样做是不是也同样有效。”

谷歌采用的是类似的方式。2003—2011 年，肖纳·布朗（Shona Brown）任职谷歌的运营高级副总裁。在谷歌从加州芒廷维尤（Mountain View）的 1 000 名员工扩大到全球数十个办公地点的 30 000 名员工规模的过程中，她起着核心的作用。布朗跟我们说，对于他们所做的每一个决定，谷歌的领导者都极力避免采取当下最简单易行的措施。他们会问：“如果我们的规模比现在的大 10 倍或 100 倍，这样做会有成效吗？”这句话的背后，他们的真正想法是：“不要只是为了现在的尽善尽美，而是要预想到两三年后能达到的最佳状况来做决定。”

布朗说，这种思维模式在谷歌招聘新员工时带来了一些挑战。面试官总是会有这样一个念头，那就是“聘用一些熟手，因为他们可以立刻胜任工作”。

面试官通常会强迫自己抵制这种诱惑，因为谷歌需要的不仅仅是能够完成当前工作的人。他们想要找到博学多才且好奇心强的人，这些人能够不断成长从而胜任新的角色，承担更多的责任，将公司的“命根子”，也就是创新文化，身体力行地传递给其他人。众所周知，谷歌在招聘方面的进度一直很慢，会让很多谷歌的经理、高管、工程师和其他员工都参与到面试环节中。每一位新员工的招聘仍然需要经过组织最高层的批准。布朗强调说，有时这种过于挑剔的流程会使公司成长的速度放慢，拖延产品发布的时间，并且会给那些急需帮助的谷歌成员增加更多的工作量。从 2003 年布朗加入公司到 2012 年她离开，其间的公司文化几乎没变，而她坚信这种严格的招聘流程就是一个关键原因。谷歌仍然是一个管理权分散的组织，那里人才济济，那些聪明人无须指导就会有别出心裁的想法，做出正确决策并付诸行动。

如此关注短期行动能使组织复制成功的过程走得更容易，但它并非只适用于组织本身的成长。对于一个成熟的组织来讲，这种做法还有利于团队将良好的实践方法在内部推广。当我们和克劳迪娅·科奇卡讨论宝洁公司如何推广其创新实践时，她强调她的团队当时需要的是早期就获得一些胜利。这就好像国际象棋比赛，需要尽早地获得捷报来为将来取得胜利而夯实基础。早期胜利有助于人们开始走上成功的路途并坚持不懈地走下去。这些胜利是乐观与兴奋情绪的源泉，会创造出不可磨灭的记忆，它们所传递的信息表明你正在走的这条路是可行的，还能使你信心百倍，在“山雨欲来风满楼”时为团队提供合理合法的保护。科奇卡的团队成员满怀这些目标，从宝洁公司最举步维艰的品牌着手，因为他们想要从中获得快速成功应该是十拿九稳的，而且高管们当时对解决方案又如饥似渴。

他们早期从洁碧先生（Mr. Clean）那里获得的成功至关重要，那是一个已经止步不前的陈旧品牌。人们被家务琐事缠身而满腹牢骚。科奇卡的团队结合了人们使用洁碧先生的清洁用品的经验感受，开始着手研究。于是，他们促进了 2005 年洁碧先生清洁神杆（Magic Reach）的推出，这件产品使浴室的刷洗清洁变得更加轻而易举。清洁神杆并非拳头产品，但其销售额很高。洁碧先生的这些成绩吸引了宝洁的其他业务部门也来尝试一些创新活动，而且这次成功所带来的信心促使科奇卡的团队在前路上锲而不舍。早期的成功也为将来获得巨大的回报奠定了基础。它使洁碧先生的领导者学会了换个角度去思考品牌，“引导大家去尝试除了液体清洁剂之外的奇思妙想，其中包括轰动一时的洁碧先生神奇清洁海绵（Magic Eraser）”。

提升责任感

这条箴言在后面的章节中会以多种形式出现，尤其是在讨论那些在复制成功方面最为关键的人才时。责任感意味着组织中要拥有这样一群人：他们是成功的典范并会保护成功的果实，即使在他们心力交瘁、心烦意乱时也坚持如此；他们会不遗余力地向其他人传授复制成功的方法；他们明察秋毫、鼎力扶持，如有必要，也会将那些拒绝身体力行去传授复制成功的方法的人清除出局。这里有一个关键点非常难以实现，那就是要去设计一种体系，在这种体系之下，权责一致、牢不可摧且众望所归；在这一体系下，懒人、耗费能量的“吸血鬼”、自私自利的“独行者”都无所遁形。

树立这种颇具紧迫感、全员上阵的责任心的方法数不胜数，不过殊途同归，那就是要制造源源不断的压力去促使大家做正确的事情。迈克尔·布隆伯格（Michael Bloomberg）就致力于创造这样的责任感。在他担任纽约市长相当长的时间里，他和 51 位最重要的工作人员一起挤在一个开放式办公室里办公，这里便成了他的行政管理中心。一个狭小且常常很嘈杂的房间里，市长就坐在正中间。每个人都坐在一个由低矮的隔断围着的小隔间里，能看见其他人在做什么，也常常能听见其他人在说什么。要做正确事情的压力，特别是要对开放交流这条神圣原则的支持，扎扎实实地落在了房间里每个人的肩上。一位以前在这个办公室里工作过的人告诉《纽约杂志》：“这里作为一个工作场所来讲，可能你会认为永远无法适应……但是当你看见市长在大庭广众之下主持高层会议时，你就会明白，这种开放交流的模式绝非无稽之谈，它真的行之有效。”

将员工密集地聚在一起办公只是一种方式，它使组织的每一个人都无法逃避压力从而不得不做正确的事情。人们身体力行地实践这种思维模式，并且使组织中的其他人也坚持这种思维模式。如果员工被分散到不同的国家或城市，布隆伯格的方式就不会被采用了。但是还有很多方法可以设计出诸如此类的组织，使成员能够始终做到责无旁贷。斯坦福大学的教员查克·埃斯利（Chuck Eesley）和阿明·萨贝里（Amin Saberi）就组织并教授了一个免费的斯坦福创业班的教学课程，它叫作“科技创业”（Technology Entrepreneurship）。这个课程吸引了来自超过 75 个国家的 37 000 名学生，而它正是斯坦福大学第一批慕课[①]中的一课。几十年来，这个课程的不同版本是教授给那些交了学费的斯坦福学生的，每次上课的人数有五六十人，一周上两次，而且大家要聚在传统的教室里上课。这个课程的传播规模之所以扩大到更多的受众，关键在于一个叫作“创业实验室”（Venture Lab）的科技平台，它是埃斯利、萨贝里和博士生法纳兹·罗纳吉（Farnaz Ronaghi）共同开发的。这个平台用于给注册的 37 000 名学生提供成熟优质的课程内容。这些课程包括市场营销、科技、金融方面的讲座，也有一些风趣的嘉宾访谈，其中包括斯坦福大学校长和谷歌董事会成员约翰·汉尼斯（John Hennessy）[②]的访谈，另外还有关于如何创业的一些文章和指导。在 12 周的时间里，教学团队利用这个平台将一个临时组织的规模扩大了。这个平台绝不只是一个铺天盖地发布课程内容的网站；团队还植入了许多简单好用的社交功能，将其创建为一个需要大家同心协力来维护的网络。这个网络将学生联系、组织起来，并对他们进行学习评估和指导。

---

① 慕课，音译于英文 MOOCs，也即 Massive Open Online Courses 的缩写，指大规模公开在线课程。——译者注

② 约翰·汉尼斯是斯坦福大学第 10 任校长，“硅谷教父”，谷歌母公司 Alphabet 公司董事会主席，2017 年图灵奖得主。其著作《要领》由湛庐策划，浙江教育出版社于 2019 年出版。——编者注

这个平台的技术使学生一开始可以“演习”一下，以建立起他们努力学习、共同进步的意愿。最初系统会依据地理位置将学生分成不同小组，来自相同国家和城市的学生被分到了一起。于是，拥有不同技能、技术背景和行业经验的学生被混合在了一起。每个新小组被要求提出 5 个自认为最好的和 5 个自认为最差的创业点子，并要在 1 周内以视频的形式提交。这个简单的作业很快便将勤快实干的人和游手好闲的人区分开来了。每组的学生都被要求给同组的其他成员打分，评分结果将在课堂上展示给每一个人。在那之后，学生们可以自由地组建新的小组，自行离开而加入其他小组，或者招募新的组员。这时候，大家手中都掌握着数据，知道谁喜欢“搭便车”、只想坐享其成，谁又是不辞辛劳的实干家。

这个平台也能让组员互相批改作业。与其让教学团队挑起要给 37 000 名学生的作业评分的重担，不如让他们互相评分。当然，前提是学生们须完成一项在线评分教程。让埃斯利和萨贝里感到高兴的是，他们发现这一打分体系使评分标准变得更加严格了。教学团队随机挑选了一些小组的学生作业进行评分，借此设立一些准则并确保学生互相评分的质量水平。结果，他们了解到，学生互相评的分比斯坦福教员的更加严格。此外，教员和学生小组还聘请了大约 200 名资深企业家给大家做导师，企业家也利用这个平台来寻找与其技能水平要求和兴趣相吻合的团队。

2012 年 7 月 23 日的上午 10 点，我们访问了这个网站。当时显示有 563 个学员在线，有 1 次及 1 次以上互动的小组达到 190 个。纳文·巴格拉察（Naveen Bagrecha）是来自印度的市政工程专业的大学生。他当天提交了一项作业，那是一个有关投资创业公司的视频。同时，有一个小组正忙着做最后一个演示，课题是“如何降低组织核心架构的复杂度”。这是为某家公司开发的一种管理工具，旨在基于对员工内部关系的分析，帮助公司制定更行之有效的组织架构。这个 9 人小组由来自西班牙的电脑工程师罗杰·森（Roger Sen）组建，其余成员有来自德国的 4 名学生，还有来自法国、意大利、美国和南非的学生。他们的导师杨槟森（Benson Yeung）是位于旧金山地区的信益泰三鼎（系统）有限公司（Triware Networld System）的创始人和高级合伙人。

社交压力和监督有助于建立这个在线课程学习者的责任感。刚开始，每名学生都能看见其他人的表现，包括有没有提交作业、作业的评分如何、组员对他们的付出又是如何评分的、最后登录的时间，以及他们为论坛出了多少力。像这样要贡献力量、保持活跃度的压力，使得课堂的人数规模从开始的 37 000 人减少到最后的 10 000 人。课程开始后的第 6 周，教学团队督促学生小组成员与那些没有责任感的同学多多交流。这一举措使得“搭便车”的坐享其成派和表现不尽如人意的学生的流失率急剧上升，也说服了大约 2 000 名学生及时离开了课堂。学生小组还额外清除了约 200 个“懒虫”。许多学生从来都没有见过自己的组员，但教学团队利用强大的平台、极度公开透明的方式、社交压力和强硬的政策，使一个富于责任感、规模可观的教学组织成功壮大起来。到了 2013 年秋天，斯坦福大学和其他一些大学的至少 20 个课程在使用这个平台。那时，萨贝里作为 CEO 组建了一个名叫 NovoEd 的公司来开发、销售并推广这个平台的服务。

“复制成功”失败的 3 个因素

2011 年，我们和马克·赫雄（Marc Hershon）共进晚餐，场面相当热闹。当时是为了讨论本书的书名，更进一步地说，我们想讨论一下用什么词组来描述“scaling”（即本书作者所说的主题：复制成功）的意思最恰当。赫雄是解决这方面问题的不二人选，可以说起名正是其谋生之道。他起过的名有 Dasani 矿泉水、速易洁静电除尘拖把产品（Swiffer），还有大名鼎鼎的黑莓手机（BlackBerry）。赫雄是发明创造的“全能型选手”，他为喜剧演员杰伊·卡尼（Jay Carney）和杰伊·莱诺（Jay Leno）编笑话，也撰写了很多电视剧本和著作。他还是一名漫画家，作品刊于多家报章媒体，也教授即兴创作和单口喜剧。在大家对书名各抒己见之后，我们转向了另外一个相关的问题：有什么词能够简明扼要地表达出规模扩展得一塌糊涂的意思，也就是复制成功的反义呢？立马有人建议说用"clusterfug"（聚众憋屈）这个词组。我们都笑得乐不可支，交口称赞它是英语里最生动、最引人注目的词了。不过，我们又认为"不要再聚众憋屈了"这样的题目会有误导性，太令人瞠目结舌了。

我们对那次晚餐记忆犹新。随着研究的展开，我们意识到"cluster"在《城市词典》（*Urban Dictionary*，美国在线俚语词典）里的定义抓住了扩展规模上最不清不楚、最具误导性的某些元素。"cluster"最初是一个军事术语，指在部队里由一群无能的军官所造成的局面，因为这个单词的意思是少校、中校佩戴的由橡树叶团簇组成的徽章。而以下这样的解释可能更接近我们想表达的意思："指在一个项目上因为人多手杂，或是训练有素的人手太少而造成的事态。"当我们了解了这个单词的含义，并研究那些扩展规模变得一败涂地的案例时，有三个因素呈现在我们眼前。

- 错觉：决策者相信自己要扩展规模的事业远比目前的状态好很多，也更容易扩展成功。
- 急躁：决策者认为自己要扩展规模的事业非常好，并且很容易复制这份优势，于是在项目本身、决策者自己以及组织准备好以前，太急于求成。
- 无能：对于要复制什么样的优势、如何扩展规模，决策者缺乏必要的知识与技能，反过来会使有能力的人变得无能。

当这三个因素相互碰撞，一个典型的"聚众憋屈"现象就应运而生了。三重效应将导致扩展规模的活动一败涂地，代价惨重且无力回天。与此相关的一个特征是，决策者不会意识到他们及相关受害者即将承受沉重的精神压力，陷入苦不堪言、焦虑不堪的境地。所以，至少在最初见势不妙时，他们不会勇敢地担当，反倒会使劲儿埋怨因自己的无能而深受其害的其他人。

2003 年，斯坦福大学致力于一个信息系统升级的项目，该项目就将这糟糕的三重效应展现得淋漓尽致。那时，学校信息系统部门的员工和外部顾问组成的团队决定停用财务、采购和人力资源的老系统，而改用一个名为甲骨文财务（Oracle Financials）的软件。决策者很着急，因为这个原本应该在 2002 年分阶段推行的系统上线计划已经拖延了 1 年。尽管新的系统尚未完善，而且也未经调试验证过，他们却自欺欺人，认为是时候大规模地上线系统了。2003 年 9 月 1 日，他们切断了老系统，迫使 4 000 余名培训不足、支持不力的用户开始使用新系统。

就在这次大规模地上线新系统之前，项目领导者其实已经向斯坦福大学的教职员工承认新系统可能会发生暂时性的问题，比如数据可能丢失、系统交易可能延迟，系统有一条陡峭的学习曲线。他们甚至为用户提供小沙包，给大家在忍无可忍时解气用。领导者试图对形势表现得毫不在意，但员工并不买账。相反，大家视沙包这个礼物为一个征兆，那就是上级正在强人所难上线新系统，而这将很快使他们陷入"聚众憋屈"的混乱处境。萨顿一开始是在斯坦福大学一位员工那里发现的沙包。这位员工非常忠诚，工作努力。她心急如焚地说她可能永远都没法掌握这个新系统的操作，几乎声泪俱下。据她所讲，在后面艰难的几个月里，大学里没人真正地对新系统操作负责并能给她提供指导。

后来，学校领导也意识到需要消除 4 000 名员工的疑惑并改善混乱的局面，但他们对事态的严重性仍然漫不经心。他们受困于集体的错觉，幻想着系统何时能够完成，离大规模正式上线还要做多久准备，想象着系统教学有多容易，以及遇到阻碍时又能多快地解决问题。尽管他们知道主要的风险和问题所在，包括知道自身对某些方面的无视与否认，但还是急不可耐地决定将该系统强行推给尚未做好准备的 4 000 名"受害"员工。沙包这个免费礼物意味着他们的态度，就是“尽管我们没有准备好，你们也没有准备好，而且这样做会使你们没法过日子，但我们还是要上线。就认命吧，应付一下”。决策者的无能，包括无法预见这样的“赶鸭子上架”也会把他们自己拖入深渊，致使 4 000 名原本有能力的人变得无法胜任工作，他们也因此坐立不安、无地自容。

甲骨文财务系统实施的第一年犹如一场恶梦。截至 2003 年 12 月，员工有超过 500 个未解决的问题亟待信息系统部门施以援手。信息系统部门的人员手足无措，因为他们一方面要竭力帮助几百位愁眉不展、培训不足的员工，另一方面还要努力修复系统的漏洞。而这些漏洞使得那些最熟练的员工都会感到系统难以操作，甚至根本没法用。在公开座谈会上，斯坦福大学的信息系统部门和员工们都表示自己已经心急如焚了。2004 年 2 月，在新系统混乱上线的 6 个月后，首席信息官克里斯·汉德利（Chris Handley）被拉到了斯坦福大学教务处。他承认，大部分管理流程仍需要花费比老系统多两三倍的时间。那些丢失的、不准确的数据也使财务管理变得很困难，即使能够解决，也不可能马上搞定。汉德利进一步坦言："员工们士气低落……现在学校各个部门的行政人员所付出的代价非常大。这些人都曾经为自己的工作感到非常自豪，都为自己能够给大家提供工作所需要的信息而骄傲。但现在，他们觉得像完全被缴械了一样，感到难堪而丢脸，因为他们不再能为大家提供数据了。”汉德利在 2004 年 10 月和教务处开了最后一次会，报告说：“太多问题等待解决，然而进展非常缓慢。”几周之后，他递交了辞职报告，理由是他需要专注于家庭。

复制成功既需要做加法，也需要做减法

正如我们在前言里所提到的，成功是增量问题。所以，你也就不必奇怪在这个主题的讨论中，会有表示“更多”含义的词语频繁出现了。在询问任何公司的高管或非营利组织领导者的时候，在互联网上查找关键词“复制成功”的时候，在阅读相关主题的文章、案例和学术研究的时候，你会发现大部分词语都是有关“增加”和“倍增”含义的，如增长、扩张、繁殖、放

大、积累、克隆、拷贝、增大、扩大、孵化、增速、做乘法、普及大众等。本·霍罗威茨在2010年发表有关成功的博客文章时也提到了这一点。他采用了美国说唱歌手多罗（Dorrough）的歌曲《干大事》（*Get Big*）中的歌词，这首歌曲里"Get Big"这句话被反复演唱。

本书从头到尾，我们也使用了不少带有"更多"含义的词语。不过，"增加"和"倍增"所定义的成功也取决于同等持续地做减法。当组织发展到更大规模、存活得更久，当一个项目的进程走得更远，当过往的行动所带来的效应日积月累之后，一些曾经举足轻重但现在一无是处的角色、规则、仪式、繁文缛节、产品和服务，就好比大船上附生的藤壶植物一样堆积起来。为了更快地走向成功，这些只会造成阻碍的"绊脚石"必须清除。

特别要指出的是，复制成功有一个标志，那就是领导者要始终保持警觉。正如作家马歇尔·戈德史密斯（Marshall Goldsmith）所说的，要清楚"我们因何失败，如何成功"[①]。这些信念、行为方式和惯例曾经帮助企业获得了成功，但现在却可能会破坏成功。在处于成长期的组织里召开全体员工大会就是一个典型的例子。当组织规模较小时，每位成员都可以彼此建立私下的关系，或者说至少每个人都知道彼此长什么样、记得住彼此的名字。这样的话，召集全体人员都来参加的例行会议就很有意义。但是，当组织成长得非常庞大时，召集一个亲密交流的会议，比如要和500个你最亲密的朋友开会，这样就不行了。萨顿在知名的创新型公司IDEO曾目睹过这样一件事。20世纪90年代，IDEO位于帕洛阿尔托的总部有六七十名员工。公司创始人兼CEO戴维·凯利每周一早上召集的全体员工大会就做得很出色。凯利很擅长引导员工，在每次约1个小时的会议里，几乎每位员工都有机会至少给一点意见或是讲个笑话调侃一下。然而，当总部办公室的员工增至上百人时，就算是凯利自己也很

---

① 原文为"got us here but won't get us there"，这是全球高级领导者教练领域的先驱马歇尔·戈德史密斯的著作《习惯力》（*What got you here won't get you there*）中的一句话。——编者注

难维持这种亲密的会议形式了。于是，每周一的例会便成了历史，现在取而代之的是在工作室里组织召开的小规模集会。帕洛阿尔托总部的全体员工大会被调整为每月一次，后来随着 IDEO 的规模不断扩大，又被调整为每年召开零星几次。

战略性的做减法为那些专注于做正确事情的人扫清了前路的障碍。第 4 章阐述了持续不断地削减因复制成功所带来的认知和情绪负担是多么重要。第 7 章则讲述了清除不良的行为与信念、为复制成功而开路是多么关键。2005 年，零售业老行家巴里·费尔德（Barry Feld）在接手垂死挣扎的零售连锁店 Cost Plus World Market 时，就运用了这一策略。Cost Plus World Market 在美国西部和中西部有超过 200 家门店，它们主要销售一些特色食品和家居用品。2005 年，公司濒临破产，股价摇摇欲坠，跌到了 1 美元以下，营业额也直线下跌，品牌声誉一落千丈。几乎没有顾客再听说过 Cost Plus World Market，那些听说过的人中不少人也带有负面的成见。门店里的物品摆放得杂乱无章，有点经验的经理接二连三地辞职，员工的士气萎靡不振。费尔德几乎视察了所有的门店，指导并鼓励大家，确定哪些地方是需要改变的，也帮助他们决定哪些门店必须关门歇业。我们邀请了魅力四射又十分务实的费尔德先生来到复制成功的课堂上发言。当我们请教他哪类员工的行为最具有破坏性时，费尔德的回答是：如果员工对待顾客就好像当他们是隐身的一样，那么便会大难临头。当他注意到有些员工没有主动向顾客打招呼时，他督促员工及其经理订立了一套行为规范，规定大家堆放货品、服务其他顾客或者和同事讲话的时候要暂停一下，看着顾客的眼睛说“您好”或者“如您需要帮忙，请找我”等。费尔德认为，这个小小的举动非常关键，这是因为如果员工主动问好，发生顾客偷窃的概率就会减少，而且大部分顾客更愿意购买东西了。在扭转连锁店惨淡经营状况的那段时间里，这只是费尔德的团队所采取的数百个改变中的一例而已。此后，Cost Plus World Market 的营业额、利润和股价节节上升。直到 2012 年，该连锁店以每股 22 美元的好价钱卖给了家居用品零售商 BBB（Bed Bath & Beyond）。

总之，成功不仅是一个增量问题，也是一个如何减少的问题。为了更顺利地复制成功，做减法通常是一个必需的工具。

慢下来，才能更快更好地一路向前

诺贝尔奖获得者丹尼尔·卡尼曼（Daniel Kahneman）[①] 指出，人类是幸运的，也是被诅咒的，因为我们可以轻而易举地快速做出判断，并采取即时的、几乎是无意识的行动。这种思维模式，他称之为无意识的“系统 1”。人类的各种组织，虽然有着各自的历史、根深蒂固的规则方法、标准的操作流程，但是思维模式是大同小异的。如果共事的人们在技能上取长补短，动机也保持一致，那么大家的行动便会协调起来，使工作迅速开展下去，而且极少会出错。在复制成功的时候，如果组织中的所有成员都接纳同样的思维模式、共同身体力行，那么就会有好结果。

但是，太早或太过频繁地依赖固有的行为也存在风险。偏偏组织中的人都倾向于这样做。克利福德·霍尔德内斯（Clifford Holderness）和杰弗里·庞蒂夫（Jeffrey Pontiff）的一项研究调查了在第二次世界大战期间，被德国军队俘虏的 93 666 名美国军人和被日本军队俘虏的 29 099 名美国军人的不同命运。他们调查了战俘中的高级军官在集中营里是仍然照搬军队严格的等级制度，还是转变为一个更扁平化、更灵活的组织架构。结果十分惊人：等级森严的集中营里的俘虏死亡率，比那些等级相对没那么森严的集中营里的俘虏死亡率，要高出大概 20%。在战场上，鉴于迅速、协调的出兵需要，传统的等级制架构是行之有效的。但对于战俘营中所需的灵活性、需要做个人判断的环境而言，等级制太过严苛了。那些想当然就生搬硬套，并坚守传统军队思维模式的被俘高级军官所建立的组织架构，

① 丹尼尔·卡尼曼，著名心理学家，2002 年诺贝尔经济学奖获得者，美国国家科学院、人文与科学院院士。——编者注

相比于那些意识到需要一个不同模式的军官所建立的组织架构，就显得太不高明了。

更广泛地说，这个经验教训就是要掌握“使人类组织获得成功的魔法”，需要人们学会何时及如何将思维模式由快到慢地变速调档。正如卡尼曼建议的那样，慢下来，思考一下当前正在处理的事务，并想一想为什么这样做，从而转向劳神费力的、理性的、小心谨慎的，但却是有意识的思维模式，卡尼曼称之为“系统 2”。当你“身处认知雷区”，对当前形势认知不足，面临高风险，或者停滞不前时，转向系统 2 就是最好的防御方法。转向系统 2 通常需要迫使自己暂停，而不是一味埋头前进。杰尔姆·格罗普曼（Jerome Groopman）曾得到过的一些建议，便很好地证明了这种思维模式转变的意义。那时他还是一名年轻的医生，有时不是很确定对患者病情的诊断。“工匠大师”琳达·刘易斯（Linda Lewis）博士指导格罗普曼说：“不要只顾着做，原地停一下。”要使组织获得成功，系统 2 的思维模式意味着前期要做一些必需的准备工作，以选择、设计、完善你将要展开的工作内容及方式，而且你必须时刻保持警觉，这样的话，一旦你的思维模式和行动方式部署完毕，在系统 1 下容易产生的无意识反应就不会拖后腿了，你就可以继续复制成功。

日产汽车前 CEO 卡洛斯·戈恩（Carlos Ghosn）诠释得就很生动：“你就得像赛车手一样，知道什么时候加速、什么时候踩刹车、什么时候换档。”请回想一下查克·埃斯利和阿明·萨贝里在给上万名在线学生教授创业课程时所采用的方法。他们将系统 1 和系统 2 双管齐下，令人叹服。这支教学团队时常会慢下来，去斟酌、制订和测试各种方案，使学生能更轻松地提交作业和评分，以及互相评判参与小组的程度和各自的技能表现，也使导师更容易筛选、指导小组。而这些方案在后期也减轻了教学团队的压力。用戈恩的比喻来说，埃斯利和萨贝里搞明白了“什么时候该踩油门、什么时候要减速、什么时候又该刹车”。这样一来，他们和他们的学生以后就能够将油门一踩到底，在成功路上向前飞奔。

地面战思维

我们之前强调过，复制成功需要的是类似跑马拉松的勇气，而绝不像一场短跑。其实这样打比方的话，也低估了这个挑战。复制成功的过程类似于参加一场长跑，但你并不知道哪条道路才是正确的。有时那些看起来是正确的道路最终却被证明是错误的。而且你不知道这场比赛到底要跑多久，到哪里才是尽头，也不清楚怎样才能跑到头，哪里才是终点线。然而，它是每个组织都会面临的众多挑战中最基本的一个，不论组织规模是大是小，是新成立的还是旧的，还是说介于两者之间。令人欣喜的是，许多人和团队都在想方设法掌控混乱的局面，他们与时俱进，从中收获成就感，并为广泛传播有建设性的信念与行动方式而感到自豪。那些获得成功的人，他们的思考和行动，就好像是正在进行一场地面战，而不仅仅是空战。这种“地面战思维”以及上面所提出的 7 条箴言，都会在后面的章节里提到的关键决策与复制成功的原则上有所体现。

第2章

原则2

02

柔性设计，在两种策略中找到平衡

斯坦福大学的哈索·普拉特纳设计学院（Hasso Plattner Institute of Design），人称“d学校”（the d. school），始建于2005年，主要教授与传播设计思维———一种实现创造力的务实方法，专注于发现并满足人们的需求。早期在d学校时，有一次我们一群人坐在一起，讨论着复制成功理论。有一位名叫迈克尔·迪林的教员，也是一位风险投资人，他提了一个非常具有启发性的问题，引发了我们的热烈讨论。问题大致是这样的：“我们的目标是什么？它是更像一种克隆式复制，为了照搬早已定好的设计信念与做法，还是更像一种改善式复制，即以一种潜在的思维模式引领人们去做某些事情，但具体他们会做什么，每个人、每个地方都可能有很大的不同？”

迪林的问题激发了关于适合特定人群和地域的“柔性”设计思维的对话。讨论还涉及做出改变所带来的风险，有人谈到因为会削弱太多影响力而导致设计思维失效，还有人觉得即使它起到了作用，也应该被叫作其他名字。迪林的问题至今仍在d学校被频繁地提起。某些元素的确会出现在我们所应用的设计思维的每一个特点中，这些元素包括同理心（理解人类的情感、目标以及一种设计应该解决的需求）和快速成型（开发快速、廉价的解决方案，并根据用户的行动和建议迅速更新）。不过这些年来，d学校的教授变得更倾向于改善式复制的方式了。我们已了解到，比如银行家对自己创造力的自信不如女童子军，这样他们就需要更多的指导、精确的指示与情感的支撑，因此我们要用不同的方式来教他们。我们也明白要为来自不同文化背景的人“柔性”调整方法，因为大多数方法是在美国制定出来的。

2010 年秋天，萨顿与 d 学校的佩里・克莱班领导了一个教学团队，他们帮助了来自新加坡人力部的 24 位中层管理人员学习与传播设计思维。这些管理人员在帕洛阿尔托的斯坦福血库花了一天的时间进行观察与采访，然后利用收集到的信息，提出了一些用于改善“捐血体验”的想法和实施蓝本。第一天是以 d 学校的惯例，“我喜欢……我希望……”的汇报练习收尾的。克莱班请大家谈谈哪些是可行的，哪些是有不足之处的或是应该有所改善的。但是汇报环节完全无人回应。这些平常很喧闹的新加坡人局促不安地盯着地板，始终保持着沉默。最终，教学团队宣布，汇报练习未达到预期效果。为了排解忧愁，大家奔向了附近的一家酒吧。

后来，一位叫宫下祐介（Yusuke Miyashita）的教学团队成员扭转了局面。祐介在日本出生长大，是位天才设计师。他解释说，亚洲人不像西方人那样，从小就习惯了“我喜欢……我希望……”的表达方式，他们不太愿意随心所欲地公开表达强烈的个人观点。他们很担心会因为批评斯坦福的教员而让自己难堪，毕竟他们视这些教员为权威人士。于是祐介建议做一个小小的改变：请每一位管理人员首先简单地在贴纸上记下“我喜欢”和“我希望”的内容，然后让他们每个人大声地读出来。克莱班第二天就试了这个方法。当管理人员各自读着这些经过深思但又直率的评语时，他们笑着互相调侃。正如祐介所说的，这个小小的改变使社交压力消失了。这样一来，沉默比大声说出来更让人尴尬，而不批评教学团队则像是蔑视权威。这 24 位管理人员（他们自称“阿尔法”[①]）此后将这一设计思维方式传授给了他们在新加坡的很多同

① 原文为“the Alphas”。“alpha”即“a”，是希腊字母的第一个字母，寓意一切的开始。——译者注

事。不论他们自己有没有意识到，祐介的柔性方式成了他们的一个绝招。萨顿观察到他们有效地运用着这种方式。比如有一次，他们在一个研讨班上为新加坡图书馆的 60 名员工演示了这一方法。祐介的柔性方式令人回想起许多其他复制成功的案例，因为迪林的“克隆式复制—改善式复制”统一体起到了显著的作用。每当我们让那些为复制成功做出了巨大努力的人描述这种统一体时，他们会微笑着点头，告诉我们这种统一体切中了他们所面临的一个最重要的挑战的要害。我们从许多人那里听到过这样的反映，包括百威啤酒的分销商、Twitter 的团队领导、辛辛那提的医院管理人员、捷蓝航空公司的中层管理人员、通用电气的高层主管、加州的中学校长以及怀俄明州最高法院的首席法官等。在每一个案例中，照搬某些经过验证是行之有效的做法，还是改弦更张（或是重新发明一些新方法）以适应当地的环境——如何处理这两者所产生的紧张局面，对决策者有了很大的影响，从而改变了事情的走向，并决定了决策者的成败。

克隆式复制还是改善式复制

很多的案例和研究支持“克隆式复制—改善式复制”统一体的两端。在“克隆式复制”这一端，常见的做法被毫无偏差地复制照搬，从这一点来讲，美国汉堡连锁店 In-N-Out Burger 和时思糖果店的成功是无可争议的。这些备受大众喜爱的美国连锁店完全避免了任何本土的顾客定制化服务。产品的组合、员工的工服以及培训和流程，几乎一切都在 In-N-Out Burger 和时思糖果店的每一家店里被精准地复制。请再想想英特尔公司的“精确复制”理论，该理论早在 20 世纪 70 年代就被初步实施了：“正如其最简洁的形式所展现的，除非是完全不可能实施的，或者说进行某个改变会带来巨大的竞争优势，任何有可能影响流程或执行方式的细节，都要最详尽地复制下来。”当“精确复制”理论体系在英特尔公司成为常态之后，其已有工厂和新工厂的出品率和质量都得到了显著提高。该理论之所以非常奏效，是因为英特尔公司的制造体系非常精确和一致。它使英特尔公司能快速发现任何突发的偏差并从源头吸取教训。有一次，英特尔公司供应商的一位销售员告诉我们，一家工厂里某种制造芯片的机器出品率异常高。经过仔细调查研究，英特尔公司发现，这家工厂的供应商在安装机器时偶然地稍微偏离了中心大约 0.6 厘米。于是英特尔公司将这台机器的精准位置复制到了其他 20 多家工厂里。就这样，出品率得到全面提高。

“克隆”的力量在一个有着 2 444 家特许经营店的公司那里得到了证实与强化。1991—2001 年，沃顿商学院的悉尼·温特（Sidney Winter）和同事们一直在对这家公司进行跟踪。研究人员并没有透露品牌，但它听起来像是 MBE 国际快递运输公司（Mail Boxes Etc.）或者美国联合包裹运送服务公司（UPS），因为它提供的是邮递和复印的服务，也卖一些办公用品。当特许经营店的经营者增加了一些“非标准”的服务，比如拍摄护照照片或汇钱时，大事不妙了。这些不墨守成规的“改善式”动作最后使门店的销售额变低了，甚至增加了倒闭的风险。研究人员得出的结论是，最佳做法应该是“尽一切可能精准地照搬原版的所有元素”。

尽管“精确复制”的体系和温特的研究都显示出“克隆式复制”的成功，但是要求每一位员工、每一个团队、每一项业务、每一个地区全部准确地复制相同的方法或商业模式，这并不总是企业走向成功的秘诀。从旨在改善小学生心脏健康的慈善项目 CATCH 到“阿尔忒弥斯”（Artemis）——一个帮助中学生在互联网上做更有效的搜索研究的工具，对这些项目的教育研究使玛莎·斯通·威斯克（Martha Stone Wiske）和戴维·珀金斯（David Perkins）强烈抨击这类“复制陷阱”。它给人一种错误的信念，认为“简单地在各地做相同的事情就能得到相同的结果”。

复制陷阱也可能会使公司陷入麻烦。只要问一下美国家居连锁店家得宝公司（Home Depot）的管理者，你就会了解这一点。2006 年，家得宝在中国开了 12 家门店，广告语是“你做得到，我们帮得到”（You can do it，we can help）。这种“自己动手”（do it yourself, 简称 DIY）的方式在美国行得通，但它与中国顾客“为我安装”（do it for me, 简称 DIFM）的观念相冲突。许多中国人在家里并没有足够的空间或工具来做家装，他们一般也并不是在鼓励“自己动手”的环境中成长起来的。人工费用在中国也便宜得多，所以去家得宝购物的顾客通常不会吝啬于花钱请人干这些活。家得宝的 DIY 方式彻底失败了。2011 年，北京最后一家门店关门；2012 年下半年，中国市场剩下的 7 家门店也关掉了。业内的专家，甚至一位家得宝的发言人，都将失败归因于公司脱离市场实情的死板政策。佛罗里达州立大学的史蒂文・基恩（Steven Kirn）解释说，与本土文化相协调才是基础，“你不能就这么直接空降”。相反，百胜集团，这家拥有肯德基、必胜客和塔可贝尔的集团企业，却充分地采取了改善式复制的方式。百胜集团正在中国繁荣地发展，拥有超过 4 000 家肯德基和必胜客门店，因为它是“一个能变通公司战略，以适应中国市场的终极典范”。比如，肯德基在中国销售的蛋挞、豆浆和其他的一些食物，不会在世界上其他地方的肯德基菜单上提供。

改善式复制的方法也为面对着大量看似相同而呆板的复制品的顾客提供了更多选择。幸福生活酒店集团的创始人兼 CEO 奇普・康利（Chip Conley），依靠改善式复制的战略发展事业。这一集团总共有 35 家各不相同的酒店，康利最后在 2010 年以 3 亿美元将它们卖给了 Geolo 资本公司。康利使用了一个聪明的技巧，来指导如何营造每家酒店的外观和氛围：选择一本最能说明目标顾客的愿望的杂志，选择 5 个词来描述酒店的基本风格，并想办法让顾客和员工能通过五官来体验到这些。

1987 年，康利在筹集到 100 万美元并购买第一个物业后，发明了这种技巧。那时，凤凰酒店破旧不堪，一片混乱，位于旧金山脏乱的田德隆区（Tenderloin），房间按小时出租给一些从事性交易的工作者。康利的第一次管理团队会议，最后变成了一场就如何对该地进行转型的跑题的争论。后来，他灵机一动想到："我们为什么不能各自挑本杂志，将目标顾客画像具体表现出来呢？"结果，除一人之外，其他所有人都带来了《滚石》杂志。于是管理团队集中了5个词来概括凤凰酒店的基本特点：放克式的[①]、不羁、大胆、炫酷、心态年轻——瞄准的是摇滚音乐家。所有这些形容词从艺术方面（比如一个青蛙弹吉他的雕像）、服务方面（专供音乐家巡演巴士的停车位，为一些失聪的音乐家捐钱的机会），再到员工方面（放克式的、不羁的，大多还是有文身的音乐爱好者），都把酒店的具体形象塑造出来了。现在，这家传说中的摇滚酒店吸引了如涅槃乐队（Nirvana）、琳达·朗丝黛（Linda Ronstadt）、约翰尼·德普等贵客。到2010年，这种"杂志技巧"已帮助幸福生活酒店成长为加州最大的精品连锁酒店。再举一个例子，在2002年，康利的团队挑选《纽约客》来将位于旧金山联合广场的雷克斯酒店（Hotel Rex）的形象具体表现出来。管理团队这次挑选的定义这家酒店的5个词，与放克式的凤凰酒店有天壤之别，这5个词是聪明、学识、艺术、世故、老练。

最优秀的管理者与团队往往能在复制与定制之间，甚至在克隆式复制与改善式复制之间找到平衡，就好像在玩乐高积木一样。有一些要素，这些要素不仅是指单个的积木，也可以是多个积木的"局部装配"。虽然其他因素可能大相径庭，但这些要素会在每个人身上、每个地方接二连三地复制。例如苹果公司，从苹果门店的"天才"到高级副总裁，公司会对每一位员工传达并强制实施保密规定。类似的例子还有：麦当劳的菜单、门店设计装潢、用工政策和价格在各个国家都非常不同，但是炸薯条在全球各地用的都是相同的配料和油炸方法。

有些领导者即使对自己的改善式复制理念赞不绝口，也会标准化很多东西。四季酒店的高管使其豪华连锁酒店非常富有文化多样性，客人入住各地的

---

① 放克（Funky）为一种骤停的打击乐，崛起于20世纪70年代，由黑人爵士乐演变而来。——译者注

酒店就会切实感受到自己身在何处，住在意大利就是意式的体验，住在法国就是法式的感觉。酒店以此为豪，因为“如果你想进军全球，不能只提供单一的服务”。正如副总裁戴维·克劳尔（David Crowl）所说：“我们不是一家千篇一律的公司……当客人早上在我们位于伊斯坦布尔的酒店醒来时，他就知道他在土耳其。客人知道自己能享受24小时的客房服务、定制的床垫、大理石的浴室，但同时也知道自己将会融入当地文化。”在每一个地方，除了配备大理石浴室和其他常见的便利设施外，四季酒店还明确提出270条服务文化标准（20世纪90年代有800条，现在减少了）。这些标准是从全球各地的酒店管理中总结的经验教训，为经理和一线员工提供了指导，同时也确保能够预见客人会发生的种种情况。不过，由于四季酒店偏爱改善式复制的理念，这些标准还是会在每个地方灵活变通一下。比如，有条标准是“所有工服要求熨烫得整洁干净，而且要合身”，但是在巴厘岛的员工穿的是短裤，在芝加哥的员工穿的是长裤。

所以说，本节的标题，并非在讨论是倾向于克隆式复制好一些，还是倾向于改善式复制好一些的问题。这个问题只是，对于一个特定的组织、个人、地区或某个决策点而言，决定何时应该倾向于两种方式中的哪一种。尽管面对令人苦恼的紧张感和权衡取舍，我们并没有什么神奇的公式或速效药可以让它们消失，但是最优秀的领导者和团队会不懈地对某些过度的方式保持警惕。他们会找到一些过度“本地化”或是“标准化”的信号，这些信号表明是时候向该统一体的另一端移动一点点或者大幅移动了。我们已经确立3个具有诊断性的提问来帮助大家查明何时进行改变是明智的，应该朝哪个方向改变，以及要如何使它成为现实。

你是否错以为自己很独特？

因地制宜的必需性时常是一目了然的。斯坦福大学的帕梅拉·海因兹（Pamela Hinds）带领研究人员花了几年的时间持续跟踪一家软件公司，这家软件公司在美国和印度都设有工作站。公司设立的首个办公地点位于硅谷。跟Facebook、Twitter、IDEO和其他在加州以创新而闻名的公司如出一辙，这家软件公司硅谷办公室的地面是混凝土结构，一些墙面粗糙不平，就好像没完工一样。印度的办公室开业时也是混凝土地面，但是印度当地的员工很反对这一点，因为以当地的标准来看，这种装修看起来粗糙且低档。而印度办公室的地板短时间内就会变脏，因为那里室外的灰尘比硅谷的要大得多。这对于穿纱丽的女员工来说可是个问题，因为她们身着的纱丽拖在灰尘满地的地板上就会变得很脏。于是，这家软件公司很明智地将自己的克隆式复制理念放在了一边，给印度办公室铺上了地毯。

我们之前提到了家得宝在中国一败涂地的原因，正是因为其美式的“自己动手”的方式没有被转换成“为我安装”的方式以适应中国的文化。宜家在中国的大型门店开张时也面临同样的问题：宜家的家具因装配困难而名声在外，巨大笨重的商品物件也很难用车运回家。用乐高积木打个比喻，宜家保留了大部分屡试不爽的家具组件，但同时也改进了一些旧款并重新设计了关键的组件，以更恰当地迎合本土文化。他们稍微调整了生产线（比如规格小点儿的床在中国销售得更火爆），在自助餐厅里增加了有名的肉丸子之类的中国食物，加大招聘力度并培训员工以应对顾客大军——北京有个门店在周末会有60 000名顾客光顾。《中国经济评论》（*The China Business Review*）里提到：“在中国，宜家沿着公共交通线路开设门店，提供收费的同城送货上门服务以及国内主要城市送货的服务，设置出租车候车区，还提供收费的装配服务。”特别要指出的是，“在中国，人工费用不是很贵，‘自己动手’的观念尚未成为主流，所以中国的顾客相比其他国家来讲，更多人会选用宜家提供的装配服务”。

宜家将这种适应性的改变看作是与顾客之间的双向适应，因此也在逐步推动中国的消费者转变他们的购买方式。广告、宣传册和员工都在潜移默化地改变中国顾客对于家装“要么全装，要么不装”的态度，传递了这样一种信息：“改变并不难，一步一步地做一些微小的改变就行了。”有一张广告图，上面是一位穿着短裤和T恤衫的老人，在一个典型的中国式混凝土瓷砖的阳台上坐着，阳台上有植物、晒着的衣物，还有报纸。他坐的那把椅子正是宜家的新款红色椅子。这种相辅相成的战略目前依然很有效。中国大陆运营的11家宜家门店2012年的销售额达到9.5亿美元，和2011年相比增长了21%。

家得宝的失败和宜家的成功，这两个截然相反的例子告诉我们，精明的因地制宜方式，对于复制成功来讲必不可少。但是也要认识到，有些管理团队可能对接受“复制照搬”方式迟疑不决，因为他们或者说他们所处的情况过于特殊。他们有可能正陷入以为自己很独特的错觉之中，从而错误地助长了改善式复制的理念。我们人类常常试图说服自己，认为那些已被证实有效的规则或技术并不适合我们，或者说不适合我们身处的看似很独特的环境，可事实上，这是在自欺欺人。

这种错觉也解释了为什么悉尼·温特研究过的众多特许经营店不由自主地偏离标准化的生产线，即使这样做会有损利润并有可能倒闭。无独有偶，阿图·葛文德（Atul Gawande）也向我们证明，这种自以为独特的错觉会增加医疗保健的费用，还会降低品质。葛文德主张医院和医生能从诸如芝乐坊餐厅（Cheesecake Factory）这样的连锁餐厅采取的标准化方法中学到很多。芝乐坊餐厅的160家门店的菜单一模一样，不过员工会按客人的要求使用新鲜的食材烹制每一道菜。他指出，医疗保健行业正迫使许多医生朝类似的方向改变。葛文德作为一名外科医生，一向对管理人员和保险公司避之不及，而如今他也开始注意强调治疗方法的仿照性和一致性了，就像芝乐坊餐厅做每一道菜那样。不管怎么说，他表明在做外科手术时，采用一些相类似的标准化方案有很多益处。

不论葛文德多么专业，他在为母亲的膝关节置换手术挑选外科医生时还是碰到了麻烦。在他的家乡波士顿的3所大医院里，没有任何统计数据表明哪位外科医生手术做得最好或最差。如果想比较一下各位医生，结果更是让人感到困惑，因为当地的外科医生选用的人工关节、麻醉方法和物理治疗手段五花八门。最后，葛文德在他自己工作的布列根和妇女医院（Brigham and Women's Hospital），挑选了一位来自新西兰的医生约翰·赖特（John Wright）。赖特在当地并非最知名的治疗膝关节的外科医生，但他的治疗方案使葛文德想起了芝乐坊餐厅。赖特花了近 10 年的时间致力于使医院的膝关节置换手术标准化。他的观念是从做手术开始到做物理治疗为止，“为患者个人定制的手段应该只占整个治疗过程的 5%，而不是现在的 95%”。赖特就应该使用哪个种类和品牌的植入物，与布列根和妇女医院的另外 8 位膝关节置换手术的外科医生争论了很久。赖特的同事最初驳回了他的论点，因为他们认为膝关节方面的外科医生对于植入物的挑剔程度，就好比职业网球运动员对于球拍的要求一样专业。赖特据理力争，因为数据一清二楚。人工膝关节的平均价格是 8 000 美元，但部分品牌的价格是它的 2 倍，哪怕没有任何证据证明其品质更胜一筹。赖特的许多同行医生也乐于在患者身上尝试使用新的产品和型号。赖特坚持劝大家用旧的型号，因为新的型号费用更高且经常出问题。

赖特在这场反对过度进行改善式复制的争论中大获全胜。布列根和妇女医院现在有 75% 的手术使用的是同一家制造厂商的产品。与单个供应商议价能力的提升使整个手术的费用降低了一半。而且，随着其他许多标准化步骤的实行（比如物理治疗从一天 1 次增加到一天 2 次），在赖特的这场争论之后，膝关节置换手术的患者能更早地站立起来，术后第二天可以步行得更远，所需的止痛药也更少，还可能提前一天出院回家。葛文德的母亲在术前坚持要在医院住满 5 天，然而 3 天之后她就回了家。她感到称心如意，因为她可以自己从床上下地，走路也不会感觉到疼痛，甚至还可以爬楼梯，完全不需要服用止痛药。

尽管益处众多，然而赖特的同事中只有一半人勉强接受了这些改变，有一两个人依旧十分抵制。很显然，他们视自己为特殊人群，认为自己所面临的许多情况很特殊，因而觉得应该可以随心地做不受约束的判断，即便这种错觉显然是弊大于利的。他们不太喜欢这种标准化的做法，但赖特的坚持最终将他们拽上了通往成功的大道。

这个故事彰显了何为责任感。复制成功依赖的是像赖特医生这样的人，他们通常是无名英雄，努力影响着每天遇见的每一个人，从而使大家接纳更完善的举措与思维模式。葛文德的说法入情入理：“大家对医疗保健制度怨声载道，就是没有人为整个医疗体验、医疗费用和诊疗效果承担责任。我母亲的经历就表明，一旦有人肩负起责任，患者便能从中获益良多。”

是否有成功的原型可用？

扩展组织规模时，要达到“标准”与“定制”的最佳融合，需要经历一个复杂、耗时且费用不菲的试错过程。但有一些策略能够加速这个学习的进程。若你举棋不定，那么一个很好的惯常做法就是借鉴在别处行之有效的完整的范例或模板，并多加留意该范例在哪些方面是不可行的，哪些方面需要重建、替换或去除。我们建议你抵制住想要推出那种所谓最佳做法的念头，因为这些做法通常未经验证并且是大杂烩式的。

沃顿商学院的加布里埃尔·苏兰斯基（Gabriel Szulanski）提到一个前车之鉴。20 世纪 90 年代，施乐公司（Xerox）欧洲的运营部（后来被称作“兰克施乐”，Rank Xerox）取得了一个很大的初步成功，那就是当一些具体而完善的“妙招”在一个国家行之有效以后，就会被转移到其他国家去使用。举个例子，销售彩色复印机的整合方案在瑞士大获全胜之后，这个方案就被沿用到了其他许多国家。在企业内部推广方案的花费大概是 100 万美元，但最终为公司节省了约 2 亿美元的整体销售支出。高管们激动万分，于是从不同公司的最佳做法里又精挑细选，七拼八凑，实施了一个更为庞大的“最佳销售流程”。这个未经任何检验而拼凑起来的流程，在任何一个地方都未能成功地实施。尽管施乐的领导者和团队已经很努力了，但却没有任何证明该流程可行的成功实例，因此，他们对于应该预期什么以及如何去开展的认识都非常匮乏。苏兰斯基解释说："兰克施乐违反了复制方式的一条基本规则，那就是必须确定一个能在一个具体的地方'看得见''摸得着'的模板。"

这正是北加州女童子军（Girl Scouts of Northern California）在2010年到2013年与青少年成长基金会（Thrive Foundation for Youth）合作时所遵守的规则。为了将社会科学研究成果转变成可行的项目，以帮助11～18岁的青少年发挥全部的潜能，青少年成长基金会挑选了几个非营利组织，其中就包括女童子军。青少年成长基金会用到的教材有卡罗尔·德韦克（Carol Dweck）开创性的著作《终身成长》（*Mindset*）、奇普·希思（Chip Heath）和丹·希思（Dan Heath）的畅销书《瞬变》（*Switch*），还包括其他严谨的研究成果。这些教材首先是在加州雷德伍德城（Redwood City）一个为期24天的试行项目中被考查并做了一番改进的。该项目的对象是一群即将升入九年级但有辍学风险的学生。项目包含的课程有如何识别年轻人身上的"闪光点"（"就是人生中能够点燃你的激情并让你全力以赴的事物"），如何培养"成长型思维模式"（视你的才能为可改变的而非似顽石一般一成不变的），以及如何确定并追求目标。

关于如何使项目精益求精，但又不会削弱基金会的学习目标方面，在女童子军和青少年成长基金会头3年的合作里，他们都受益匪浅。北加州女童子军每年为大约5万名女生提供服务，她们中大部分人来自志愿者带领的军团或户外野营组织。许多成年志愿者在他们的女儿尚在幼儿园时就开始参与军团活动，所以当他们的孩子到了青春期时，他们需要采取的一些新方法，正好可以从基金会那里获得。2010年，当女童子军的青少年成长项目总监希瑟·维尔豪尔（Heather Vilhauer）最初将这个项目展示给40位成年志愿者时，大家欢欣雀跃，只是觉得教材有点太课堂化了。维尔豪尔解释说，课堂化就意味着孩子们很多时候需要坐下来书写、思考，有许多作业要完成，而亲自动手、四处活动和说话交流的机会太少。另外一个问题，就是这些教材大部分是由从事研究工作的人编写的，他们主张学习和试行项目均需严格掌控且须精确地重复每一个步骤和用词。维尔豪尔头几次给大家演示这个项目时，在场的基金会工作人员就说“这里演示时你用错了词”，建议“这里应该这样来陈述”。他们坚持要她鹦鹉学舌般完美地复述教材，即便志愿者对那些枯燥无味的用词充耳不闻。维尔豪尔坚信基金会的基本理念，她认为如果这些理念能够被转化到位的话，就能够帮助到他们服务的几千名女生。但她同时也很担心：“我就是在女童子军里成长起来的，曾经也做过女童子军的领导者，然后又成为志愿者，现在是一名工作人员。我知道这种完全复述的方法可能是行不通的，我们的领导可不会照着讲稿逐字逐句地念，他们应该只会讲出教材的大意。”

于是维尔豪尔和服务女童子军的工作人员，与基金会的团队协力使项目教材少一些课堂化的色彩，减少给女生讲课的时间，让她们自己主导更多的活动。在课堂上鹦鹉学舌般复述教材的方式，与女童子军户外野营活动之间的巨大反差，也是表明墨守成规的复制并非明智之举的一个原因。如果其他一些课是补习阅读或数学，那么一个关于脑科学方面的讲座则可能看起来更有趣。但如果其他活动有唱歌、徒步、攀爬冒险塔，或是用乐高积木搭机器人，那么这个讲座又显得索然无味了。为女童子军服务的工作人员缩短了教学单元的时间，为了增添趣味而加入游戏环节，比如让女生四处走动，不过这些都是以带入基金会基本理念的方式进行的。例如，为了示范神经元和神经键的科学知识，让她们反复掷球来向她们表明，如果每次都用相同的姿势，就能投掷得更为准确。

发展和推广女童子军的成长项目，时常也会混乱不堪、困难重重。成年志愿者、女生、女童子军的工作人员、基金会的工作人员，还有青少年发展领域的领导者之间健康的交流，都有助于这个项目的推进。特别是关于成长基金会基本理念的讨论，比如哪些要素是必不可少的，哪些可以省略、简化或是需要增加些趣味性。在早期的培训项目里，成年志愿者不太情愿按照“打 1 分”表示“缺乏技巧”、“打 5 分”表示“精通技巧”的方式，来评估女生是否掌握目标管理技巧。比如当遭遇困境时，女生在转变方式方面表现得灵活与否，关于这一点，志愿者被要求给出评价。大家非常反对这种做法，因为女童子军总是给人非常积极正面的印象，而这样的评分方式却让人感觉非常苛刻。莎丽·特雷西（Shari Teresi）是女童子军志愿者资源部的高级总监，她提出以蝴蝶进化的不同阶段来命名评价标准能给人不一样的感觉，最终抚平了大家的情绪。

成长基金会的项目工作仍在进行中，主要参与者都一致认为它进展得越来越顺利，女生和成年人也更愿意投身其中。它有助于女生发现自己的闪光点，培养成长型思维模式并制定、管理目标。2012 年，大概有 600 名成年人和 5 000 名女童子军参与了这个项目。以乐高积木做比喻，即原来的组件有一些被丢弃了，而更多的是被重建了。但是有一些组件根本就没有变化。维尔豪尔告诉我们，从一开始，对基于成长型思维模式而给予表扬的建议，志愿者和女生都非常拥护。比如，对于如何评价女生在考试中为了拿到“A”或为了完成绳索运动项目而付出努力的程度（并非评价其天生能力）的指导，非常容易记住且易操作，而且正如卡罗尔·德韦克的研究所显示的，这样还能增强女生的勇气和自信心。

女童子军对成长基金会的项目所采用的方法，让我们想起霍华德·舒尔茨是如何打造星巴克并最终使它成长为咖啡帝国的。1986 年，他开始在西雅图经营一家规模不大的连锁咖啡店，叫作“日常咖啡厅”（I1 Giornale）。起初，每个门店都忠实地复制意大利浓缩咖啡店的样子，但舒尔茨为了适应美国人的口味而不断改进。所以当顾客抱怨站着喝咖啡的意大利式习惯以及刺耳的歌剧背景音乐时，舒尔茨便在店里添加了座椅，把音乐也改成了爵士乐或其他更迎合美国人喜好的曲子。女童子军和舒尔茨，两者在复制那些在其他地方曾经获得成功的完整模式时，都非常小心。此后，一旦有迹象表明某些元素未能运行顺畅，他们就会随机地去除或更改这些元素，并以更完善的方案取而代之。

采用改善式复制的方式能获得重要的创新吗？

依靠预定、可复制、验证过的“组件”通常会带来更便宜、更快捷、更可靠的解决方案。正如我们提到的那些治疗膝关节的波士顿外科医生，有时候不论大家的反对是多么强烈，复制照搬确实是更高一筹的策略。觉得我们每个人都与众不同、身处独特环境的认知，有可能会把事情搞得一团糟。不过灌输一点点改善式复制的思维也有好处（不仅是指定制化），在做扩展规模的决定时理应考虑。

对于创业者而言，不辞辛劳地创造某种思维模式的本土版本，会放大“这个地方是我的，我也属于这个地方”的感受。研究者辛西娅·科伯恩（Cynthia Coburn）的结论是，学校开展的关于扩展规模的大多数研究，主要关注的是数字增长和保持精确度（比如对原型的精准复制）。本土的“变革所有权”所起的作用通常会被忽视。然而，如果赋予大家对所实施的某个模板“量体裁衣”的权力，就会增强整个组织的理解力。假设一个来自美国连锁鞋店的团队要在莫斯科设立第一家门店，如果要求他们考虑和尝试做一些调整，以便更完美地适应当地顾客的喜好和期望，而不是要求他们严格执行在所有美国门店运用的、事先制定好的标准做法，那么他们对客户服务方式的理解就会更加深刻。正如知名心理学家库尔特·卢因（Kurt Lewin）所说：“如果想真正理解某件事情，就试着改变它。”当地员工的主人翁精神也催生了责任感，因为他们做出的调整将有助于决定门店的成败；这种责任感以及随之而来的合乎情理的荣誉与指责，使他们更加感到“我”或者“我们”要为扩展规模付出努力。

理解与责任感的融合有助于解释一个为期 3 年的研究所发现的现象。这个研究追踪了参与 CATCH 项目的约千名小学生，该项目旨在教授孩子关于保护心脏健康的知识。研究发现，那些花大量时间准备教材、上课时语言丰富、穿插各项活动的老师，与照本宣科的老师相比，对学生在饮食的自我效能和知识掌握方面有着更积极的影响。研究者认为，那些适当调整了教材的老师更有动力与创造力。本土主人翁的精神也可以用来说明女童子军的成长项目为什么会成功。尽管希瑟·维尔豪尔和同事非常欣赏成长基金会的理念，但每进一步定制那些教材，他们就更感到这个基金会项目的一部分是“自己的”发明创造，他们不仅仅是鹦鹉学舌般重复那些专家交代的话。

如果你的组织或者项目拥有正确的思维模式，即便还没有一个在别处曾行之有效的完善模式，采取改善式复制的方法也非常有益。如果你手头还没有一个曾被验证过的模式，那就有必要尝试不同的解决方案，来找到有效的方法。加州大学旧金山分校（UCSF）的研究人员采取的用来降低医院用药出错率的方法，就是一个很好的例子。有力的证据表明，走神与外界干扰会造成护士在错误的时间用错药或用错剂量。大家对如何防止这种干扰却手足无措。于是加州大学旧金山分校的研究人员与 9 位在旧金山地区的医院工作的护士，合作研究出了专门的解决方案。其中几家医院的护士身上明亮的黄色马夹或腰带，以提示他们正在数药或给药。海沃德市（Hayward）圣玫瑰医院（St. Rose Hospital）的护士在一个“隔离间”里分拣药品，为治疗做准备。在旧金山总医院（San Francisco General），护士将窗户遮住，因为她们发现如果有同事看到她们在药房里，就会经常干扰她们工作。结果，2006—2009 年，这些医院的用药出错率下降了 88%。

有时，即使是些许改善式复制的做法都足以激励人心并促进创新。麦当劳就是一个值得学习的典范。尽管这家公司的标准化管理闻名遐迩，不过一些本土的特许经营店仍有空间来做出改变，尝试新的方法或菜单。麦当劳之所以能扩大其巨大的足迹，这些举措都被证实是必不可少的。麦当劳在不同的国家有着千差万别：在法国的门店里有酒精饮料供应，在印度提供的是羊肉而非牛肉。另外，他们在美国本土也做过不同的尝试。在美国，有些最成功的创新就来自本土的特许经营店，而并非仅限于公司总部的实验室。麦当劳的巨无霸最初是 1967 年在匹兹堡，由一个叫吉姆·德利加蒂（Jim Delligatti）的特许经营商做出来并开始贩卖的。他是基于一个叫作“大男孩”的快餐连锁店所销售的一种汉堡包来开发的。德利加蒂之所以开发出这款巨无霸，是因为他受够了顾客都跑去了大男孩快餐店。最初公司的高管反对巨无霸的推出，因为它45美分的售价是麦当劳普通汉堡包的两倍，他们害怕价格太贵把顾客都赶跑了。他们也很担心制作这个复杂的汉堡包将会破坏原本精细的门店操作体系。最终，麦当劳副总裁、运营方面的权威人士弗雷德·特纳（Fred Turner）勉强批准了德利加蒂可以试着在自己的店里销售这款双层汉堡包。结果销售额暴涨了12%。到了1968年，巨无霸被推广到所有美国的麦当劳门店里销售。1969年，这款汉堡包的销售额占到了全国销售额的19%。

从巨无霸的故事可以看出，创新举措理论上不会在每一个地方推广，但它可能会在任何一个地方发生。当然，矛盾与不确定性无处不在，即使是在最优秀的组织里也会有。但麦当劳具备足够的改善式复制的理念，足以包容自下而上的创新。而且当高管发现巨无霸的销售非常成功时，公司突然急转弯采取了克隆式复制的方式，以确保每一个制作出来的巨无霸看起来都一样、吃起来也一样。

单干还是合伙

“改善式复制—克隆式复制”的统一体，在每一个复制成功的故事中都举足轻重。当发展的脚步迈得更远时，成功只会让事态变得更棘手，因为对这个统一体两端的抉择会更加艰难，也会使更多的人和地方面临风险。当然，也会有许多其他可用于复制成功的关键选择，其中包括是考虑国家的文化背景还是考虑组织的思维模式（当你向一个新的国家进行商业扩张时，应该如何权衡这两者？）；是选择谨慎的远景规划还是边做边学（如何、何时要做权衡？）；是选择集权还是选择分权的方式（组织高层中的少数人与整个组织中的多数人，各应拥有多少权力？）；以及是下决心“制造”、“购买”还是“借用”（是创造属于自己的成功，还是兼并一个能满足你所需的现成团队或小型公司，或是聘请专家顾问来教授员工如何复制成功？）。我们曾罗列了50多个关于复制成功的不同选择。

我们夜以继日研究这些选择，与那些正忙于复制成功的人一起绞尽脑汁，并将有关的各种研究分类登记。原先的计划是从中甄选出一个较简短的清单，然后针对每项选择提出一些建议。埋头苦干几年后，我们意识到这正是约吉·贝拉（Yogi Berra，美国著名哲学家）提到过的，“人生总是充满了这样似曾相识的感觉”，并且会一直重复。尽管每个决定执行得不尽相同，但我们的分析最终总是回到相同的地方：背离某个模板、方法或行为的做法要么被鼓励，要么被禁止，其中所产生的利弊权衡和紧张关系始终占据中心地位。换言之，不管我们的旅程从哪里开始，最终还是会回到“改善式复制—克隆式复制”的统一体。

那么，我们就来选择一下是独自完成某项工作还是与合伙人一起。合伙人可以为你提供资源、专业知识，能够扩展人脉、建立更多的分公司，这些都能够使你创造更伟大的里程碑，而且能发展得更快。但是如果合伙人与你各有不同的经历，你们的想法、喜好、技能以及掌握的信息不尽相同，那么想要保持某些原始模式的纯粹性会更艰难，而与合伙人工作通常就会这样。合伙业务的关系会使你产生不得不进行改善式复制的压力。美国汉堡连锁店In-N-Out Burger是美国最成功、最让人钦佩的快餐连锁店之一，其员工是我们在这类连锁店里所遇见过的最有自豪感的。In-N-Out Burger与其主要竞争对手，如麦当劳、汉堡王、温迪国际快餐连锁集团（Wendy's）截然不同的是，它拥有并独自运营着所有的门店，这样有助于严格控制食物的质量、实体门店的设计和顾客体验。In-N-Out Burger成立于1948年，但到1978年仅有大约20家餐厅，且全都位于加州。相比之下，20世纪50年代，雷·克罗克（Ray Kroc）开始出售麦当劳的特许经营权后，得益于公司充足的现金流和对各地本土环境的了解，到1978年，麦当劳已经设立了第5 000家门店（位于日本的神奈川县）。到了2013年，In-N-Out Burger在美国顾客中的好口碑远远超过了麦当劳。但是它决定独自经营也就注定只开了约 300 家餐厅，而且这些餐厅全都位于美国西部的 5 个州，每家几乎都是一模一样的“克隆”餐厅。与此同时，至 2013 年，麦当劳在 100 多个国家开设了大概 34 000 家餐厅。尽管这些海外门店相当标准化，但它们相比于 In-N-Out Burger 后来除美国之外的不同国家的门店，多样化程度远超后者。

In-N-Out Burger 对合伙人的形式敬而远之，从某种程度上来讲，是因为它坚信对门店失去了控制就意味着失去了其本身的优势，而并非意味着组织对当地顾客喜好能有效适应或者能集思广益。皮克斯公司，这家举世闻名的动画电影公司的作品包括《玩具总动员》（*Toy Story*）系列、《虫虫危机》（*A Bug's life*）、《美食总动员》（*Ratatouille*）、《飞屋环游记》（*Up*）、《超人总动员》（*The Incredibles*）等，它也出于类似的原因而没有采纳合伙制作电影的方式。最初它与迪士尼搭档发行并宣传电影。不过皮克斯十分热衷于自主创作，总是希望全面掌控电影制作。2011 年，我们采访了皮克斯的高管汤姆·波特（Tom Porter），他强调迄今为止皮克斯制作的每一部电影，包括所有正在酝酿中的电影，都是由位于加州埃默里维尔（Emeryville）总部的正式员工[①]创作而成的。皮克斯对于埃默里维尔总部设置了城池般的保护，即便是在 2006 年迪士尼收购了皮克斯以后，它仍旧得以继续下去。当时皮克斯的高管史蒂夫·乔布斯、约翰·拉塞特（John Lasseter）、埃德·卡姆尔（Ed Catmull）对待交易条件小心谨慎，以确保皮克斯在其专业领域里仍然能够掌控自己的命运。而在某种程度上这也是可能实现的，因为乔布斯在收购完成后就成了迪士尼最大的股东。

合伙经营方式带来的多样化或者崭新的想法，还可能成为创新的动力而非扼杀了创新。我们已经看到，麦当劳在中国和印度就取得了成功。与他人合伙

① 正式员工属于无固定期限合同的员工，不同于固定期限或临时工作人员，企业需要为此类员工负担完善的福利计划而付出更高的人工成本。——译者注

的部分原因就是有机会融合他人的想法。2000 年，宝洁公司的 CEO 雷富礼下定决心使这家巨型公司变得更富有创造力，从而销售更多创新产品，并在公司内部广泛传播创造性的思维模式。为了达到这一目标，宝洁与许多公司建立了“联手与开发”（Connect & Develop）的合作关系，它甚至与竞争对手高乐氏（Clorox）齐心合力，开发出一种名为“自粘式保鲜膜”（Glad Press’n Seal）的食品包装，这种产品很快便成为市场的领军者。

更多还是更有效

完美主义者对这样的利弊权衡不屑一顾。然而有些时候，即使是不尽如人意的改善式复制的方法也是值得接纳的，至少可以暂时接受。如果想让自己的脚步迈得更大更远，有时牺牲掉短期利益也是值得的。在复制成功的过程中，低谷是暂时的，也是学习曲线中可以预见的效应。正如斯坦福大学医院的医生向拉奥解释的那样，当医院将某种行之有效的措施从一个模范科室向其他科室推广时（比如如何减少感染率的方法），一开始有点“电压损失”是不可避免的。一些针对汽车工厂、半导体制造工厂、医院、比萨店、造船厂的学习曲线的研究发现，新场所的表现总是比不上那些现有的，而且还有可能需要数月或数年才开始有所表现。第二次世界大战期间，有 16 家美国造船厂建造了 2 600 余艘“自由轮”（Liberty Ships）。这些 7 000 吨级的货船急需运送战备物资和军队上前线，以赴对德国和日本的作战。卡内基梅隆大学（Garnegie Mellon）的琳达·阿戈特（Linda Argote）表示，第一艘“自由轮”于 1941 年 1 月建造完成，当时每艘船需耗时 6 个月才能完工；到了 1943 年下半年，仅耗时 30 天。不过那时每个新的造船厂开始建造第一艘“自由轮”仍要费时 1 年左右，但 1 年之后这个新的造船厂就会变得高效。

遗憾的是，学习并非总能学得那么快或那么好。扩展规模带来的负担有可能是持久的，并且是灾难性的，特别是当人们对新的地方、新的员工和新的顾客做出了错误设想的时候。要求人们肩负额外的重担、学会新的技能，会将他们推向极限，甚至会导致崩溃。这类决定一旦做错，不论什么规模的组织都有可能被摧毁。约翰·本特利餐厅（John Bentley's）是斯坦福大学附近的一家高级餐厅，它就因为要经营第二家分店而苦苦挣扎过。超负荷工作的主厨兼老板本特利先生，最终将其中的一家分店卖给了员工，因为他分身乏术。英国爆发过一次更大规模、更悲惨的事件，民众怒火攻心，全国怨声载道。因为英国官员披露，在布里斯托尔医院（Bristol Hospital）的 181 个婴儿中有 43 个因接受了开心手术（open-heart surgery）而死亡，而这比同类医院的死亡率高出 50% ～ 100%。布里斯托尔医院的管理人员将 1991—1995 年的 43 个死亡病例主要归因于学习曲线的问题。

还可以回想一下沃尔玛自 1997 年起在德国开门营业所遭受的惨败。沃尔玛年复一年都有巨大的财务损失，它于 2006 年将 85 家门店廉价卖给了德国的一家连锁店后凄惨地离开了德国。有两位德国的研究人员总结说，沃尔玛的退败不外乎是因为管理层骄傲自大，对进入新兴市场掉以轻心，无视当地的环境条件，而且沃尔玛传奇般的价值取向“天天平价，始终如一”，也未能实现与“卓越服务”的和谐统一。沃尔玛贪图急速扩张，1998 年在德国花了近 10 亿美元收购 76 个大型超市，而这些超市大多破旧不堪，铺面规模和门店形象参差不齐，且都位于较不富裕的内城住宅社区。不论在收购前还是收购后，这些门店的财务收益在德国大型零售店市场上的排名都是最低的。直至 2006 年沃尔玛从德国撤出时，它们仍然未能成功地将大部分门店升级，并统一形象设计，从而树立品牌的认知度。

即使有这些前车之鉴，有时候生搬硬套一个有效的解决方案也好过什么都不做。这时候可以引用罗德·帕克（Rod Park，萨顿已故的岳父）的话，“有雪球也好过没有球”。萨顿第一次听到这个说法是在 20 世纪 80 年代。那天，旧金山湾区的风很大，他正驾驶着帕克的帆船“爵士号”参加比赛。当时帆船的转向系统（副舵柄）坏掉了。帕克抓起那乱糟糟的一团，用胶带简单地修复了一下，就将它交给了儿子马尔科姆（Malcolm），当时马尔科姆正在奋力操纵着帆船。帕克说："试试这个，有时候有雪球也好过没有球。"对比原本的设备，修复后难看又笨拙，但相比于完全没有，它还是非常管用的。

传播一些表面看上去不怎么行的解决方案，也是同样的逻辑。这些解决方案虽然是对那些在其他地方辉煌一时的模式或解决方案的较差模仿，但由于现阶段要复制曾经的辉煌，代价太过昂贵或不太现实，只能采取这样的方案。王先生（Xiao Wang）是纽约市立学校的前管理人员，他就跟我们说过，用于顶尖特许学校的现金和其他投入，对那些参照类似思维模式与方法而新建的特许学校来讲，通常无法进行同样操作，尤其是在这些学校的资金少于所参照学校的情况下。"电压损失"难以避免，更少的资源意味着新的校区会落在后面。后来王先生提出了一个非常高明的问题："如果可以让新的学校达到只有那些优秀特许学校一半好的水平，但与学校现在的情况相比又能好上一倍，我们还会不愿意传播那些较差的模仿方式吗？"换言之，有时候或多或少偏离克隆式复制的方式虽然不会直接实现成功，但也仍然是前进的最佳路径，因为正如罗德·帕克所说的，有雪球也好过没有球。

凯撒医疗集团的"护栏战略"

医疗保健业界的巨头凯撒医疗集团（Kaiser Permanente，简称 KP）经历了一段漫长的扩张之旅。本节展示了它是如何将自己的选择融合到一起的，以及其中收获的许多经验教训。这段经历尤其强化了"改善式复制—克隆式复制"的统一体在做决策时起到的核心作用，这些决策关乎成功意味着什么以及如何复制成功。2002 年之前的 10 年里，凯撒集团尝试开发并实施电子健康记录系统，但是遭受了一系列的失败。当集团领导认识到要升级这个记录系统以改善患者和员工的生活（当然也要控制成本），就应该突破过往极端的改善式复制理念，打破各个地区高度独立、各自为营的模式时，事态便有了反转。

凯撒集团在美国拥有最庞大的综合医疗保健系统，该系统包括 37 家医院与 600 个医疗点的 900 多万会员和 17 万名员工（其中有 17 000 名医生和 49 000 名护士）；整个系统的 8 个模块为美国的 9 个州提供服务，其中包括哥伦比亚特区。2002—2010 年，凯撒集团开发升级了一个庞大的电子健康记录系统，称为“凯撒健康连接系统”（KP Health Connect）。2004—2006 年，这个系统最初在其最小的区域之一夏威夷区得以实施。2008 年，系统在最大的区域——南加州实施完成。到2010年，整个系统在所有地区都正式上线了。2012 年，约 400 万名患者使用“我的健康管理”（My Health Manager）模块（系统里个人医疗记录的模块）的次数达到了 1 亿次，其中安排预约大概有 300 万次，有 1 200 万个处方在系统里填写完成。

我们最初是从路易丝 · 梁（Louise Liang）博士在辛辛那提儿童医院举办的一个扩展研讨会上听说凯撒集团的经历的。路易丝 · 梁博士当时是凯撒集团的高级副总裁，她从 2002 年至 2009 年负责领导凯撒健康连接系统项目。后来，我们和路易丝 · 梁博士及凯撒集团的其他领导进行会谈，并且从路易丝 · 梁博士为记录这场变革而撰写的一本名为《为健康而连接》（*Connected for Health*，书中部分章节由多位项目关键负责人撰写）的书中有了更多了解。这支“老虎队”[①]凭着勇气和坚持，争做带头先锋，引领了这次漫长的实施历程，这正强化了我们在第 1 章里传达的信息：行之有效的复制成功讲求的是开展一场地面战，而不仅仅是空战。在 2002 年 CEO 乔治·霍尔沃森（George Halverson）聘用路易丝 · 梁博士之前，凯撒集团为实施这个电子健康记录系统忍受了长达 10 年的区域性失败。这支“老虎队”与凯撒上千名员工和数百万名患者齐心协力，用了将近又一个 10 年的时间，花费了超过 50 亿美元

① “老虎队”通常指解决问题的临时编组。——编者注

的经费，开发并推广了凯撒健康连接系统。

路易丝·梁博士领导的“老虎队”在启动项目时就时刻想着终点。早在2003年，他们为引导凯撒健康连接系统而制定的思路就确立了一场引人瞩目的变革，即如何改变患者和供应商对系统的认识及参与方式。这个新思维模式的核心是“将患者的家作为中心”，也就是说家和其他一些非传统的环境将成为患者接受医疗保健服务的主要场所，而医疗服务团队的成员范围也会扩大至除了医生之外的一些专业人士。路易丝·梁博士指出，凯撒集团的行动比美国的大部分医疗供应商开始得都要早，这相当于使全世界对医疗保健的看法产生180度的大转变。她接着说道：“从前人们认为医疗保健服务只会发生在特定的时间和场所。但我们必须意识到，完善的医疗保健服务不光与我们（医疗保健供应商）或我们的办公大楼有关，它也意味着我们要为患者提供随时随地的服务。”

路易丝·梁博士还表示，在传播这种思维模式和实施凯撒健康连接系统时所遇到的最大阻碍是凯撒集团的运营方式，这是一种8个区域各自为政，与国家职能部门关系松散的模式。如果想要凯撒健康连接系统大功告成，需要各区域间大力加强合作，并以一种前所未有的更偏向于克隆式复制的方式去复制成功。当然，鉴于凯撒集团的历史原因和本土区域自治的文化背景，“老虎队”无法坚决要求每一个地区都以完全相同的方式去实施完全一样的系统。他们必须在责任感、创造性和渗透了凯撒集团改善式复制的运营理念的定制化之间把握平衡，同时还要说服区域的领导者采取倾向于克隆式复制的方式。

凯撒健康连接系统需要各区域的领导者同其他区域互相学习、效仿。夏威夷区最早的成功使项目进展颇具挑战性，因为在过去，如南加州这样较大的区域早就为整个系统的变革确定了基调。但正如路易丝·梁博士指出的，小小的夏威夷起到了模范带头作用并成为其他区域学习的对象。2004年，系统正式上线。到2006年底，夏威夷区的系统实施工作完成了，当初的担心和阻力已烟消云散，并且当地的医生、护士和患者都表示该系统使他们的日常生活更便捷了。正如我们从青少年成长基金会、星巴克、施乐这些案例中所见到的，在初期，如果领导者及团队在一个特定地点拥有一个看得见、摸得着的完整范本（即使后来某些元素由于要适应当地的需求、顾及当地的人情而有所调整），那么风险便会降低，效率则会提升。夏威夷区的成功还归功于——同凯撒集团过去屡次的失败恰恰相反——他们并非孤军奋战。“老虎队”与众多来自各个区域的凯撒健康连接系统的领导者一起，专程到夏威夷视察并给予支持。他们提供了经验教训，引导大家在系统实施的道路上加速前进。

“老虎队”在每一个区域实施系统的过程当中，通过指明几个关键的制约因素，在改善式复制与克隆式复制之间获得平衡，这一方法他们称为“护栏战略”。各区域的领导者依旧拥有很大的自主权来决定要做什么以及怎么做。但是“老虎队”列出了一个“禁止改变项目”的简短清单，确保每个区域实施工作的效率。各区域可以互相学习，整合的系统能正常运转，并且患者和凯撒集团的员工可以学习操作同一个版本的系统而非 8 个不同的系统。第 1 个“禁止改变项目”就是系统的名字。与过去凯撒集团的变革相反的是（包括许多失败的电子记录病历项目），“老虎队”坚决要求每个区域把系统统一称作“凯撒健康连接系统”。固定一个名称看起来似乎是桩小事。但路易丝·梁博士指出，这项制约其实与一种文化相冲突。这种文化是指过去数十年以来，运营的问题通常留给各个区域自行解决，而有差异是正常的，并非例外。

第 2 个“护栏战略”是“互用性”[①]。但凡对系统所做的任何改动，如会妨碍系统保持独立完整性，都决不允许。一个区域、医院或部门开发的任何软件，都必须确保与系统的其他部分配合良好。

第 3 个“禁止改变项目”的“护栏战略”是“通用数据模型”。每个本土

① 互用性指一个系统或者产品和其他系统、产品在没有其他特殊的帮助条件下共同工作的能力。——译者注

的软件系统都必须使用统一的数据元素和相同的定义。这种方式使得每个区域的系统都能产生一致的、具有可比性的数据，这样系统就能够找出表现评估的差异、发现问题，从而进行改进，为凯撒集团的领导者和监管机构提供易于理解的报告。

第 4 个“护栏战略”是“配置而非定制”。路易丝·梁博士的团队注意到，当一个现成的软件专为系统做定制，或者编写一个新的软件时，就会出现不必要的延误、增加更多的成本并使过程变复杂。而且这通常都是下属区域级的解决方案，并非是整个集团所用的。当路易丝·梁博士接手这个项目时，有 300 多个承包商正在忙于软件的定制工作。用一家餐厅打个比喻，那些区域都没有从软件供应商提供的“菜单”上按现有的“菜品”订餐，它们彻底更改了现有的菜品，或者仅仅为它们自己制作了一份全新的菜单。“老虎队”喊停了这种做法。他们仅允许各个区域从现成软件中选择适合自己的“配置”，但决不允许耗费额外的时间和金钱，用在专门为某个区域新建或大量定制的方案上。

最后一个“护栏战略”——跨区域强制，统一了凯撒健康连接系统“客户界面”的外观、给人的感受及各项功能。随着项目的不断进展，“老虎队”还添加了一些限制，确保患者的体验能够更加一致。比如，患者期望供应商能在 24 ～ 48 小时内回复电子邮件。有几个区域对这个标准颇有抵触，其中有个区域最初还告知患者需要 1 周的时间回复电子邮件，但是后来，迫于来自其他区域及患者的压力，他们不得不妥协从而达到了这个标准。

“护栏战略”消除了很多因为本土定制方式而造成的高成本、费时以及破坏性的影响，同时仍然维护了凯撒集团传统的改善式复制理念的自主权与积极性。当然，本土定制仍然存在。但是每个区域的凯撒健康连接系统都非常统一，这大大超出了凯撒集团领导者的预期。这样的结果，一部分归功于“护栏”限制了选择，一部分是因为“老虎队”坚持不懈的努力，打破了区域间的界线。比如，当一个新区域的系统要上线时，已完成系统实施的其他区域的许多工作人员会被借调出来，当作尚未上线区域的人员来使用。他们随叫随到，言传身教，而不仅仅是一方教，另一方学。在系统上线后的头几天，大家的目标就是如果任何员工操作上有问题，几分钟之内就会有人施以援手。

凯撒集团的领导者发现，从其他地方照搬而来的有效解决方案相比于每次从头创建一个全新的方案，要更容易、更迅速、更经济。路易丝·梁博士的团队也订立了一些激励制度来鼓励这些领导者。他们的政策就是，如果某个区域要选择使用在凯撒集团里并不通用的软件，那么这个区域就要自己负责开发这个软件并承担相应的费用。但如果采用凯撒集团的标准软件，那么以后软件升级的相关费用由集团总部来负责。

与其迫使人们接受变革，不如引导人们变革，这意味着凯撒集团的员工能够更加自由地发表意见。在看清事实、与同事们相互交流、对信息系统的成功实施有所了解之后，许多本土的领导者都认为少一点改善式复制的做法是最好的。项目顾问理查德·菲茨帕特里克（Richard Fitzpatrick）给我们讲述了发生在加州索诺马（Sonoma）的会议上一个“引爆点”的故事。事关来自公司8个区域的40位医生，他们均为凯撒健康连接系统的负责人。菲茨帕特里克说道：“事情是这样的。一位医生站起来说，‘瞧，在此之前我们的规矩就是一切都可以不一样，除非你提出一个令人信服的理由，表明某些东西应该被标准化，那便无妨了。但这一切到此为止。从今往后，规则就是标准化一切，除非你能证明它就应该不一样。’”

凯撒的健康连接系统实施项目，也反映出凯撒集团的高管与董事会的决心，即花费足够的时间与金钱、调动足够的人手，避免在扩展规模到更多的地方还是更高效地扩展规模的问题上，去做长期的取舍。不过凯撒集团当然也采取了数不胜数的短期折中方案，他们选择的是要“做得更好”而非“做得更多”和“做得更快”。从2004年夏威夷作为第一个区域完成系统的实施开始，到凯撒集团最后一个区域的患者与员工能够登录完整的系统为止，前后共花了6

年的时间。正如路易丝·梁博士在《为健康而连接》一书中所指出的，节约资金的行为应该被鼓励，但是为了节省人员、培训、设备与其他方面的费用，导致影响了质量或进度，这是让人无法接受的。

就此，凯撒健康连接系统成了美国最大规模的非官方电子健康记录系统（可以说是最完善的系统之一）。系统中有 80% 的工作由凯撒集团员工完成。2003 年，凯撒集团为患者提供的医疗服务中有 95% 是通过面对面的方式完成的，5% 是通过电话完成的，通过电子邮件完成的数量几乎为零。到了 2011 年，与患者的互动中有 28% 是通过电子邮件完成的，17% 是通过电话。患者与医疗服务供应商的接触频率上升了 10% 以上。大量数据表明，对患者和供应商两者而言，更顺畅的沟通和更准确的信息提高了医疗服务的质量，其中糖尿病患者的住院天数下降了 50%。正因为凯撒集团的员工能够即时登录系统找到患者的记录，特别是能够查到患者过往所做的各项检查和接受过治疗的信息，所以也省去了大量不必要的检查。根据路易丝·梁博士的报告，自从新系统实施后，医生的工作时间更长了，但他们更满意自己的工作，也愿意花更多的时间在患者身上，而不是去做些行政类的杂事。最能说明问题的是，凯撒集团的医生几乎没有人愿意用以前的老系统了。

凯撒健康连接系统，连带其集团文化和经营方面的变革，极大地提高了员工与患者的满意度，同时也提升了凯撒集团的医疗服务质量。2012 年，美国国家质量管理中心将凯撒集团的 8 个区域列为美国私立健康保险计划的前 40 名（一共有 474 个保险计划）。凯撒医疗集团在全国医疗保健业的高效性排名为全美第一（排名前 16 个保险计划之中）。

运用“护栏战略”的关键就是尽量少设置一些限制，要挑选那些最重要且最具影响力的少数几个因素，然后留给员工权衡利弊，决定怎么做才合适。尽量减少限制项目，可以减轻领导者和团队成员肩负的复制成功的压力，也能减轻被要求去遵循新的行为举止和信念的一线员工的压力。在第 4 章里，我们将提到降低不必要的复杂性和认知负荷[①]，能有效地推动复制成功。最后，复制成功中最折磨人的，就是过度标准化与重复。“护栏战略”给人留有余地，人们便可有所为。与凯撒集团的“老虎队”所面临的情况截然不同的是，在这些案例里，“护栏战略”实则是一种减法而非加法。问题就在于如何尽量去除不必要的限制从而选择几个关键的“护栏”，告知大家且证明给大家看，冲破这些关卡会有不良的后果。除此之外，应准许大家选择自己认为的最佳途径。

① 指人在学习或任务完成过程中进行信息加工所耗费的认知资源的总量。——译者注

SCALING UP EXCELLENCE

Getting to More
Without Settling for Less

第二部分

扩散局部小成功的五大策略

第3章

策略1

03

热问题，冷处理，更多人加入到复制成功的行列

我们在斯坦福大学开设了一门叫作“可复制的成功”的研究生课程。学生来此研究一些案例并学习复制成功的原则。我们也要求大家去实际处理一些棘手的问题，因为通过实践来学习是一种无可替代的学习方法。2012 年，斯坦福大学的学生试图提高校内学生自行车头盔的使用率。自行车是学生们在偌大校园里穿梭的主要交通工具。骑车的人一旦分心走神，比如边骑车边打电话、发短信，就会有发生险情的可能。每几周至少会有一名学生受伤严重而不得不被送进急救室。戴头盔在事故中可以将头部严重受伤的概率降低 85%，但只有不到 10% 的本科生愿意佩戴头盔，而在校的研究生和教职员工佩戴头盔的比例要高些。其实许多本科生在进入斯坦福大学以前是佩戴头盔的。他们后来不戴了，是因为他们发现同学中没有几个人戴，而且在安静的校园里骑着自行车到处转悠看似很安全。负责学校自行车管理的协调员阿里亚德妮·德隆·斯科特（Ariadne Delon Scott）是我们教学团队中的一员，她解释说，许多学生觉得头盔戴起来太不方便，把发型也搞乱了，而且戴着一点都不帅。

我们班也有很多学生不戴头盔。于是我们邀请了一位遭受过严重自行车事故的幸存者卡丽·林赛（Kali Lindsay）来到课堂讲述她的经历。林赛在来学校上学的头几周是戴头盔的，但是后来同学们都叫她“头盔妹”“呆子”，于是她就再也不戴了。那一年下半年的某一天，她骑着自行车去图书馆，当然没有戴头盔。接下来发生的事情，她只记得："我的父母在凌晨 2 点左右赶到了医院……那是距离事故发生超过 12 个小时以后的事了。"没错，林赛撞车了，颅脑出血，由此导致的眩晕、记忆力下降和易疲倦等症状迫使她不得不休学一个学期。林赛原以为她能够快速恢复："我可是斯坦福的学生，当时以为自己无所不能。"但是，车祸使她的阅读速度下降，并深受恐慌症困扰。她花费了近一年半的时间才康复。班上的学生无不为林赛的故事而动容，有几名学生都哭了出来。林赛强调说，大家那么伤感也于事无补，除非去进行一些真正的改变。他们必须自己养成戴头盔的习惯，以此影响他人。林赛的故事是一个"热点问题"，它引发了学生们的关注、同理心以及决心。后来很多学生都买了头盔并在骑车时戴上。

从热点问题开始，建立情感共同体

我们将学生们分组，并给每个小组布置一个任务，那就是各自负责在某个宿舍、联谊会、体育运动队中提高学生们的头盔使用率。比如，卡罗琳·克里斯蒂安松（Carolin Christiansson）、莎拉·周（Sarah Chou）、伊万·蔡（Ivan Chua）、阿伦·吴（Aaron Ng）和吉姆·托姆奇克（Jim Tomczyk）负责说服斯坦福大学男子足球队的 14 位骑自行车的队员佩戴头盔。在这些同学介入之前，这支足球队只有 1 名球员戴头盔，而他们要努力将"赞同佩戴头盔"的信念与行为，从这一个人传播给更多的人。小组的同学们了解到，运动员尤其抵触这类安全措施。他们认为自己非常强壮，四肢协调，因此并不需要这些头盔。这些足球运动员在踢足球这么危险的比赛中，根本不戴头盔。我们的学生面对的挑战，就是要改变球队的思维模式，并树立起他们的责任心，这样他们才能保持这种思维模式。这样的话，这些球员即使在没有人管的时候，也能够自愿做正确的事情。小组成员们也希望，一旦把这类安全第一的思维模式成功灌输给这些球员，他们就能够把这种思维模式传播给斯坦福大学的其他运动员。

与那些致力于改变团队与组织的领导者极为相似的是，这个小组的成员不得不决定他们是应该先专心改变球员的信念，还是先改变他们的行为。我们称之为“B2B 的选择”。为了开展行动或进行变革，选择走哪条路才是最好的呢？关于这个问题的争论已经持续了几百年。19 世纪美国作家拉尔夫·沃尔多·爱默生（Ralph Waldo Emerson）就写道：“思想是行动之源。”但同时代的英国首相本杰明·迪斯雷利（Benjamin Disraeli）的名言却是“思想是行动之子”。

信念是行动的因还是果，这个问题的答案对扩展改革具有关键性的影响。许多研究表明，正如爱默生所提出的那样，通过具有说服力的煽情口号、故事和讨论，首先会改变人们的信念，从而诱发行为上的转变。我们看到，林赛的故事感染了许多学生，他们之后就开始戴头盔了。其他的一些研究，则如迪斯雷利所主张的那样，表明不论人们相信什么，最好从改变他们的行为方式着手；换言之，人们的一言一行塑造了思想与情感。这些研究还表明，不论人们最初的信念是什么，一旦诱使他们做出与某种信念相吻合的行为，比如让他们讨论一个他们原本不相信的观点，或是自愿去吃原本并不喜欢的食物，那么他们通常就会改变自己原有的信念，使之与行为相匹配。这样一来，于己于人，他们都不会变成伪君子了。

对于这样的论战，复制成功要从哪里着手才最好呢？我们的研究结果表明，答案就是你力所能及的任何地方。到底是先改变信念还是先改变行为才更有效、更符合逻辑？虽然关于这一问题的争论会一直持续下去，不过这两种策略是相辅相成的。所以，从实践操作来讲，针对信念、行为，或者同时左右开弓，你都可以发动扩展改革的引擎。关键是要创造并推动一个良性的循环。

沟通热点问题需要创造和分享故事、标志性事物、专门术语、理由，即源自思维模式的各种信念与情感。一个有效的热点问题能够激发出诸如骄傲和义愤之类的强烈情感。这种情感赋予人们力量，令人感到周围的一切皆在自己掌控之中，从而引发坚定而有信心的行动。沟通热点问题时，倡导的方式与内容同等重要；非语言的行为尤为关键。尽管林赛所说的话令班上的学生无不为之动容，但如果她没有表现出压抑不住的喜怒哀乐，以及说话声调的抑扬顿挫，她的演讲便不会有如此巨大的冲击力。当林赛讲到发生事故后举步维艰的那几个月时，她看起来都有点沮丧了。但是，当林赛述说着自己的身体是如何复原，以及说服学生戴头盔的时候，她变得挺拔而又自信。情绪是有传染力的。心理学家伊莱恩·哈特菲尔德（Elaine Hatfield）解释说，像林赛那样通过面部表情、语调、身体姿势而表现出来的情感，在面对面交流时最容易被传播出去。如果要让人们支持一个热点问题，关键在于创造一个机会去建立情感共同体。

西瓜攻势，寻找冷静的解决方案

负责斯坦福大学男子足球队的那个小组的学生，学会了如何使球员的注意力放在热点问题上。学生们一开始反复讲述安全统计数据，但完全没有效果。后来他们又是“头脑风暴”，又是做模型试验，想尽一切可能的方法来激发球员的强烈情感。最后，小组学生发现，砸碎的西瓜就好比卡通化了的碎裂头骨，颇为生动形象，于是他们成功地使得球员的注意力和精力转到头盔的使用上来。

“西瓜攻势”就这样开始了。在与球员碰面之前，小组成员将砸碎的西瓜扔在球场周围，并挂起宣传画。宣传画上是一群没有戴头盔、明显失去意识的学生躺倒在地，脑袋旁就是砸碎了的西瓜。小组成员还将这些图片打印成小尺寸的版本，用塑料过膜之后，把它们挂在球员的自行车把手上。然后，他们把球员召集起来，大家一起拿着那些西瓜取乐，又砸碎了好几个。小组成员将这个宣传活动称为“保护大脑”。最后，他们转述了林赛的故事，又复述了之前那些安全统计数据。这些活动激发了球员的热情和责任感，也唤起强烈的情感共鸣，即“情感共同体”，而这正是一个奏效的热点问题讨论的最大特征。

紧接着，小组成员需要将这些情感和意愿转化为行动。他们说服了球员签字，保证骑车时佩戴头盔，还要在“西瓜攻势”的 Facebook 页面上传自己和其他球员佩戴头盔的照片，并承诺：“如果我发现其他球员没有佩戴头盔，我会朝他们扔西瓜；如果可以的话，我还会拍照以作证明。”小组成员甚至为球员提供西瓜，这样他们就可以扔向不戴头盔的球员，还可以将西瓜砸碎直接撒在球场上，以强化“保护大脑”的思维模式。

做了保证并拿出实际行动的球员变得能更坚定地兑现承诺了，因为他们是当着其他球员和小组成员的面做出的保证。一个在大庭广众之下做出的保证是很难去违背的。这份保证、Facebook 上发的帖子，还有这种扔西瓜的滑稽之举都强化了球员的责任感。这个小团队的全体成员都承诺了要践行佩戴头盔的行为模式，而每个球员都是团队的一分子，来自成员的压力足够使他们坚守承诺。

小组成员介入后，全体球员都戴上了头盔，甚至包括那位曾经扬言“无论如何我都不会戴头盔”的球员。球员和小组的学生一样，逐渐理解了“西瓜攻势”策略的目的，而且他们也愿意并且有能力来帮助小组成员进行下一阶段的工作：将这一安全措施推广到其他的球队。很快，女子曲棍球队 10 名骑自行车的队员和女子足球队 9 名骑自行车的队员全都戴上了头盔。

情人节“惨剧”，启动良性循环

“西瓜攻势”策略向我们展示了一个小组是如何触发热问题的讨论，并对它进行冷处理，得出理性的解决方案，从而保持一种良性循环的。我们看到，球员的行为与信念会互相强化。我们还曾研究过一项来自捷蓝航空公司的更为复杂的创新之举，这个案例表明了如何先进行冷处理，从而进入良性的循环。这一切都始于捷蓝航空的高管邦尼·西米，她选择主动去影响同事，改变大家的行为方式，而这种方式有助于他们树立一种更完善的思维模式。

2007 年 2 月 14 日，暴风雪袭击了纽约的肯尼迪机场，机场因此关闭了 6 个小时。捷蓝航空在肯尼迪机场的运营规模比较大，极端天气令他们猝不及防，各个系统和基础设施都应付不了。那天，数百名乘客滞留在机场停机坪的 9 架飞机中长达 10 多个小时，6 天之内有逾千次航班被取消。捷蓝航空被媒体嘲笑，在脱口秀节目中遭到讽刺，公司的承诺口号“让航空之旅回归人性化”（bring humanity back to air travel）被当成了笑柄。这犹如噩梦般的事件最终导致公司创始人兼 CEO 戴维·尼勒曼（David Neeleman）下台，即使他很得体且坦率地承担了这个悲惨局面的全部责任，并宣布要尽力修复系统。

运营和文化方面的挑战使情人节“惨剧”更加难以解决。2007—2008 年，美国航空公司前高管拉塞尔·丘（Russell Chew）在捷蓝航空公司领导了一场自上而下的补救工作，起初似乎有望见效。但 2008 年 7 月和 8 月的雷暴天气导致 814 次捷蓝航空的航班被取消。捷蓝航空对风暴状况的处理回应非常不一致，这表明整体的协调和沟通问题仍然困扰着这家公司。捷蓝航空公司成立于 1999 年，是草草起家的，而它之所以从只拥有几架飞机发展到坐拥百余架，一部分归功于公司里有一些英雄式的人物。当出现突发状况时，这些人会做出超越自己职责范围的事情，以确保航班准时起降，从而令乘客满意。遗憾的是，这种英雄主义的思维模式到了 2007 年就不足以再帮助公司获得成功了。捷蓝航空面对着一个教科书式的问题。正如我们在第 1 章里提到的，这是一个“因何失败，如何成功”的问题。一些曾经能够推动成功的因素，在组织规模、复杂程度变得更大时，就需要改变甚至是抛弃。

想要理解这种英雄主义的思维模式是如何立竿见影的，以及了解它的缺陷是什么，我们可以通过捷蓝航空的机长和客户体验总监邦尼·西米的经历来探究一番。2008 年 8 月 10 日，身为乘客的西米坐上了从肯尼迪机场起飞的飞机。巧合的是，捷蓝航空的董事长乔尔·彼得森（Joel Peterson）也在这次前往圣何塞的航班上。当时纽约突然遭遇恶劣天气，肯尼迪机场关闭了几个小时。西米跟飞行机组人员进行了交谈，然后与她认识的机组服务人员通了电话。她了解到，肯尼迪机场里很多延误的航班将被取消，因为飞行员的工作时间快要超时了，即超过美国联邦航空管理局所规定的工作时长。遗憾的是，负责协调航班的捷蓝航空系统运营组并未获得这一消息，因为乘务排班员、飞行签派员和空中交通管制员使用的系统没有联系起来。

肯尼迪机场重新开放之后，因为等着起飞的飞机排着长队，西米又等待了几个小时。她意识到飞行机组人员将要工作超时了，于是联系了捷蓝航空的管制员，问他是否可以与肯尼迪机场的空中交通管制部门谈一谈，使她所乘飞机的起飞时间提前。几分钟后，空中交通管制部门指示她所乘飞机的机长将飞机滑行到队伍的最前面。就这样，西米的那架飞机及时起飞前往圣何塞。虽然这次航班最终起飞了，但西米向彼得森解释道，像这样一个航班一个航班地去干预的方式是不可能得以推广的，因为现在捷蓝航空每天运营的航班量超过 800 架次。如果不能完善标准化流程，升级整合系统，想不出新的办法应对恶劣天气下“非正常运营”导致的问题，那么捷蓝航空将会继续进退两难。西米深信，“非正常运营”问题的最佳解决方法，是停止依靠个人英雄主义或自上而下的管理方法，应该招募更多的一线机组成员，以根除和修复那些问题点，并在公司内部以及公司与乘客之间建立更好的沟通方式。

捷蓝航空公司董事长彼得森、CEO 戴维·巴杰（David Barger）和 COO 罗布·马鲁斯特（Rob Maruster）一致支持西米提出的这种群体智慧的方式。2008 年秋季，西米集合了大约 120 名管理人员和一线员工来应对这个挑战。这一群体的构成非常多元化，包括预订代理商、飞行员、飞行签派员和乘务排班员。西米提出，捷蓝航空需要将各自为政的职能部门整合在一起，统一行动，并淡化他们偏爱的英雄主义思维模式。她要求大家团结一致来解决“非正常运营”问题，并在整个捷蓝航空公司灌输“体系化”和“持续改进”的思维模式。解决“非正常运营”问题的整合小组的准则，就是改善捷蓝航空取消航班、恢复运营、内外沟通的方式。她还提出了一个非常有抱负的目标：当恶劣天气来袭，以至于机场被迫关闭时，捷蓝航空会在当天就控制住运营中断的状况；系统要在恶劣天气过后的 1 天之内完全恢复。

COO 马鲁斯特问第一组成员，他们当中有多少人相信这种变化有可能发生。只有少数几个人举起了手，大多数人都持怀疑态度，有几位根本不相信。他们的怀疑并非没有道理。毕竟，正好有一项重大的改进项目最近刚失败。而这次新的改进工作要求全体员工都了解机场开放和关闭所需的步骤，这将涉及机组人员、乘客、机场各方人员，会接触到各种规则条例及细枝末节，还需要全公司员工找出每一个有漏洞的地方并想办法进行修复。西米面对质疑和眼前的障碍并未停滞不前，她采取了“先做再说”的办法：她请大家换个思路，让他们花了一整天的时间，用便笺绘制出一张在恶劣天气下，肯尼迪机场被迫关闭和重新开放需经历步骤的流程图；她还请大家将粉红色的贴纸贴在每个关键步骤之处，以标明系统哪里需要更改。几个小时后，一张贴了数千张贴纸的巨大流程图被大家绘制了出来，其中包括了上千张粉红色贴纸，表明整个流程图中有上千个痛点。

绘制流程图暴露出系统的诸多漏洞，第一组中的许多员工仍持有怀疑态度。但是他们都同意再多花点时间尝试西米的办法，并招募捷蓝航空的其他员工加入到行动中来。在高管的支持下，西米将这个解决“非正常运营”问题的尝试扩大到了 12 个小组，自始至终，她都坚持“先做再说”的方式。每个小组都致力于改善系统的各方各面。这些小组确定并实施的解决方案，都源自他们对那些能使捷蓝航空正常运作的人、活动及两者之间联系的深刻理解。他们完成了 100 多个改进项目，有了一些创新变革，如向乘客、机组人员提供更准确、更及时的恶劣天气预报，航班取消及延误的信息；为易于乘客理解，他们删除了网站上的专业术语；负责不同工作和值不同班次的员工之间的沟通也变得更顺畅了。运营状况开始有所改善，机组成员也开始接纳这种新的思维模式——一种强调相互理解，构建和修复系统各个部分的联系，从而避免过分依赖个人英雄主义的方式。

2010 年 2 月 10 日，一场暴风雪袭击了肯尼迪机场，新系统面临第一次考验。这次的天气情况比 2007 年情人节那次的情况惨烈得多。不过，正如西米在 2008 年向那些心存疑虑的员工提出的那样，公司在这场暴风雪肆虐的当天就控制住了运营中断的状况，而且系统在一天过后就完全恢复了。相比而言，2007 年的暴风雪没有这么严重，但那时的捷蓝航空却花了 6 天时间才使运营恢复正常，并耗费了 4 100 万美元。而 2010 年的这场暴风雪大概只花费了公司 50 万美元。更令人注目的是，2010 年里所有因天气延误而产生的费用合计只有约 1 000 万美元。

2012 年，飓风“桑迪”使公司又经历了一次极为严峻的考验。那时，捷蓝航空同其他所有的航空公司一样，在 3 天多的时间里几乎取消了所有航班（超过 1 000 架次），因为这次飓风是有史以来袭击美国东部沿海地区最大的大西洋飓风。捷蓝航空的领导者和来自多个部门的小组成员在飓风临近时就一起策划了方案，以应对最好和最坏的情况。解决“非正常运营”问题的整合项目的经历，教会了他们要更加深入地理解各自的角色和职责是如何相互配合的。整合项目的口号“取消、恢复、沟通”，在捷蓝航空员工大大小小的联合行动中得以贯彻落实。不管是他们利用社交媒体将有关机场关闭与航班取消的内容广而告之，还是全国各地的员工奋勇当先，来帮助乘客和同事应对因飓风造成的机场关停、情绪焦虑和财产损失等，他们的努力都可见一斑。在美国联邦航空管理局批准重新开放因“桑迪”的冲击而被迫关闭的所有机场之后，捷蓝航空在 1 个小时之内就恢复了所有航班的运行。令机组人员感到特别自豪的是，当肯尼迪机场重新开放后，得以起飞的第一架飞机就是捷蓝航空的飞机。

所有这些成功都始于一群最初不相信体系化思维模式的小组。他们刚开始不相信有什么事情可以改善捷蓝航空在“非正常运营”状态下的反应能力。但是，这些持怀疑态度的先驱者愿意去倾听、尝试，并付出了行动。圣迭戈机场的总经理布赖恩·托尔（Brian Towle）早期也参与了“非正常运营”项目，他是这样说的：“当我第一次瞧见这个项目时，我想，‘到底要怎么做才能一步步实施它呢？’而当我观察西米所做的一切时，我又想，‘是什么样的思维模式能将如此庞大的流程图分解成一张一张的粉红色贴纸呢？’一张粉红色贴纸的影响力太令人称奇了。它让我明白没有什么是不可能的。”

拒绝花言巧语

任何组织的管理都很难做到非常的干净利落，以至于可以通过纯粹的“信念”或“行为”策略来扩展规模、获得成功。无论从哪里开始，如果人们只是停留在不断谈论某个热点问题或思维模式的阶段，却不能制定出理性的解决方案，那么承诺会变得无力，那种坚信一种思维模式并坚持使其他人和自己保持一致的压力所产生的责任感也会减弱。如果仅仅强调激发信念，一些令人信服的言论可能会广为传播，但是作为复制成功最大特征的建设性行动却没那么容易复制。有句老话说得好：“闻之不若见之，见之不若知之，知之不若行之。”

多年以来，我们参与过许许多多组织的活动。这些组织内部的高手培训过成百上千名员工，但他们总是夸夸其谈，讲什么“精益化”管理或“质量”管理，告诉大家设计思维是什么，以患者为中心的护理又是什么意思。然而当我们问到在其组织内部，哪些方面做得很成功，这样的成功又是如何保持下去的时候，他们只能说出一些含糊的活动计划或者某些想象，而这些都是尚未付诸行动的，可能永远也不会实现。当然，他们也会提到一些成功的案例，但都与我们问到的整体品牌化的成功毫不相关。这些便是萨顿和杰弗里·普费弗

（Jeffrey Pfeffer）所称的“花言巧语的假把式”，意思是说人们会将规划、公司聚会、头脑风暴会议、经历分享及其他各种形式的谈话来取代实际行动。举个例子，20 世纪 90 年代初，在“全面质量管理”（TQM）得到推广的鼎盛时期，萨顿和博士生马克·兹巴拉基（Mark Zbaracki）与硅谷的高管会面，讨论其公司是如何利用统计过程控制、流程图、排列图表、实验设计和其他重要的质量管理工具的。当萨顿二人问到这位高管的公司具体下了哪些功夫时，他不断地岔开话题，大谈自己曾出席的会议、认识的大师、其他公司的创举以及他的质量团队带给公司的惊喜。当兹巴拉基在纸上列举了一些全面质量管理的方式方法，并询问他的公司使用过其中哪些时，他气势顿消。这位高管很不好意思地承认，他的团队空有传播全面质量管理的热情，但并没有任何可操作的实际方法。

各位，请千万不要学他。我们从“西瓜攻势”和捷蓝航空公司的案例中可以吸取的经验教训是：通过将信念与行动相连，可以发动复制成功的引擎。请记住 Facebook 公司的信条：“快速前进，打破常规”。正如克里斯·考克斯所说的，虽然资深员工的确常常与新员工谈论这种信念，但是新员工只有身体力行，对这种信念的决心以及对这种思维模式的理解才能得到强化。比如，新来的工程师在工作的第一周里亲自更改过一次网站设置，此后又更改了很多次，他便会向同事与亲友自豪地说：“快看，这都是我做的。”

推动良性循环的 7 种策略

为了复制成功，领导者和团队成员需要想方设法来增强他们对于一个热点问题和潜在思维模式的信念，并且说服其他人去践行，最好同时从信念和行动两个方面去影响他们。以下我们会谈到一些用于启动、维持、加速这个良性循环的策略。

给问题取个名字

2004年底，有个名为医疗保健改善研究所（Institute for Health Improvement，简称IHI）的小型非营利机构发起了一项长达18个月的活动，以降低美国医院里的可预防死亡率。研究所向医院，尤其是护士提供了6套皆有实证且操作简单的方案，来降低死亡率。这些方案中有为减少感染而采取的洗手及相关的卫生措施，也有关于如何组建快速反应的团队以便在患者病情急转直下时实施抢救与治疗，还有如何运用检查清单，以降低那些上呼吸机的患者罹患肺炎的风险。所有参加了“挽救10万条生命”①活动的医院都同意至少会执行其中一套方案。IHI估计，到2006年6月为止，这些医院挽救了约122 300名患者的生命，这在很大程度上都归功于这项活动。

在活动开展之前，IHI的CEO唐纳德·贝里克（Donald Berwick）及其工作人员从作家兼社会活动家格洛丽亚·斯泰纳姆（Gloria Steinem）那里学到了一条宝贵的经验。她主张，若要围绕某个问题而产生共情和关注，有个明智的做法，那就是“给问题取个名字”。斯泰纳姆解释说，“约会强暴”的现象在美国时有发生，但它却从未被当作一个问题，直到这个现象被取了个名字，一个一看就令人不安、很真实具体的名称。恰当的名称就是概括和总结，它帮助大家理解问题所在，可以用来向别人去解释，引导大家找到问题的解决方案。一个如“约会强暴”这样给人带来强烈感受的名称，还可以加强道义上的迫切感，并传达出一个意思：如果不作为的话就不合乎道德伦理，从而加大了责任的压力。

受到斯泰纳姆的启发，IHI决定将自己的问题描述为“避免错误、避免误杀”。这个关于“避免不必要的死亡”的问题，驱使医院的领导者和其他手握实权的行业参与者采取了行动，因为如果不采取行动的话，他们就可能会被看

① 此活动最终有3 200家医院参加，总计涵盖全美超过75%的床位。

作是漠不关心、不道德或不称职的人。此举为一个演讲奠定了基础，该演讲是2004年修女玛丽·琼·瑞安（Mary Jean Ryan）在“挽救10万条生命”的启动大会上所做的。她同时也是一家大型天主教医院的CEO。她告诉在场的近4 000名观众：“避免不必要的死亡对于任何医疗保健组织都是一项基本使命，我认为，各位CEO与其不敢对这个活动目标做出承诺，还不如勇敢一点，不然你们会更加坐立不安的。”这句话意味着这是一个道义上的要求。其言外之意是如果各个医疗保健组织不参加这项活动，就是在冒着被罚下地狱的危险。瑞安修女的演讲令观众群情激昂。在同样的场合，索雷尔·金（Sorrel King）讲述了一段可怕的亲身经历。她18个月大的女儿乔迪就是在约翰·霍普金斯医院（John Hopkins Hospital）死于一个原本可以避免的事故的。索雷尔·金的遭遇不仅使很多观众潸然泪下，并将悲伤转变成行动，因为他们立刻报名参与这项活动。当初如果约翰·霍普金斯医院采用了IHI极力推广的方案，那么乔迪可能还活着。

IHI就势引导这股热潮，特别是大家由此激发出了最本能的关注、热情和责任感，从而说服了数百家医院的领导者现场报名参加这项活动。接下来，就是要将这些信念、情感和善意引向有实证基础的实践中。各种理性的解决方案，从“避免不必要的死亡”这个热点问题的讨论中源源而来。由此开始良性循环。在全美50个州的3 200多家医院里，成千上万的生命得到了有效的救治。

给问题取名是许多公司和行业有效复制成功的标志之一。福特公司CEO艾伦·穆拉利（Alan Mulally）在公司业务好转时，就曾使用过这种策略。那时，缺乏沟通的问题一直困扰着这家汽车制造商。几十年来，福特公司的高管总是会互相对立。大家都不愿意共享公司内部的信息或运用自己的专业知识来帮助其他人成功。大家都以为，与其他汽车公司相比，福特早已是市场领先的最佳企业，但是福特公司内部的恶性竞争，特别是福特不同品牌和区域之间的竞争非常激烈。穆拉利在2006年担任CEO之后，便给这个问题起了一个名称，他决心实施“一个福特”（One Ford）全球化策略。当被问及福特是否计划合并项目时，他回答：“是的，我们要与自己合并。”穆拉利顺着这个思路，开始每周召集一次工作总结会议。在会上，他要求每位高管把自己部门的业绩数据展示给大家，并禁止所有人将这个会议当作一场“互相厮杀”的运动。他将每周四的例会变成一个无须顾虑的场合，大家可以相互分享信息，包括发生了哪些失败和挫折，还可以请其他部门的高管出谋划策。除此之外，穆拉利还进行了许多有象征意义的结构性变革，以使福特做到“自己与自己合并”。比如，他将欧洲、亚洲几个子公司和分部的运营统一起来。各方管理者逐渐相信互相合作并不会限制他们的职业发展，于是基于事实的决策以及透明公开的理念便得以在公司传播，而且占据了管理方式中的主导地位。直至今日，这个每周四的例会还会有局外人出席，以确保高管们把彼此当作朋友而不是敌人，让他们可以公开讨论各种挫折和潜在的问题，并且表现得正如他们隶属“一个福特”。①

将敌人“妖魔化”

这是给问题取名的一个更直接的方式，是激发团队精神和正义感的一剂良药。当剑指某些需要人们团结起来打败的外部敌人时，热点问题的讨论就会变得更加激烈。许多有关运动队、战队、公司、政治运动和交战国家的研究表明，当人们感受到外部威胁时，团结与合作的力量通常就会猛增。著名的社会活动家索尔·阿林克西（Saul Alinksy）② 的建议是，“找到目标，锁定它，并把它拟人化、两极化”。

已故的史蒂夫·乔布斯堪称是使用这一策略的大师。他常常将苹果公司的

① 跨界 CEO 艾伦·穆拉利带领福特公司起死回生的传奇故事被真实完整地记述在《统一行动》一书中，本书简体中文版已由湛庐引进，中国纺织出版社于 2021 年 2 月出版。——编者注

② 美国著名的社区组织者、社会运动战术大师。——编者注

竞争对手描述为不友善、不地道又愚蠢的形象，来吸引员工和客户的注意。在苹果公司早期，乔布斯将 IBM 比作一个邪恶的专制者，认为 IBM 一心想要用它那没有灵魂的产品来接管这个世界。他妖魔化地贬损微软公司和比尔·盖茨，曾经有句名言："微软唯一的毛病就是他们没有品位……我不是指小的方面，我的意思是从很大的方面来讲。他们从来不考虑原创，也不把任何文化精髓带到产品中。"后来他还抨击了迪士尼公司，特别是针对前任 CEO 迈克尔·艾斯纳（Michael Eisner），直到乔布斯将皮克斯公司卖给了迪士尼并成为后者的最大股东。在乔布斯生命的最后几个月里，他又严厉抨击谷歌及其 CEO 拉里·佩奇（Larry Page），说他们缺乏创造力而且模仿苹果的创意。乔布斯时常妖魔化并嘲笑敌对公司，借此来激发其追随者的忠诚情感。他的这种能力可以从第 1 章我们谈到的那位风险投资家、谋智公司前 CEO 约翰·利利的报告里看出来。1997 年，利利就职于苹果公司，那时正逢乔布斯重返苹果公司并担任临时 CEO。利利参加了一个聚会，当时乔布斯在会上"火力全开"，谈论苹果应该如何扭转乾坤，成为一家伟大的公司。利利是这样和我们述说当时情况的：

> 苹果公司正处在一个艰难的时期。我们在市场上的交易价格低于账面价值，苹果的企业价值实际上比我们手中的现金还不值钱。在座的人当中有人提到，几天前戴尔公司董事会主席兼 CEO 迈克尔·戴尔（Michael Dell）在发布会上建议苹果公司关门并将现金返还给股东，问乔布斯怎么看。我记得，乔布斯的回应是："去他的迈克尔·戴尔。"
>
> 我的天哪，作为一名 CEO，他在说些什么呀！紧接着，他承认苹果股价低得可怕（那时我记得苹果股价都不到 10 美元，我很肯定在拆分调整的基础上应该也不到 2 美元），也承认他们正打算以低廉的价格增发股权，行权期 3 年。他非常明确地表示："如果我们想让苹果再次成为一家伟大的公司，就要着手行动了。如果有人不想，那

就滚开。”我觉得，在那个时刻，毫不夸张地讲，在场的每个人都很爱戴他，如果他要带着大家从悬崖上跳下去，大家也会追随他的。

这就是一个典型的“将敌人‘妖魔化’”的例子，它激发了员工们的情感、灵感及忠诚心。乔布斯就是为了激励苹果员工接纳新的思维模式而注入这些能量的，而他主推的是一种以自豪与坚持为中心思想的思维模式。乔布斯反复强调了勇气的重要性，并提出要以长远的眼光实行新股行权。这一举措激励了苹果公司员工去认真地考虑公司未来3年的发展。他还要求大家勇于担当，并坚持认为，如果某个人的一言一行不能使苹果再次成为一家伟大的公司，那他就应该“滚开”。

“将敌人‘妖魔化’”的策略可能会非常有效，但也可能适得其反。当你屡战屡败，总是输给你的“敌人”，那么这个策略将不再具有打击力；如果你的主张看起来只是妄想或并不可靠，那么这个策略可能弊大于利；如果人们过于激烈地拥护你的主张，以至于会不顾一切来消灭“敌人”的话，那么这个策略可能极具危险性。欧文·贾尼斯（Irving Janis）① 关于群体思维的经典研究表明，当一个团结紧密的集体与一个或真或假的敌人作战时，他们有可能产生某种错觉，认为自己的理由是正义的，而敌人在本质上就应该受到谴责，于是便认为自己有权采取不道德和违法的行动。例如，20世纪90年代，维珍大西洋航空公司（Virgin Atlantic Airways）赢得了竞争对手英国航空公司（British Airways，简称BA）的诽谤诉讼，BA承认自己耍了“肮脏的鬼把戏”。事情的经过是这样的：BA员工打电话给维珍航空的客户，撒谎说他们的航班被取消了，还让“黑客”入侵了维珍航空的数据库，这样BA就可以利用这些信息，使维珍航空航班全线改签并压价销售，从而使维珍航空受到重创。BA的员工还散布谣言，说维珍航空的CEO理查德·布兰森（Richard Branson）感染了艾滋病，垃圾清洁工都不愿意去布兰森的夜总会收垃圾，因为那里到处都是

① 美国心理学家，致力于政策制定的心理学分析、危机管理等方面的研究。——编者注

艾滋病病毒感染过的针头。

在大庭广众之下采取行动

1930年，圣雄甘地领导了一次为期23天、徒步约390千米的“食盐进军”（Salt March）抗议示威游行，以反对英国在印度殖民地的食盐销售垄断。甘地希望游行者遵守最严格的“非暴力不合作”[①]原则，所以他是和认同这一原则的追随他的信徒进行这场跋涉的。当甘地路过一个又一个村庄到达海边时，成千上万的人为他欢呼加油，聚集在一起听他演讲。当他到达海边的丹迪村（Dandi）时，有5万名支持者向他问好。在那里，他用海水煮了一些泥沙而制造出了一点点盐。[②]甘地敦促其追随者也来亲自制盐，不论英国人会怎么对待他们，只进行非暴力的抗议活动。即使有6万名抗议示威者因违反“食盐法”而被判入狱，这场运动还是像野火一样蔓延开来了。在随后的抗议活动中，英国士兵和警察多次使用了暴力，但抗议者仍坚守“非暴力不合作”原则。甘地此后因在一家盐厂策划抗议示威活动而被送进监狱，但即使没有他，抗议活动还是继续进行。一位西方记者写过这样的报道：

> 没有一名游行者举起胳膊来抵挡殴打。他们就像保龄球球瓶一样排列着行进。我所站的地方都能听见木棒打向无任何防护的头颅上那令人胆战心惊的声音。每一次殴打都让围观人群摇头叹息，倒吸凉气，此中苦痛令他们感同身受。那些被击倒的人或是失去了意识，或是因疼痛而在地上扭动着。他们有的头被打破了，有的肩部骨折了。在两三分钟的时间里，地上到处都是受伤倒下的人，大片的血迹在他

① 非暴力不合作运动是由印度著名民族领袖甘地领导的印度人民反抗英国殖民统治的一场运动，其影响深远，使印度朝着独立国家的目标前进了一大步。——编者注

② 此举违反了当时英国的法律，该法律规定所有的印度居民只能从政府控制的垄断企业那里购买食盐，而且需要缴税。——编者注

们白色的衣服上扩散开来。没有受伤的幸存者则沉默、顽强地继续行进，直到也被打倒。

“食盐进军”及相关抗议活动并未使英国立即更改法律或取消无耻的税收，更不用说承认甘地和其追随者所追求的印度独立了。但它仍不失为一个明智的策略，因为这些活动吸引了数以万计的人在大庭广众之下采取行动，证明了他们对坚持“非暴力不合作”原则和追求独立运动的承诺。很快，这些活动的参与人数就达到了数千万人。当着家人、朋友和同事的面，这些人用实际的言行支持了这项运动，并最终为印度赢得了独立。

说服人们采取公开的行动来证明对某种思维模式或信念的决心，这一策略不失为形成“行动—信念”良性循环的有力手段。心理学家罗伯特·西奥迪尼（Robert Cialdini）[①] 认为：“每当一个人表明某种立场并为他人亲眼见证的时候，那种要将立场坚持下去的内驱力会油然而生，以便让自己看起来是言行一致的。”从长期的关系来讲，公开做出承诺能培养出特别强烈的责任感。当你在众目睽睽之下以某种方式行事时，身边的人会给你带来一种压力，驱使你忠于自己的承诺。这种影响力从“西瓜攻势”和捷蓝航空的“非正常运营”两个案例中都有明显展现。足球队员买来了头盔、签了保证书，并在队友面前戴着头盔骑车离开了训练场。同样，在捷蓝航空的邦尼·西米主持的第一次会议以及随后众多的项目会议上，员工们聚集在一起践行着相同的方式：绘制流程图，在潜伏着问题的地方贴上粉红色贴纸，并想方设法来改善系统。我们从这些案例和许多其他的复制成功案例里吸取了一个经验教训，那就是当人们无处藏身、处于大庭广众之下时，思维模式可以被传播得更广，被维护得更好。

① 著名社会心理学家，全球知名说服力研究权威。其社会心理学经典著作《影响力》（*Influence*）由湛庐策划，由北京联合出版公司于 2019 年出版。——编者注

切勿“理所当然”

社会学家霍华德·加芬克尔（Howard Garfinkel）专注于社会规范的研究。社会规范往往是所有团体、组织和社会不言而喻、不置可否的行为标准。规范能够感染人们，即使它们能激发各种情感、思想和行动，但几乎难以被人们察觉。加芬克尔设计了一系列“切勿理所当然的实验”（breaching experiments），来揭示这种想当然的设想会如何导致一定的行为。其中一个实验是他让他的本科学生把自己当作寄宿生住在父母家里，并让学生表现得非常礼貌且赞同父母说的一切。这些古怪的举动让父母感到奇怪、困惑，甚至火冒三丈。父母都在问：“这是怎么啦？”“是生病了吗？”“你是疯啦，还是傻啦？”直到孩子们坦白这样做只是因为加芬克尔博士指示他们要糊弄一下父母，这些恼火的爸爸妈妈才终于平静下来。还有一个实验，是加芬克尔让学生去杂货店洽谈罐头食品的价格，而大多数学生谈判回来的价格都比广告上的价格还要低几美分。

这些实验揭示出一些不成文的社会规范。加芬克尔认为它们可以辅助提高贫乏的想象力，并补充说：“它们可以反射出一些意识，让人们察觉到熟知环境中的异样。”这些“辅助”揭示并且挑战了现有的思维模式。甘地的“食盐进军”就是这样一个切勿“理所当然”的尝试，它引导数百万的印度人质疑英国的统治，以及为应对这样的管制应该如何采取行动的所有想当然的设想。

切勿“理所当然”的策略也可以成为一个强有力的工具，来强化想要传播的思维模式与行动。几年前，萨顿在访问 IDEO 公司位于帕洛阿尔托的总部时遇到过一个情况。当他拐弯去一楼时，看见 CEO 蒂姆·布朗正坐在他本以为会见到前台人员的地方。萨顿愣了一下才认出来，但他记得布朗原本有一间挺不错的私人办公室的。可是，布朗现在却坐在一个被大多数公司都视为地位低下的员工办公的地方办公，这里毫无隐私可言，也没有门卫来阻止他的同事或像萨顿这样的访客打扰他。萨顿问布朗为什么不坐在自己的办公室里。

布朗回答说，他已经不用私人办公室了，因为他决定成为这层楼最接地气的人。原来，在此5年前，也就是布朗出任公司CEO之前，他就没有私人办公室了，因为他发现那种孤立的状态让人觉得尴尬又沮丧。于是布朗和其他几位IDEO的领导者将各自的办公室改成会议室，他们则搬到开放场所办公。布朗补充说，他还是会去会议室里讨论机密事宜的，不过当他访问IDEO其他办事处时，比如在伦敦、芝加哥、纽约、波士顿、旧金山和上海等地，他仍然会坐在工作场所的正中央。他说："我去那儿访问，是为了去了解那里的同事，了解他们是如何工作的。如果坐在私人办公室里，我就了解不到多少的。"

我们意识到，布朗的这种非常规做法将IDEO公司的思维模式中关键又不言而喻的部分，在偶尔会忽略的公司前辈和那些似懂非懂的公司新人面前都表现得淋漓尽致。在IDEO，布朗和坚守公司文化的同事相信，奇思妙想之所以能产生，都是因为许多关系亲近的聪明人绞尽脑汁、细致入微地进行了思考。他们认为，与当前问题毫不相关的地位差异，以及人与人之间的有形障碍，都会破坏创造过程。布朗的做法提醒大家要时刻身体力行地实施这些规范，并要找到新的方法将这些具有建设性的社交压力提升一个台阶。

创建过渡性经历

唐纳德·温尼科特（Donald Winnicott）是一位儿科医生和发展心理学专家。他将所谓的过渡性物体或经历解释为儿童在脱离母亲或其他照料人的照顾时，可以借此转移依恋感。这个过渡性物体可以是孩子带去日托中心的一只泰迪熊，也可以是查尔斯·舒尔茨（Charles Schulz）① 的连环画《花生漫画》（*Peanuts*）里莱纳斯（Linus）那无时不在的"安全毛毯"。温尼科特认为，像泰迪熊和毛毯这样的物品建立了一个"扶持的环境"，它们提升了安全感、舒适感，能够帮助儿童建立自信心，从而变得更加独立。

① 美国著名漫画家，其代表作《花生漫画》中诞生了史努比这一经典漫画角色。——编者注

过渡性的物体同样为组织获取成功铺平了道路，尤其是在引导组织成员向新的行为方式和信念转变时，它们的作用也非常大。看看菲亚特汽车公司（Fiat）前 CEO 塞尔吉奥·马尔基翁内（Sergio Marchionne）[①] 在接管克莱斯勒汽车公司（Chrysler）时是怎么做的。2009 年，美国政府贷款给克莱斯勒公司 60 多亿美元，以期挽救这家公司。在这个过程中，菲亚特收购了克莱斯勒超过 50% 的股权，马尔基翁内便成为克莱斯勒公司的 CEO。克莱斯勒的处境在美国汽车企业三巨头当中，内外交困程度最深，众多专家断言它已经无药可救了。然而，马尔基翁内和他的团队还是扭转了乾坤，到 2010 年底，克莱斯勒的工厂恢复了生产，并偿还了贷款。到了 2011 年，公司开始恢复了盈利，而且相比于几年前，还生产出了更多让人赞不绝口的汽车。

在马尔基翁内接手克莱斯勒时，他察觉到了克莱斯勒员工当中有一种恐惧感，这种感觉在他几年前率领菲亚特公司扭转业务状况时也曾遇到过。大家害怕公司倒闭、收入减少、情谊尽失，而且担忧自己前途未卜。马尔基翁内决定，当务之急是重新树立员工的自豪感与自信心。比如，克莱斯勒位于底特律的杰斐逊北部装配厂（Jefferson North Plant）的状况就非常糟糕，工厂屋顶漏水，浴室设施破旧，业务下滑到只剩一个班次在运转。在这个过渡阶段，克莱斯勒并没有关掉工厂重新装修，也没有裁减装配员工。相反，克莱斯勒支付给工人工资，请他们做工厂的清理和修复工作，而且这是自 1991 年以来克莱斯勒第一次这样做。他们粉刷了工厂，安装了新的更衣室，修建了一个中庭的休息区域，还修复了传输零件和汽车的输送系统。然后，马尔基翁内并没有让产业工程师告诉这些小时工如何做设计、如何完成自己的工作，而是从菲亚特的意大利公司带来了 20 多位工人，向这些小时工传授世界一流制造的方法。他们来这里的目的是使用分析工具来帮助大家了解车间里大约 400 个工作台的每一道工序，例如拧紧座椅螺栓最有效率和最符合人体工程学的方法是什么。

---

① 塞尔吉奥 · 马尔基翁内是世界汽车行业的著名领导人物，曾带领拯救了菲亚特和克莱斯勒公司，创建了世界第七大汽车集团。——编者注

杰斐逊北部装配厂的清理工作对于工人们来讲，就是一个具有过渡性意义的安排，一种发展并引导出自我积极性的手段。大家需要比较高的积极性来重振克莱斯勒。工人们的自豪感是显而易见的，而且他们工作起来无须他人监管，这些都为提高员工责任感，同时减少员工监管奠定了基础，而这正是克莱斯勒过渡到菲亚特公司的“世界一流制造”的模式所必需的。员工们对马尔基翁内的感激之情也让大家更加感到有义务去做正确的事情，同时增强了将来获得他的支持与信任的信心。杰斐逊北部装配厂清理工作的例子，向我们表明了一段恰当的过渡性经历可以成为一块垫脚石，它能使新的思维模式得以传播，并将希望变成现实。

以新的仪式更好地赢得人心

仪式可作为创建或加强某种思维模式的跳板，尤其是当这种仪式在众目睽睽之下举行，全体人员都有参与，并且仪式会周而复始地展开时。大庭广众之下做出的承诺很难被撤回或推翻，而且当人们一次又一次地举行这种仪式时，它就会成为根深蒂固的习惯。拉奥曾与奥施公司（Omnicell）[①] 的 CEO 及创始人兰德尔·利普斯（Randall Lipps）探讨过他曾为了在公司激发并复制成功所做过的一些小事。奥施公司是一家领先的系统供应商，它帮助医疗保健供应商处理药品的订单、存储、防护与分发业务。利普斯告诉我们，在奥施公司成立后的早年间，他有意提醒高层团队要实事求是而不要自负自满。因此，他在他们摆放衣帽架的地方规定做一个小小的仪式，让大家在那里挂外套的同时，象征性地在门口自省一下。那个衣帽架以及那样一个平凡的举动，很快就变成了高层团队极力维持和传播的思维模式的象征。每当这些高管挂上外套，走过那排衣架，或是看到挂在衣架上的外套时，便会想到哪些信念和行为在奥施公司是受到追捧的，哪些又是被禁止的。

---

① 美国一家面向医疗机构和药房提供医疗和耗材信息化管理解决方案的全球领先供应商。——编者注

同样地，当有了新的领导者或团队时，他们能够帮助修改互动的仪式来改变占据主导地位的思维模式。我们所在的教员小组有位新领导，他想改变现有的规范，以便听取全体成员的想法，而不只是听从于那几名位高权重、不可一世的教员。于是他订立了一个仪式，那就是每当要做一个重要的决定时，约30位成员中的每一位，都只能做不超过1分钟的简短发言。他会先请在座级别最低的成员发言，一路问到级别最高的成员，并且中途不允许他人打断。这种改变需要成员们尽力去适应一种新的思维模式，那就是地位的差异无关紧要，做重大决策时，每个人都应该有机会发言。这个仪式还要求教员在大庭广众之下保证遵守这些新的信念并付诸行动，这就加大了他们的压力，从而使每个人都会对新的规范尽心尽职。最后，除了一两位教员以外，其他所有人都很拥护这个新规则。有大量的研究表明，当着他人的面，全力以赴、自觉自愿地采取行动，不失为一个改变人心的有效法则。这也正是启用新的仪式所要达到的目的。

善用永不满足的人

2004年，当塞尔吉奥·马尔基翁内接管菲亚特公司时，公司的财政赤字严重，濒临不可挽救的倒闭关头。他需要有意愿和技能的人来改变现状，推动公司更快地发展。于是他筛选了一批年轻有为却并未被公司重视的高管，给了他们更大的权限。他任命那些只经营过小品牌，或只在如拉丁美洲这样的较小市场工作过的人担负起关键的领导责任。他发现，这些高管能不受束缚地采取主动，因为总公司离得很远，那里的人不会每周都跑来问一些愚蠢的问题。菲亚特公司的某些高管感觉自己高高在上，认为头衔与握手欢迎之类的交际比能力更重要，于是马尔基翁内把他们逐出了公司。在克莱斯勒公司，他也采取了相同的策略，奖励业绩好而非资历高的人、秀才而非庸才，特别是奖励那些有意愿完成一些宏伟大胆的目标，但毫不畏惧冒险的领导者。

挑选会抓住机会接受新的思维模式的人，排斥甚至解雇抗拒变化的人——

这一举措通常是推广一种全新思维模式的第一步。康奈尔大学教授沙乌勒·奥赖格（Shaul Oreg）开展了一项“抗拒变化”的调查，调查结果揭示了哪种人对于接受并践行新的思维模式最适应或最不适应。典型的“抗拒变化”的人具有以下 4 个特征。

1. 循规蹈矩者，觉得“我宁愿无聊也不愿意感到惊讶”。

2. 对变化会产生强烈的消极情绪的人，对于自己要应付新的挑战或任务，会感到紧张、压抑、难受。

3. 目光短浅者，认为“当有人逼我改变时，即使我认为这种变化最终可能使我受益，我也会倾向于抗拒改变”。

4. 认知僵化者，认为“一旦我得出结论，就不可能改变主意”。

奥赖格发现，认同这些观点的人并不是说比别人聪明或者不聪明。不过他的确发现这些人会更抗拒变化。在他的抗拒变化程度的测试中分值较高的学生，在学期开始后就不太愿意更改课程安排了。同样测试中得分较高的康奈尔大学教员，对于采用新技术将课程教材放到网上的做法，比起得分较低的那些教员，更不容易接受。这些抗拒变化的教员让我们想起一位 CEO 讲述过的一段经历。她在停车场遇到了一名心急如焚的员工，当时她负责的一家非营利性组织刚刚经历了一场大规模的并购。由于职责转变，有些客户大动肝火，因此削减成本势在必行。这名员工问：“你能告诉我这场变革什么时候才是个头呢？”CEO 给了她一个温和却坚定的微笑说：“很遗憾，变化永远不会停止。”

至少在你努力扩展组织规模、复制成功的早期，抗拒变化的人是你应该排除在外的。他们会拖后腿，而且更糟的是，恐惧和迟疑不决就像传染病一样，可能会传递给其他人。相反，你所需要的，是那些厌倦一成不变的人，他们对于新的挑战不会感到有压力，有的人甚至会从新的挑战中找到乐趣；他们更加深谋远虑，一旦有新信息出现，往往容易改变想法。你所需要的人还应该是这样的人：即使他们半信半疑或彻底怀疑某件事，仍然不会拒绝尝试新事物，会为自己和别人而让情况变得好一点，而且当他们因为学习新的思维模式和行为方式而不可避免地面临一些困惑和死胡同时，他们也不会抓狂或停滞不前。

这就是夏洛特·比尔斯（Charlotte Beers）在20世纪90年代初接任知名广告公司奥美（Ogilvy & Mather）的CEO一职时所做的事。当时这家广告公司财务账目不清，员工情绪波动。于是，比尔斯将她的主要工作确定为“我们要洗去‘内外交困’的臭名”，因为所有媒体对奥美的报道似乎都使用了这个词，它也捕捉到了奥美7 000名雇员中大部分人的感受。最近，奥美流失了诸如美国运通（American Express）和金宝汤公司（Campbell's Soup）等核心客户的业务，影响是毁灭性的。比尔斯在公司上下使用的重新创造和复制成功的策略，有时会让人感到痛苦、混乱且无序。不过此时，一种新的思维模式出现了：“我们的业务目的就是建立客户品牌”。或者更简单地说，做好“品牌管理”。比尔斯和她的团队敦促并说服了奥美公司在世界各地272个办事处的员工接纳并践行这种思维模式。例如，比尔斯大力开展了一场全公司范围的“品牌审核”活动，她设计了一系列提问，旨在揭示产品在用户生活中的情感与逻辑意义。对于诸如“这个品牌会让人回忆起什么，或联想到什么吗”这类问题，用比尔斯的话来回答，她和她的团队就是要“引导每个品牌团队明白品牌的真谛”。品牌客户们非常热情地接受了“品牌管理”的想法和诸如品牌审核等新型管理工具，从此奥美不仅没有失去老客户，还迎来了像捷豹汽车公司（Jaguar Motors）这样的新客户，也夺回了曾经失去的客户美国运通公司。“内外交困”一词不会再被用来形容奥美了，事实上，媒体开始宣称：“奥美公司重新走上了正轨。”

比尔斯在早期最关键的行动之一，就是选择了9位高管组成“追求变革小组”。比尔斯邀请他们说：“恳请你们和我一起……让我们重新打造我们至爱的公司。我选择了你们，是因为你们敢于说真话，急于改变现状，而且也有足够的能力来领导改变之后焕然一新的公司。”换句话说，他们之所以被比尔斯选入小组，是因为他们对现状感到不满，渴望新的挑战，擅长长远思考，灵活应变能力强，而且已经迫不急待想亲手重建公司。这个令奥美公司华丽转身的团队，如果去参加奥赖格教授的“抗拒变化”调查，他们的得分应该会相当低。

“书写诗歌”+“疏通水管”

我们已经强调过管理者、领导者和团队如何为热点问题找到理性的解决方案。人们之所以会积极地保持言行一致，从某种程度上来说，是因为如果信念和行为之间有明显差距，那会让自己感觉像是伪君子。然而有的时候，追求言行的完美一致既不实际也不明智。

斯坦福大学名誉教授詹姆斯·马奇（James March）[①] 可以说是最负盛名的组织理论专家。他主张这种言行的不一致是必要的，其根源之一是因为每位资深高管都既是“诗人”，也是“水管工”。“书写诗歌”这部分工作主要是去沟通热点问题，通过言辞、故事、仪式、使命、目标和战略计划来树立大家的信念，以此来激励并引导他人。“疏通水管”这部分工作大多是有关寻找理性解决方案的，特别是指实际的行动，比如为了确保飞机或火车准时运行、小部件或汽车顺利制造、葡萄成熟后放进酒瓶里所需要做的事；对于我们来讲，就是教导学生，撰写书籍和论文等。马奇断言，即使领导者和其追随者对于具体的信念与行为一知半解或感到不切实际，他们仍然向往引人入胜的诗歌及其带来的欢乐。有时候人们需要听到抚慰且鼓舞人心的话语，听到优美的歌曲和音

① 管理学界排名第二的“大师中的大师”，仅次于彼得·德鲁克（Peter Drucker）。詹姆斯·马奇博学多才，曾讲授的课程涉猎范围极广，比如心理学、政治学、社会学和教育学等。此外，他还是一位诗人，制作过纪录片。——编者注

乐，需要吃喝玩乐、一起欢笑，即便这种欢愉与胜利或成功并没有实际联系。诗歌令人们感到活着便值得庆幸，让人们享受周围的一切，并使人们为了共同前进而发展出彼此的纽带与信任。

复制成功的艺术，很重要的一点是知道何时在“书写诗歌”和“疏通水管”之间建立紧密的联系，以及何时延伸、改变甚至放下你最珍视的信念。我们已经目睹过华丽但看似不切实际的“诗歌”所带来的力量，比如甘地对“非暴力不合作”的呼吁，唐纳德·贝里克对于挽救美国医院里 10 万条生命的热情和急切。正如马奇所解释的那样，这些“诗歌”反映了有时具备摆脱现实束缚的能力是大有裨益的，技巧娴熟、精明强干的“诗人”有时可以领导人们完成一些在理性世界里被认为是不可能的奇迹。

但激动人心的“诗歌”也有它的阴暗面。盲目、呆板地应用某种思维模式，可能会使个体或组织进退两难。思维模式应该被当作指南针，或是安装在车上、手机上的全球定位系统，大部分时间里它都能指明正确的方向。但切勿盲从，否则你会时不时地碰到本该避开的障碍或错过目的地。正如我们在第 1 章里所谈到的，英明的领导者不会采取一刀切的方式。他们会密切注意那些有必要忽略或“重写至爱诗歌”的情况。

来看看苹果公司是如何乐此不疲地保护知识产权的吧。苹果公司的保密政策可谓名声在外，它对任何威胁公司所有权的竞争对手都保持昂扬的斗志。在解释为什么苹果公司要对宏达国际电子股份有限公司（HTC）提起诉讼时，史蒂夫·乔布斯给我们作了一首典型的“苹果之诗”：“我们要么坐在一旁眼看着竞争对手窃取我们的专利发明，要么采取行动。我们决定采取行动。”这种思维模式很多时候对苹果公司非常有利，比如 2012 年，苹果公司赢得了针对三星智能手机专利侵权高达数十亿美元的诉讼。然而凡事总有例外，这种盲目的自信有时会让苹果公司像是一帮愚不可及的恶霸。比如 9 岁的女孩谢伊·奥戈尔曼（Shea O’Gorman）曾给乔布斯写信，提出了几点改进 iPod

功能的建议，但是苹果公司的律师回给她一封信，信上写道："本公司不接受自发提出的建议，请不要再发来任何建议了。"此举令小女孩失声痛哭，并使苹果公司深受负面抨击。这次事件致使苹果被列入当年《财富》杂志"商界101个无语时刻"的排行榜。苹果公司原本无非是想确保，如果他们采用奥戈尔曼的想法，让歌词出现在屏幕上——这有助于她跟唱自己喜欢的歌曲，奥戈尔曼无法起诉他们。也许在发出那封带有吓唬口吻的信件给一个喜爱iPod的9岁女孩之前，公司的政策能变通一下就好了。事实上，大众的一片哗然使苹果公司的律师主动给奥戈尔曼道歉，并调整了那些死抠法律条文的用词，以避免未来再次发生这种尴尬。

第4章

策略2

04

组织体系保持合理的复杂度，避免认知负荷影响复制成功

密歇根大学的罗伯特·卡恩（Robert Kahn）曾经开玩笑说，“规则、工具与傻瓜”是维持组织运作的关键因素。卡恩的定义，对那些肩负复制成功的任务的人来说颇具教益。因为这个过程中需要添加新的规则、流程和技术，需要增加更多的人手，并将他们分配到不同的团队、地区、部门、工厂、零售商店、公司和货船等。这些增加的部分对复制成功来讲是必不可少的。但实施的手段以及给人们心理带来的波动，都有可能使相关人员和体系濒临崩溃。本章将深入探究为什么追求不断增量的复制成功活动会摧毁整个团队或组织，同时也提供了一些防微杜渐的解决方案。

不论人们面临的挑战是什么，是给 4 个亨德里克赛车场的后勤维修人员推广更好的加油方式，是为 Facebook 或“桥梁国际教育”招聘几百名新员工，或者是在捷蓝航空推行“非正常运营”的新方法，还是在整个宝洁公司推广“以客户为中心”的设计，等等，要想复制成功，就得让人们承受大量陌生、艰难和忐忑不安的变化以及苦差事。其庞大的数量和复杂的程度，往往会击垮从事该项工作的人的“工作记忆”[①]，从而产生盲点，使他们判断失

① working memory，一种对信息进行暂时加工和贮存的容量有限的记忆系统，在许多复杂的认知活动中起重要作用。——译者注

误，并消磨他们的毅力。

研究人员称这种情况为“认知超载”（cognitive overload），它所带来的不利影响有案可查。举个例子，市场营销研究员巴巴·希夫（Baba Shiv）将学生随机分成 2 组，一组记忆 2 位数，例如“16”，另一组记忆 7 位数，例如“2257324”。在给试验者报数字之前，学生们穿过走廊，那里放有水果沙拉和顶上有樱桃的巧克力蛋糕供他们挑选。那组记忆 7 位数的学生中有 50% 会去选择蛋糕。为什么呢？因为想记住那额外的 5 位数要耗费脑力，这导致他们想都没想，直接狼吞虎咽地吃掉了不太健康的蛋糕。

希夫使用 7 位数并非出于偶然。对于许多研究记忆的专业人士来说，7 是个“神奇的数字”。1956 年，心理学家乔治·米勒（George Miller）[①] 指出，人们的短期记忆可以记住“7±2”位数字。然而，组织的设计者却很少注意这个米勒法则，对后来那些数以千计的有关大脑负担过重所产生危害的研究，也不甚留意。随着组织的不断壮大与逐渐成熟，领导者和团队经常堆积太多的标准、流程和琐事，而不去定量或减负，使员工丧失了做正确事情的能力和意志力。欧迪办公公司（Office Depot）的总裁凯文·彼得斯（Kevin Peters）提供了一个颇有启发性的例子。2010 年彼得斯接管公司时，他面临两个矛盾的情况：“神秘顾客”[②] 的好评达到历史新高，但店里的销售额却在下降。他在前往公司位于 15 个州的 70 家门店视察之后发现，当店员和管理人员急于完成类似扫地或摆放货架的工作时，经常忽略了顾客的提问和需求。他们面对着货柜，却背对着顾客。欧迪的“神秘顾客”的任务指标，分散了门店员工对顾客的关注，尽管他们都认为服务顾客与推销商品本应是第一要务。

---

① 美国著名心理学教授，美国国家科学奖章获得者。其著名的米勒法则“神奇的数字：7±2”，是指人脑信息处理有一个魔法数字“7±2”的限制，即人最多可同时处理 5～9 条信息。——编者注

② 指暗中观察并记录员工行为的人。

正如欧迪办公发现的那样，员工的任务越多，完成每个任务的质量就会越低。对于多线任务的研究也得出了类似的结论。信息技术的兴起，尤其是智能手机的频繁使用，已经把我们变成了同时要做很多事情的生物。我们一边发短信、查电子邮件或上网，一边还听人家说话，与同事、老师或爱人交谈，并且可能同时做着家务、写报告，或开着车。尽管有人声称，与智能设备共同成长的年轻人，相比起他们的父母或祖父母更擅长一心多用，但许多研究也表明，一心多用会削弱每个人的能力。斯坦福大学的克利夫·纳斯（Cliff Nass）和他的同事发现，一心多用的技艺并不能通过练习磨砺出来。在被测试的每一项任务中，那些“重度一心多用”的人的表现比“轻度一心多用”的人要差，甚至根本不能一心多用。纳斯的结论是：“这些事务互不相干，搞得他们傻头傻脑……一切都会使他们分心。”

一项关于 23 个新生儿重症监护病房（Neonatal Intensive Care Units，简称 NICUs）的研究也强调，给人强加额外的杂活会带来危害。这些 NICUs 需要一线的工作人员更多地参与信息共享和决策，其中包括护士、医生和呼吸治疗师。当工作人员齐心协力改善护理服务，例如他们学习和教授控制感染的方法时，婴儿的死亡率就会降低。但如果让他们同时参与管理工作，就会致使婴儿死亡率上升。当他们更多地参与招聘、绩效评估和预算编制的工作时，就会有更多的婴儿夭折。这些发现早在 2002 年就被注意到了，我们与哈佛大学的研究人员安妮塔·塔克（Anita Tucker）一起进行了探讨。她于 2003 年和 2004 年为本书做了进一步的分析，发现整整 3 年间，NICUs 的婴儿死亡率在其践行“共同治理”理念时持续走高。塔克写道：“那些与我们谈论过有关‘共同治理’理念是如何影响临床治疗效果的医生认为，我们的结论是非常准确的。因为这些管理工作使护士不得不离开病床，从而分散了她们对临床护理工作的注意力。”

越大越强还是越大越蠢？

“成功是增量问题”的另一个成因便是认知负荷。它可能会给人们的思想以及组织本身带来超出承受能力的重担。每每发生这种情况，人们便会忽略初衷，埋头于错误的任务，过于频繁地转移注意力，所有尝试去做的工作都做不好。复制成功可能成为一种解药，即增加人手以分担负荷。大多数复制成功的尝试，比如，是否开一家连锁餐厅，或是否在医院推广更好的实践方法，一开始都是只有一两个人，或者一个小团队在实行。一旦有一丝成功的迹象，人们就会增加更多的人手或找到更多的帮助。

遗憾的是，尽管额外的人手和更多的头脑能够减轻负荷，但这些附加成分同时也会带来负面作用。随着队伍的不断壮大，个人的表现会受到影响。北卡罗来纳大学凯南－弗拉格勒商学院（Kenan-Flagler Business School）运营学教授布拉德利·斯塔茨（Bradley Staats）和他的同事做了一个实验。他们将一个 2 人小组与一个 4 人小组相比较，记录到了个人表现下降的现象。实验安排每个小组用 50 个乐高积木组装一个人形模型。人数多的小组的确装配得更快一些，平均用了 28 分钟；而人数少的小组用了 36 分钟。但就“劳动效率”[①] 来讲，2 人一组的更高，因为他们的劳动用时为 72 分钟，而 4 人小组的却是 112 分钟。人数多的小组损失了 40 分钟，因为每个成员必须与另外 3 个人而不是另外 1 个人相互协调来做决定。圣迭戈商学院管理学副教授珍妮弗·米勒（Jennifer Mueller）的研究结果也呈现出与此类似的现象。其研究对象是 26 个创新项目团队，团队成员人数由 3 名到 19 名不等。她对这些团队跟进了 2 ～ 8 个月。领导者和成员们的评分显示，团队人数越多，每位成员的表现越差。人数多的团队的成员能够给予彼此的支持和帮助都比较少，因为他们很难做到维系这么多的社交关系，还要与更多的人进行协调。

① labor efficiency，指劳动者在单位时间内创造的价值或使用价值。——编者注

已故的J. 理查德·哈克曼（J. Richard Hackman）[①]在用了近50年的时间研究团队效能后，得出这样一个结论：对于大多数任务来讲，4～6人的团队规模是最有效率的。他表示："我的经验法则是任何工作团队的成员人数都不应该到两位数……随着团队规模的扩大，成员表现出现问题的数量是成倍增加的。米勒的'神奇数字7±2'法则会再次出现，即一旦团队成员超过9人，麻烦就来了。"正如米勒和哈克曼所主张的一样，退休的美国海军陆战队上校、曾任美国参议员的詹姆斯·韦布（James Webb）也解释了为什么"火力支援小组"这一基本作战单位，在第二次世界大战期间从12个人减少到4个人。韦布在《海军陆战队公报》（*Marine Corps Gazette*）中写到，战斗期间泰山压顶、混战一片，"12人小组"对于海军陆战队班长而言，控制起来"难于上青天"。要协调的问题一团乱麻，而士兵们想为同胞战斗的手足情，想要在12人小组里维持也是难上加难。

正如财捷集团的CEO布拉德·史密斯（Brad Smith）所说的："如果想建设一个创新的企业文化，通常团队人数越少越好。"就像网上零售业巨头亚马逊的团队一样，财捷集团的生存理念是"两个比萨原则"：开发团队的人数，不可以超过能吃掉两个比萨的人数。这有助于成员保持灵活，并迅速做出决定。这条经验也适用于小规模的组织。"脉冲新闻"是一款手机和平板电脑上都可使用的新闻整合应用程序。这款应用程序的创始团队于2010年成立。团队人数由3个人慢慢扩充到8个人之后，就出现了沟通不畅、误解频发的现象。创始人阿克沙伊·科塔里（Akshay Kothari）和安吉特·古普塔（Ankit Gupta）告诉我们，他们随后将8人团队分成3个小组，员工便开发出了更好用的软件，花费的时间更短，争执也变少了。当脉冲新闻的团队人数扩大到约12人时，他们分成了4个小组，并且在同一个房间里工作；每个小组都在公告栏上更新工作进展，每个人都能了解他们当前的工作状况。每天下午大约3

① 哈佛大学埃德加·皮尔斯（Edgar Pierce）社会和组织心理学教授，致力于群体问题的研究，因此曾获得美国管理学会颁发的杰出教育奖和杰出学者奖。——编者注

点 30 分，每个小组会向公司汇报手头的工作，并提出需要哪些帮助。脉冲新闻就依靠小组运作，发展到拥有 25 名员工，3 000 万用户的规模。现在它是领英（LinkedIn）业务的一部分。2013 年 4 月，领英花费 9 000 万美元收购了它。

牛津大学人类学家罗宾·邓巴（Robin Dunbar）[①] 的研究也发现，规模越大的社群，其成员背负的心理包袱越重。马尔科姆·格拉德威尔（Malcolm Gladwell）[②] 对这一结论很是推崇。邓巴提出，灵长类动物群体的规模受到个体维持社交联系的认知能力的限制。格拉德威尔解释说：

> 邓巴指出，如果你身处一个 5 人的群体，就得维护 10 条独立的关系：你和这个圈子里其他 4 个人的关系，以及你与其余人之间的 6 条双向关系……如果你身处一个 20 人的群体，就得维护 190 条双向关系：19 条关系涉及你自己，剩下的 171 条涉及群体中其余的人。群体的规模扩展至原来的 5 倍，但是处理你所需要知道的群体中其他人的信息量却增长到了原来的 20 倍。

和哈克曼一样，邓巴也发现沟通与协调的难度成倍增加了。当超过四五个人聚集在一起时，面对面的交流就开始变得不太顺畅。邓巴认为，这个人数范围解释了一些研究所发现的现象，那就是餐厅预订用餐的平均人数是 3.8 人，以及美国大型公司的大多数委员会成员只有 5 ～ 8 名。邓巴计算过，如果一个组织人手充足，并且是由小团队构成的，那么它大约会有 150 个人，此时组织成员需要维护的工作关系和处理的信息会超乎他们的人脑所能承受的。

---

① 著名进化人类学家，牛津大学认知及进化人类学院院长、教授，“邓巴数”提出者。其“深度理解社群”四部曲——《大局观从何而来》《人类的算法》《社群的进化》《最好的亲密关系》深度揭密社交是如何改造我们的生活和大脑的，这些著作由湛庐策划，四川人民出版社于 2019 年出版。——编者注

② 被誉为“21 世纪的彼得 · 德鲁克”，2005 年被《时代周刊》评为全球最有影响力的 100 位人物之一。——编者注

邓巴关注的是“梳理行为”（grooming activities）所带来的负担。狒狒和其他非人类物种会花很多时间和群体成员坐在一起，互相抓挠、抚摸，把皮毛上的小树枝和小虫子抓出来。梳理的行为改善了卫生，但其核心价值还是维持社会关系。邓巴认为，八卦和闲聊对人类来讲发挥着类似的作用。他计算了一下，在一个 150 人的组织中，人们会花大约 42% 的时间用来“梳理”关系。如果是 200 人的组织，这个用时比例就跃升到了 56%。邓巴说，这就是为什么组织在达到约 150 人的规模时应该被分成更小的单位。达到 200 ～ 250 人的规模时，冲突、协调和表现问题就会泛滥成灾。追溯至公元前 104 年的罗马时代，这些人数的上限似乎也解释了为什么军队规模一直都按照大概 150 人来组成的，从来没有超过 230 人。尽管现在通信技术有了极大的改善，但是现代军队的规模仍然如此。现代有关互联网行为的研究结果支持了邓巴的数据。《美国物理协会公报》（*Bulletin of the American Physical Society*）在 2012 年对 170 万 Twitter 用户所做的分析发现，大家在同一时间段里只能保持 100 ～ 200 个活跃的在线社交关系。

相关的研究表明，随着组织的成长，“维护”“协调”“梳理”的成本会加速增长，因为决策者不断地增加组织层级，组建不同的团队和部门，并且堆砌不同的规则和流程。行政管理人员的增速往往比那些执行组织主要工作的员工更快。大学似乎尤其苦于因为行政管理队伍臃肿的问题而遭人诟病。《经济学人》杂志报道说：“1993—2007 年，美国 198 所一流大学在行政官僚上的开支远远超过了师资队伍上的支出。例如，哈佛大学对每个学生的行政开支增加了 300%……在某些大学，如亚利桑那州立大学，全职员工中几乎一半是行政人员。”

根据美国教育部门的报告，1976 年，美国大学每百名教职员工中有约 50 名是“非教学类专业人士”。到 2009 年，这一比例达到了每百名教职员工中有 98 名“非教学类专业人士。”如此，和亚利桑那州立大学的情况差不多。海军历史学家、管理学讽刺作家诺思科特·帕金森（Northcote Parkinson）[①]早在几十年前就观察到了类似的情况。1914年，英国海军曾拥有62艘大型舰艇，146 000名军官和水手，以及2 000名海事官员，即负责支援工作的公务员。到1928年第一次世界大战之后，英国海军拥有的大型舰艇只有20艘了，军官和水手还剩100 000名，但海事官员却有3 569名，几乎比之前翻了一番。1935—1954年，无论余下的海军部队规模是在扩张还是收缩，海事官员的人数占比都在逐年上升，每年的上升幅度为5%～7%。

随着组织和项目的扩大和成熟，它们往往会复制传播更多复杂的程序和流程。庞大的行政管理队伍必须证明自己的存在。因此，他们让自己忙于编写更多的规则，并要求同事遵守更多的条条框框，而这样做会消耗掉人员的精力和意志力，使人无力去做更基本的工作。最糟糕的情况是，正如风险资本家约翰·格雷特豪斯（John Greathouse）所说的，会造成“BDC”（Big Dumb Company），即患上“愚蠢大公司”毛病。几年前，拉奥在西海岸加油站工作的时候，就目睹过这种弊病。当拉奥询问一线员工是如何解决有关客户服务的问题时，他们说这不值得费力去解决。诸如退款，或是更换损坏的商品这样能表达诚意的小小举动，他们都需要获得9道程序的审批。公司不信任员工，管理者之间也互不信任。即使是很小的顾客投诉，也要花几个月的时间去解决。因此员工很不愿意去与这些繁文缛节作斗争。

圣菲研究所（Santa Fe Institute）的物理学家杰弗里·韦斯特（Geoffrey West）[②]声称，在组织里投入越来越多的资源来滋养官僚作风，同时越来越少

---

① 英国作家、社会学家、管理学家，常以讽刺的笔调讨论行政组织上的问题，生平著作60余本，以“帕金森定律”而闻名。——编者注

② 杰弗里·韦斯特是世界顶级理论物理学家，全球复杂性科学研究中心圣菲研究所前所长。——编者注

关注工作本身的倾向将会招致最终的厄运。韦斯特和他的同事研究了 23 000 家公司，发现随着公司的发展，每位员工所创造的利润反而会减少。他认为，小公司会更专注于提供优质的产品和服务。随着公司逐渐成长起来，“管理层开始担心底线问题，于是这群人都变成了像是被雇来做‘登记回形针去向’这种小事的”。韦斯特表示，臃肿的官僚机构压倒了组织规模变大带来的优势；不断膨胀的开销和不断收缩的利润，意味着即使较小的市场干扰也可能导致灾难性的损失。他总结道：“公司最后就会死于自身想不断壮大的欲望。”

尽管有这样的风险，但是在正确的条件下，越大也可能越强。对于初创公司来说，大多数组织都太小，还不至于患上“愚蠢大公司”毛病。2008 年，在美国 600 万家雇有员工的公司当中，一半以上的公司只有 4 名或 4 名以下的员工，仅 981 家公司有超过 1 万名员工。同样，在 2012 年，美国国税局登记在册的非营利组织有 160 万家，其中只有 25% 的组织营业收入超过 10 万美元，4% 的组织营收超过 1 000 万美元。有几百家非营利组织的收入超过 5 000 万美元，其中约 200 家是 1975 年以后成立的，例如帮助穷苦人群建造属于自己的房子的组织“仁人家园”和非营利教育组织“为美国而教”。看来，很多好事都是由快速成长的新人成就的。庞大的跨国公司，像苹果、通用电气、沃尔玛、百胜和麦当劳，有可能最终由于无法承受自身的重量而崩溃，但是这些巨头已经经受住了考验并且发展了几十年。这些公司与天主教会相比犹如幼小的婴儿。天主教会拥有 2 000 多年的历史，有十几亿教徒，并且前后有 266 任教皇。教会面临许多问题，包括性丑闻等，也因死板作风而备受指责。然而尽管规模庞大，教会却在漫长的历史过程中不断克服了复制成功过程中的重重困难，纠正了不良行为。

自 2008 年金融危机以来，有关规模大小的限制与危害的争论此起彼伏。高管、政客和学者都在深思，坐拥数万亿资产的“超级银行”，比如像美国银行和花旗银行这样的银行巨头，它们是否会因为规模太大而倒不了，还是说应该被拆分。甚至花旗银行前 CEO 桑迪 · 韦尔（Sandy Weill）都如此断言，一些巨型银行可能确实过于庞大而无法维持金融市场和自身的长期生存能力。然而即使是对"超级银行"的严厉批评者，包括麻省理工学院的西蒙·约翰逊（Simon Johnson）也提出，规模经济在资产小于1 000亿美元的银行中的表现是显而易见的。这就意味着，美国有超过6 000家银行的规模还不大，仍然有巨大的增长空间。结论就是，越大也有可能越蠢，组织规模更大并不一定是件好事。然而，实际问题是，各个行业，不论规模大小，组织中有些领导者及其团队在处理增长和项目扩张方面都做得很好，而有些则不然。此外，很多组织正因为规模十分小，所以领导者自然地专注于扩张业务上，而不是纠结于公司规模是否过大的问题上。于我们而言，这表明关键性的挑战在于如何增加规则、工具和人手，但同时又不至于使组织变成臃肿又专制的官僚机构，使员工要么需要超负荷工作，要么干脆不负责任。这就是本章接下来所要讲述的内容。

等级制度的任务是打败等级制度

繁文缛节和不恰当的命令会使众多组织和项目备受制约而停滞不前。不过我们仍不赞同加里·哈默（Gary Hamel）① 等大师诸如"官僚作风必须铲除"的呼吁，他们认为自上而下的管控是害人不浅的。即便在规模很小的组织里，如果不设立等级制度，以及专职岗位、团队和部门，组织就无法正常运作。精心制定的规则和流程使结果可以被预测到，可减少冲突，促进协调，减轻认知负荷，因为这样使人们可以运用计算机，对常规情况有一些预先的了解，而不用每次都去做无用功。如果一个组织没有这样屡试不爽的管控、制约及构建的过程，那么它就不可能获得发展或成功。

① 伦敦商学院及国际管理客座教授，被《经济学人》杂志誉为"世界一流的战略大师"，在商业战略管理方面声名显赫，如核心竞争力、行业前瞻等革命性概念都是由他提出的。——编者注

很多人对官僚主义都是既爱又恨。我们鄙视它对自由的限制，但又喜欢它能让我们完成一些任务。在查阅了堆积如山的研究报告后，心理学家德博拉·格伦费尔德（Deborah Gruenfeld）和拉丽莎·蒂登斯（Larissa Tiedens）得出的结论是，人类对等级制度有着特别矛盾的心理。大多数员工会说他们喜欢有参与性、更民主的组织，同时又对少数几个人权倾天下的组织表示厌恶。然而任何团队和组织中假如没有高低等级之分的话，好像又不能正常运作。这些研究还表明，虽然人们嘴上说不喜欢等级制度，但是一旦权力与地位的差异得以显现且甚为明了，他们则会表现得更快乐、更冷静且更有效率。

人类乃至整个动物群体的等级结构在所难免，因为权力和地位的差异在诸多方面都能提高集体的效率。等级制度分清谁是决策者，谁不负责做决定，何时所做的决定是最终的，并能确定诸多细节，比如具体谁坐在哪里，谁讲话多点，谁要少讲话，穿什么，会议什么时候开始和结束，等等。来看看谷歌的联合创始人兼 CEO 拉里·佩奇一个失败的试验吧。很长时间以来，他着迷于让谷歌像一家小公司一样运作。2001 年，当谷歌的员工人数增长到约 400 人时，佩奇断定中层管理人员一定会制造不必要的麻烦和摩擦。于是他解聘了所有的中层管理人员，并让 100 多位工程师汇报给一位不知所措的高管。一时间，大家无不灰心丧气，充满困惑。没有了那些中层管理人员，工程师几乎无法工作，高管也不可能掌控大局并对谷歌发生的一切产生影响力。通过这个惨痛的教训，佩奇最后明白了等级结构也可能会过于扁平化，而设置中层管理人员会使等级结构保持一种必要的复杂性。

那么，我们的挑战就是要将这种复杂性编制成某种体系，尽可能地使它带来更多的优势，并尽量减少它带来的危害。克里斯·弗赖伊（Chris Fry）和史蒂夫·格林（Steve Greene）在帮助 Salesforce 公司的软件开发部门从 40 人发展到 600 人规模的几年间，遵循着一条耐人寻味的座右铭。我们初次听到这条座右铭时，感觉它有点疯狂："等级制度的任务是打败等级制度。"然而在我们听完他们的经历之后，发现这句话很有意义。这些高管正是利用 Salesforce 公司的等级制度来纠正其官僚作风的。用格林的话来说，他们用它建立了一个更高效的组织运作体系。

2006 年，尽管这家公司的 40 位工程师颇有天赋，而且仍然在创造伟大的产品，但公司开发部门却面临严峻的挑战。弗赖伊说："我们看到团队的进展开始变得越来越慢，所以公开推出软件新版本的时间间隔也越来越长。而且我们对客户做出反应的能力变得越来越差。这些都是许多公司在发展过程中会发生的典型事件。"

弗赖伊和格林认为，问题主要在于整个管理体系的控制权、责任和义务，都集中在少数高管手上。遗憾的是，这样就产生了副作用，那就是对于 Salesforce 开发的软件，大多数的软件工程师很少有什么影响力，也几乎不用承担责任。于是弗赖伊和格林采用了另一个管理体系，这一体系由小团队构成，团队领导者和工程师都需要承担起较高级别的责任。每个开发团队每隔 30 天要完成一个新的"软件小样"，整个公司每 4 个月要发布一款新产品。之后 6 年内，只有一次没有达到这两个目标。弗赖伊和格林还设立了一个开放的内部人才市场，来加强员工的责任感。每位工程师无须获得老板许可，就可以自由地调动到一个新的团队里工作。每年大约有 20% 的工程师选择调动。此举鼓励了领导者要善待员工、赢得良好的声誉，也暴露出那些留不住优秀员工的领导者，还能够把责任落实到工程师身上，让他自己去找到适合自身性情、更能发挥才华的团队。

这一章节的内容立足于弗赖伊和格林的观点上，即等级制度既是复制成功活动产生弊病的原因，也是一个治疗良方。我们提供了建设更高效的组织运营体系的 5 种方法。这些建议大部分是基于我们在第 1 章里提过的原则上的。复制成功是关于增加或减少什么的问题，因为随着组织某方面增加得越来越多，那么做减法和除法就既有助于抵消不必要的复杂性，又能保留那些必不可少的复杂性。然而，我们也要注意抵制诱惑，切勿过于简单化而使组织伤筋动骨。复制成功要求我们避繁就简、了解组织与成员之间的细微差别，这样就可以使事情尽可能地简单，但又不会过于简单。

建设更高效的组织运营体系的 5 种方法

把“做减法”作为生活的行为准则

美国著名小说家欧内斯特·海明威曾说过，一个优秀作家最基本的天赋是要有“内置防震狗屎探测器”的本领，意思是要能够发现糟糕的或不必要的文字，要有化腐朽为神奇之术，还要敢于扔掉那些不必要的东西。复制成功的管理者与团队也是如此，他们毫不留情地识别并清除乌七八糟、百无一用的规则、工具和人员，因为这些只会妨碍工作、蒙蔽心智。

IDEO 公司的戴维·凯利曾给我们讲了一个很精彩的故事，是有关史蒂夫·乔布斯在工作时如何践行“做减法”的思维模式的。20 世纪 80 年代，苹果公司聘请凯利的创新公司来协助设计其第一款鼠标产品。当乔布斯决定这款鼠标只能有 1 个按键而不是 2 个时，凯利的设计师正好在场。苹果的工程师激烈地争辩说，之所以需要 2 个按键，是因为比起 1 个按键，用户能做更多的事情。令那些工程师颇不高兴的是，乔布斯当时是被一位技术文档工程师的提议改变想法的，而那位员工可能是当时在场的人当中工资最低的。她说，如果鼠标只有 1 个按键，那么编写一本简单明了的使用指南就会容易得多，而且对客户来讲，也更方便他们学习和使用。

这一决定与乔布斯的一个终身追求非常吻合。他致力于减少苹果客户与员工的认知负荷，并简化个人体验。这种思维模式在苹果公司内部经久不衰。作家亚当·拉辛斯基（Adam Lashinsky）跟踪苹果公司多年，他认为："这世上其他所有的公司里，从一个人是否负责营收损益，便可以知道其管控的领域。"拉辛斯基的话启发了我们，于是我们询问了一家大型饮料公司的 60 位高管："你们当中有多少人承担公司的营收损益责任？"有 50 多位举起了手。相比之下，尽管苹果公司拥有巨大的市场价值和现金储备，但是拉辛斯基的报告里显示，只有一位高管负责营收损益，这个人就是首席财务官彼得·奥本海默（Peter Oppenheimer）。因为免除其他高管这种责任，就能使他们更专注于发挥自己的长处。

"做减法"不仅仅是高管的专利。最优秀的管理者和团队也会经常找出不必要的障碍，并清除它们，正如营销经理丹·马科维茨（Dan Markovitz）在一家大公司率领一个 7 人小组时所做的那样。在马修·梅（Matthew May）的著作《精减》（*The Law of Subtraction*）里，马科维茨讲述了他的团队是如何被一个复杂的人事休假管理系统搞得苦不堪言、恼怒不已的。他决定不再理会它，并告诉团队："只要你们能完成工作，我不在乎你们每年休多少天的假期。"这一招特别奏效，他不用再把时间浪费在书面工作上了，团队也觉得受到了尊重。他们不再和系统兜圈子了，但实际上，他们休假的天数比往年更少了。马科维茨的这次尝试之所以成功，是因为它使大家产生了责任感。他说："我们团队现在的重点不再是去搞清楚怎么用那个休假系统，而是如何履行好身上的责任。"

"做减法"的尝试也曾在较大规模的组织中发生过。Adobe 公司的高管就曾在 2012 年进行过一次试验，影响面涉及公司全部的 11 000 名员工。Adobe 是一家知名的软件公司，其产品包括图像处理软件 Photoshop，用于编辑和阅读 PDF 格式文档的 Acrobat，图形设计、影像编辑与网络开发的设计套件（Creative Cloud），以及数字营销套件（Digital Marketing Suite）。他们取消了公司里最神圣不可侵犯的一项制度：传统的年度绩效考核。几十年来，管理专家一直质疑这种考核的价值。质量管理大师 W. 爱德华兹·戴明（W. Edwards Deming）责备道："它仅注重员工短期的表现，却毁掉了长远的规划，使大家产生恐惧感，破坏团队合作，助长了竞争和政治争斗。"加州大学洛杉矶分校的萨姆·卡伯特（Sam Culbert）则认为它一无是处，并敦促公司将其废除。我们有时开玩笑说，假设绩效考核是一种药，它是不会通过美国食品药品监督管理局批准的，因为它完全无效，还有那么多不良的副作用。

尽管受到了猛烈的批评，但是 Adobe 是少数有胆识无视它们的公司之一。2012 年，他们把年度绩效考核变成了定期的"检查"，由管理者给员工提供有针对性的指导与建议。没有任何规定说必须使用什么样的格式、以什么样的频率来进行这类交流，而且交流时管理者也不用完成任何的表格，或使用什么技术工具来指导或记录谈话的内容。公司的期望很简单，就是"检查"需要定期进行，以向员工传达公司对他们的期望，同时给予员工反馈并得到他们的反馈，并帮助员工订立成长和发展计划。这一改变的目的是在员工需要的时候，第一时间就给他们提供信息，而不是几个月以后，那时可能就会错过员工受教的好时机了。另外，管理者每年给员工调整一次薪酬。比起过去，管理者有了更大的自主权，几乎完全可以自行分配预算，来支付自己认为合理的费用。此外，员工目前的薪酬取决于目标达成情况，这促使评级排名的方式得以废除。实施这一改革的过程中，公司还给管理者提供了培训，让他们了解给予和接受反馈的差别，通过讲座与角色扮演的形式学习了如何处理棘手的对话情况，并练习了如何应对具有挑战性的情景。

唐娜·莫里斯（Donna Morris）是 Adobe 公司人才与岗位部门的高级副总裁，她向我们解释了进行这些变革的动机。Adobe 的领导者认为，老套的评价系统有许多对大家来讲司空见惯的弊端，令人无法接受。支持该系统的基础架构相当复杂，每年 Adobe 员工不得不在最忙的 1 月和 2 月里抽出时间来应付这个系统，实在是糟糕透顶。莫里斯的团队曾计算过，每年做这个绩效考核需要 2 000 位管理者抽出 80 000 小时，这相当于 40 名全职员工一年的工作时间。一番折腾之后，有个内部调查结果显示，员工感觉之后受到的激励和鼓舞反而减少了，人员流动率还上升了。莫里斯和同事决定，是时候进行一场颠覆性的变革了。她强调，新的“检查”制度使管理者和下属直接定期地沟通绩效或其他问题，而不是通过一个每年一次的正式流程。这样做，能为整个 Adobe 公司灌输更强烈的责任感。举个例子，管理者现在对于员工工资薪酬的涨幅有了更多的发言权。Adobe 公司的目标就是使管理人员具备技能、赋予其权力并让其承担责任，这样他们就像在管理自己的企业一样采取行动。Adobe 公司对员工经常进行随机抽样员工满意度调查，这也加强了他们的责任感。调查内容包括评估每位管理者如何设定期望、如何提供及接收反馈、如何帮助员工成长与发展等方面。此外，莫里斯还强调她的主要目标之一，是使反馈的过程不再需要任何科技手段。她不希望管理者藏在各种表格和计算机后面。正相反，她希望管理者能与他们带领的员工进行坦诚的、不设主题的交流。

大概是在这场变革 15 个月以后，也就是 2013 年 8 月，莫里斯更新了近况。Adobe 公司的大胆举动似乎有了成效。一名员工向莫里斯的团队汇报说，公司上下都感到一种解脱，因为老套的年度绩效考核真的枯燥无味，让人心力交瘁。员工满意度调查结果也表明，Adobe 公司的大多数管理者和员工认为新的制度并没有那么麻烦，比以前的纵向评级系统更有效。例如，78% 的员工表示自己的管理者很开通，他们能够得到及时的反馈，这相比于以前的调查结果来说是一次突飞猛进。正如莫里斯和她的团队所希望的那样，通过取消这个管理者与员工一年才讨论一次绩效问题的系统，并采用新的制度，“检查”就变得更常规化，能力强的管理者也磨练了技能。同样重要的是，许多能力稍弱的管理者也学会了如何与下属直接谈论对他们的期望，他们当前的表现如何，以及告诉他们往后要怎么做才能提高效率。

Adobe 公司员工流动率的变化更加有说服力。自从实行了新的制度，员工非主动离职率增加了 50%。正如莫里斯所解释的那样，这是因为新的制度要求高管等管理者和有绩效问题的员工定期开展棘手的谈话，而不是等到下一轮绩效考核周期到来之后才采取行动。与此相反的是，自从“检查”制度推出以后，Adobe公司的主动离职率下降了30%。不仅如此，那些选择离开公司的员工当中，大部分人是无怨无悔的。

总之，Adobe公司这种“做减法”的尝试看起来达到了预期的效果。它减轻了不必要的认知负荷，同时一步一步地推动管理者与员工进行更频繁、更坦诚的沟通，帮助大家提高技能和规划职业生涯。“这个地方是我的，我也属于这个地方”，这种感觉在新的制度实行后在员工中间变得更加强烈。因为它让管理者和员工感到有责任进行定期调整，以提高个人与团队整体的绩效；它也加强了问责制，因为相比于老套的体系，管理者对于决定员工的薪酬要承担更大的责任。正如莫里斯所解释的，那些老掉牙的借口，比如“本该给你多加薪的，但是人力资源部门不同意给你加”，从此再也不管用了。

不论这次尝试是否成功，我们都要为莫里斯和她的同事鼓掌喝彩，因为他们率先取消了有损无益的做法——虽然它现在仍被人们所推崇。“检查”的新制度，最终也可能会被证明比传统的绩效考核还要糟糕。但是当有更好的方式出现时，如果不做这样的新尝试，组织有可能会被错误的假设和破坏性的做法禁锢起来。

我们不提倡恣意妄为地“做减法”或盲目地追求简单化。随着复制成功活动的展开，有时候确实有必要使用许多复杂的手段来度过某些阶段，等到之后不再需要这些手段时再将它们摒弃。这很像工人用来建楼房而搭的脚手架，虽然它们曾经是必不可少的，但最终必须被移除。在复制成功活动的初期阶段，你可能不是非常确定要去复制什么优势或者如何去复制，这时难免会陷入复杂与困惑的情形。心理学家威廉·舒茨（William Schutz）指出：“理解的过程分为3个阶段：简单、复杂、极简。”开展复制成功活动的人一旦明白了什么是奏效的、什么是无效的，明白了什么是最关键的、什么又是不那么关键的，他们的行为方式就会趋向“极简”。此时曾经必要的复杂性，就会阻挡前进的道路，那么它就应该被移除。

卡伦·汉森（Kaaren Hanson）是财捷集团负责设计创新的副总裁。她带领团队为这家财务软件公司一个名为“设计为愉悦而生”（Design for Delight，简称 D4D）的项目做拓展时，经历了这样一个过程。汉森和财捷集团 CEO 兼执行委员会主席斯科特·库克（Scott Cook）发起了 D4D 这个项目，其目的是让员工更富有创意，开发更人性化的产品和服务，并加快将产品投放到市场的速度。汉森的团队从一个现在看起来过于复杂的 D4D 模式图入手。该模式图布满了各种图框、箭头，包含了 150 多个字，甚至连标题也起得晦涩难懂：“从容地超越客户对便利性和客户服务交付的期望，唤起客户的积极情绪”。汉森的团队花了 1 年左右的时间，利用这个模式图来培训和指导财捷集团的员工。之后他们发现其复杂性阻挡了前进的道路，于是使用了一个大大简化了的模式图来取代它（如图 4-1 所示）。图上只有 13 个字，其中包括用作标题的 1 个字：“悦”（Delight）。剩下的 12 个字突出了 3 个 D4D 的方式：深度共情[①]、由宽到窄、快速试用。汉森的团队简化了这些原则，并在指导与培训方面做了相应的变化之后，财捷集团采用 D4D 模式的人数从几十人跃升到数千人。更重要的是，大量的新产品正是运用了 D4D 模式才被开发出来的。计算机杂志 *Macworld* 高度评价了其中一款名为 SnapTax 的产品，称它几乎完美，显著加快了报税的速度。5 900 万美国人的纳税申报，不管是用申报表 1040a 还是用申报表 1040EZ[②]，报税都变得很简单。过去要花几个小时坐在电脑前的报税工作，现在客户在自己的移动设备上不到 10 分钟就可以完成，并能使用相机功能将税务文件拍下来。

---

① “共情”，心理学术语，指的是一种能设身处地体验他人处境，从而感受和理解他人情感的能力。——译者注

② 1040 表格是美国个人收入联邦税申报表，是报税人每年都会用到的表格。其中，1040EZ 适合单身或夫妻联合报税，没有依附人，也是个人收入申报最简单的表；1040a 则适合缴税收入少于 5 万美元的人用，不扣除减税项目。——编者注

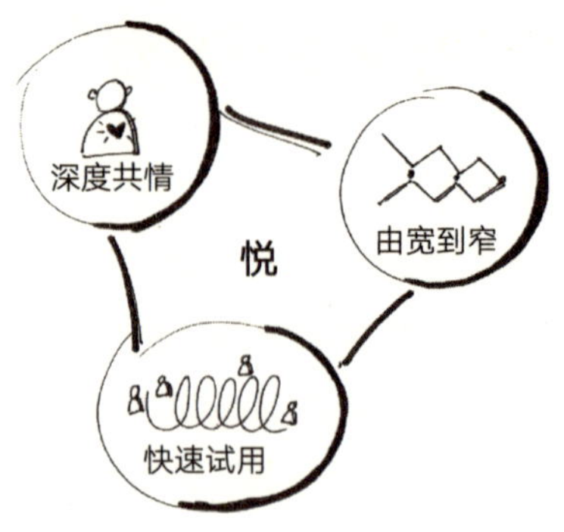

图 4-1 简化的培训模式图

回过头来看，现在我们很容易会去埋怨汉森团队的第一个模式图太过晦涩难懂。确实，汉森在讲述她的这段经历时也有点自嘲。然而，她的团队需要通过第一个模式图经历舒茨所称的 3 个阶段中的“复杂”阶段，才能到达“极简”的阶段。当他们刚走上 D4D 的道路时，没法明白什么是“脚手架”，什么又是“建筑”。不过，在这个模式图下尝试了一段时间之后，他们明白了 D4D 模式中的哪些部分最具冲击力，最容易复制。事实上，他们的这次经历足以反映出“由宽到窄”这 4 个字的意义。

我们非常钦佩并经常复述宝洁公司 CEO 雷富礼的建议，那就是让事情变得“像《芝麻街》[①] 那样简单”。但汉森的经历增加了一个关键点，那就是要达到这种“极简”，通常需要坚持不懈、埋头苦干，以应对一些混乱、复杂的情形。

①《芝麻街》(*Sesame Street*) 是美国公共广播协会 (PBS) 制作播出的儿童教育电视节目。制片人用生动有趣的电视节目作为教育手段，希望能为不上幼儿园的儿童提供成长阶段必要的智力和文化启蒙。——译者注

让人坐立不安

关于如何做减法，我们有一条法则是：如果你还没做到心烦意乱的地步，那说明还不够努力。大家还记得当那位技术文档工程师提议去除鼠标的第 2 个按键时，那些苹果公司的工程师有多不开心吗？那就是一个可喜的现象。做减法通常需要吐故纳新，需要以陌生的新事物代替熟悉的旧事物。做减法之所以令人不快，是因为人类对熟悉的旧事物会产生积极的情绪反应，对陌生的新事物则是消极的反应。

已故的著名心理学家罗伯特·扎伊翁茨（Robert Zajonc）发现有数百项研究表明，“随着刺激因素重复出现，人们对该刺激因素的喜欢程度就会增加，并且会成指数级增长”。这种“曝光效应”[①]在人出生以前就很明显了：子宫里的胎儿听到母亲的声音时心率会上升，而听到陌生人的声音时，心率会下降。此外，诺贝尔经济学奖得主丹尼尔·卡尼曼在“展望理论”（prospect theory）方面的研究发现，人们在预期自己会失去某些已经拥有的东西时，即使能得到其他更有价值的东西，还是会变得患得患失、心烦意乱。一旦人们在某些事物上，比如对某个产品功能、某段客户体验或是某项企业仪式投入了时间和精力，那么这种因失去熟悉的事物而产生的消极反应会更强烈。毕竟，他们付出的一切努力可不想没有任何回报。

我们在斯坦福、IDEO 和其他地方教授面向创新团队的课程的那些年里，目睹过许多错误。某个人或某个团队因为在一个想法上付出了很多，以至于无法亲自将其推翻。即使这个想法已经不奏效了，即使很多用户或专家都告诉他们这个想法糟糕透顶，或者说它还凑合，但只是不值得再去增加成本、让它变得更复杂，他们依然很固执。我们有时候会问他们是否需要我们或者其他人助

① 曝光效应（mere exposure effect），一种心理现象，指的是人们会偏好自己熟悉的事物。——译者注

一臂之力，因为正如作家斯蒂芬·金所说的，“相比起自己动手忍痛割爱，请别人动手总是更容易些”。这个过程从来都不简单，也没有任何乐趣。无论我们用怎样温和的语言，让人们丢弃心爱的创作，他们有时还是会大动肝火。不过，出类拔萃的人和团队明白如何坦然地接受失败，或者至少是勉强接受。

皮克斯公司的布拉德·伯德曾获得奥斯卡金像奖，他是《超人总动员》和《美食总动员》的导演，深受同事的爱戴。因为他既能保留鲜明的个人观点，又能开诚布公地接受建设性的批评，在两者之间平衡得很好，尤其是当他与制片人约翰·沃克（John Walker）激烈争论的时候。他们一起制作电影期间，沃克经常帮助伯德意识到，要从他众多钟爱的想法中找出那个既是大家很喜欢，也是对电影有益的。也就是说，如果对电影无益，这个想法还是得舍去。在制作电影《超人总动员》时，伯德对一个场景情有独钟。超能力宝宝巴小杰经过一系列变身之后变为黏液，但这一幕只能被故事里的反派人物所目睹。沃克向我们解释，虽然伯德很喜欢这个场景，但他和皮克斯的其他同事最终说服了伯德将黏液的场景去掉，不然这将花费太多的金钱和时间，而且还会使其他更关键的场景受影响。伯德和沃克一起拍电影时，他们每天都争论不休，沃克工作的一部分就是质疑伯德的想法。有的想法可能不管用，有的造价太高，有的需要太长时间才能完成，这些都让伯德坐立不安。而沃克就是这样帮助伯德忍痛割爱的。

善用认知负荷的克星：通过“做加法”来“做减法”

作家奥斯汀·奥马利（Austin O’Malley）说：“记忆犹如疯狂的老妇人，视破烂如珍宝，弃食物如敝履。”人类经常说东忘西，即使是我们记得起来的、日思夜想的、遵照实行的事情，也往往是零碎而无用的。就好像是“鲜艳的破布头”，堵塞了意识流，消耗着能量，以至于我们无法解决当务之急。幸运的是，我们有办法化险为夷。我们可以简单地增加一些物体、行动和技术，来减轻认知负荷，这样做通常能将注意力转向当务之急，并远离无关紧要的事物。

一些研究人员称这些为“可供性”[①]，我们则称其为“认知负荷的克星”。

俄罗斯联邦储蓄银行（Sberbank）的高级副总裁丹尼斯·布果夫（Denis Bugrov）给我们分享了一个颇有启发意义的“认知负荷的克星”，他曾以此帮助员工集中注意力并在组织内复制成功。俄罗斯联邦储蓄银行是俄罗斯和东欧最大的商业银行，拥有 19 000 家分行、1 亿客户和 24 万名员工。该银行启动了一个项目来改进客户体验。布果夫坦言，他们的客户体验历来糟糕透顶。银行的高管选出了 40 个“实验性分行”，并为管理层和工作人员在创新、效率和客户服务技巧方面提供了培训。他们给每个分行都分配了一位教练，鼓励分行人员不必受制于公司的条条框框而去做不同的尝试。每个实验性分行与 10 ～ 15 个“测试性分行”相关联，这样一旦某个大有可为的创意被开发出来，他们便可以进行测试，并设法实施，集思广益地将它完善。如果测试成功，这个创意就会被推广到更多的分行去。

其中获得的一次巨大成功是位于诺尔利斯克（Norlisk）的实验性分行独创的“交通灯系统”。诺尔利斯克是北极圈以北的一个俄罗斯矿业小镇。为了响应 CEO“减少客户等待时间，提高销售和服务”的号召，该分行依据客户排队人数的多少而尝试各种不同的标准流程。一开始，他们用的是纸制贴图，后来改成使用绿色、黄色和红色的灯，并显示在柜员的计算机屏幕上。分行经理如果激活绿灯，就表示排队的人较少。这种情况下，柜员须详细地介绍业务，完整地回答问题，并做好“交叉销售”[②]。黄灯亮起表示人越来越多，柜员应该抓紧时间服务客户并少做一些交叉销售。红灯亮起表示忙得天都要塌下来了。布果夫解释说：“这时用来服务客户的标准时间大大减少了。所有交易耗

---

① 可供性（affordance），心理学意义上的可供性认为人知觉到的内容是事物提供的行为可能而不是事物的性质，而事物提供的这种行为可能就被称为可供性。——译者注

② 交叉销售（cross-sell），指在销售人员获得一个客户后，可以通过对客户的深入了解，发现销售不同产品或向不同部门、客户销售的机会，从而帮助客户，满足客户需求，达到销售目的。——译者注

时长的客户都被转到专门的柜员那里。这些柜员都不准做交叉销售，回答问题也须简洁明了。而客户还会收到一本小册子，或被引至网站、电话服务中心来得到更多的服务。”

这个简单的创意减轻了所有员工的负担，并缓解了银行柜员与经理之间的摩擦，因为它减少了关于如何对待不同客户的观点上的冲突。特别要指出的是，“红灯”流程也减轻了柜员的压力、削减了劳动力成本，并以更快捷的服务使客户感到满意。诺尔利斯克的这个创意在开发后1周左右的时间里，就在15个测试性分行试运行并得到了改进。后来在仅仅2个月的时间里，它就被铺天盖地地推广到几千家分行。这个“认知负荷的克星”使客户在高峰时段的等候时间减少了35%，增加的成本则几乎可以忽略不计。“交通灯”的创意是“实验性”和“测试性”分行开发、尝试并推广开来的众多创新服务中的一项。布果夫告诉我们，这些创意性的改进每年使俄罗斯联邦储蓄银行节省了近10亿美元。根据内部调查，客户和员工的满意度也得到了提升。

“交通灯”所起的作用和其他“认知负荷的克星”一样。当心理需求达到一定高度、优先顺序发生冲突、关键信息容易丢失或被忽视时，“交通灯”使人们的注意力转移到最重要的事情上面。心理学家卡尔·韦克（Karl Weick）[①] 向我们展示了，恰当的“认知负荷的克星”在费时费力的交接阶段尤其关键。所谓交接阶段，是指组织内部的某项任务从一个人或一个小组转移到另外一个人或另外一个小组的关键时刻。韦克研究了美国林业局（U.S. Forest Service）消防队员的交接工作。当一组之前一直在救火的队员被新的小组替换下来时，新的小组常常要面对烦琐的、优先级不明确的问题。消防队长就这项交接工作制定了一个简洁的规则，以帮助传达这个重大事项的基本要点。这让人不禁联想起飞行员在起飞和降落过程中使用的核对清单，医生和护

① 卡尔·韦克是美国密歇根大学罗斯商学院组织行为与心理系的心理学教授。他首次将“松散联结”“释意”等概念引入组织研究，后来为许多著名管理大师所用。——编者注

士在手术过程中也会使用它。核对清单大大减少了错误的发生率。在森林发生火灾时，即将出发的队长负责与归队的队长按照以下 5 个步骤沟通。

1. 我认为我们面临的情况是这样的。

2. 我认为我们应该这样做。

3. 我为什么这样想。

4. 我认为我们应该密切注意这些事项。

5. 现在该你说了，比如你要告诉我你是否听明白了、是否能做到、是否发现其他我没有注意到的事情。

最后一步就是将责任放在队长身上，以确保传递的消息被收到，而不仅是被发出去了而已，并融合互相冲突的看法和意见。此外，队员永远不会在一天中最热的时候交接班，这是他们付出了惨痛的代价才明白的道理。1990 年，亚利桑那州的佩森（Payson）发生了“杜德”（Dude）大火，那时正是下午 1 点，气温高达约 33 摄氏度，风很大，火势蔓延迅速，而一个失误的换班命令致使 6 名消防队员被烧死。现在消防队员都在夜间换班，这个时间风小、湿度大、气温低，有利于控制住火势，这时的火情最具有可预测性，也就更容易发现火情。夜间换班使得队员有足够的时间来掌握火情，避免将他们推向势不可挡的危险火场，同时也能让他们对摆在面前的挑战有更清楚的认识。

拆分与征服

我们已经看到，将组织划分成几个较小团队的做法，帮助了美国海军陆战队、脉冲新闻与 Salesforce 公司提高整个组织的协调性、责任感和凝聚力。哈佛商学院的梅丽莎·瓦伦丁（Melissa Valentine）和埃米·埃德蒙森（Amy Edmondson）剖析了一家大医院的改革项目，揭示了应该如何将整个组织拆分成几个小单位，以及为什么这么做会有非常大的好处。

在市急诊科改革前夕，这个科室配置有大约 25 位医护人员。护士、住院医生、实习医生和主治医生在同一个大团队中工作，往往人多手杂。群体规模过大的典型弊病——协调不畅且人际关系薄弱，在这里变本加厉，因为医生和护士每 4 ～ 12 小时轮班，而且随时会被调班。这就意味着当班医护人员不断在变。医院每天从早到晚会接诊约 300 位患者，根据就诊的时间及当班的医护人员情况，每位患者会分配到一两名护士、一位住院医生和一位主治医生。医生记不住哪位护士负责哪个病例，或是根本就没有人通知他们或患者负责初诊的护士已经下班，由另外的护士接班了，所以大家经常一头雾水，工作效率低下。护士更是难上加难，因为比起医生来，她们的威信低、权限小。即使有关于患者治疗的紧迫问题，或是有需要更新传递的关键信息，如果要打断或者麻烦医生，她们也感觉很为难。

于是，这家医院的高管遵循过去 10 年间在美国医院里盛行的做法，将市急诊科拆分成 4 个“急诊站”。每个站点都有固定的位置，并拥有独立的计算机、医用柜台、配给品、病床和供医护人员抢救患者的“应急室”。就诊期间，患者会被分配到某个急诊站。每个急诊站配备有 3 位护士、1 ～ 2 位住院医生及 1 位主治医生。医生或护士在上班前并不知道会与谁一起工作；他们到医院接班时才会被分配到某个急诊站去。急诊站的人员架构长期稳定，不过据瓦伦丁和埃德蒙森说：“在短短 5 小时之内，配置给某个急诊站的全部人员有可能都换班（但不是同时），这是由于换班时会错开不同的工作职责。”

急诊站的设立产生了极大的积极影响。医生和护士都报告说他们对每个病例都能了解到更多、更准确的信息。患者被留在较小的区域之内，更便于站点医护人员观察与治疗。团队人数的减少也改善了原本不清不楚的状况，大家不再对寻求帮助和更新信息感到为难了。据一位护士讲，急诊站设立之前，“你得小心翼翼地穿过急诊科”，鼓起勇气跟医生说：“嗯，不好意思打扰一下。”现在有了急诊站，护士都表示：“现在医生与我们在同一战壕里共进退了。”而且现在也更容易分辨出每位站点医护人员的具体责任，该褒则褒、该贬则贬。结果，医生和护士告诉瓦伦丁和埃德蒙森，大家的责任感都加强了。一位护士解释说：

> 现在大家彼此担当的意识提高了许多。如果我说：“我这个站点出了点问题，负责我的医生在哪儿？”相关医生便会责无旁贷。而医生也会说：“我的护士呢，今天谁跟我一起当班？”在此之前，尽管大家一起处理过很多病例，但几乎从不会像这样要求彼此。住院医生之前完全忽视了与护士的关系，多半会冷漠地说：“哪位护士负责这位患者？”而不是问：“我的护士呢？”

急诊站的设置带来了高效率。瓦伦丁和埃德蒙森分析了急诊站设置前 6 个月和设置后 1 年里前来就诊的 160 000 名患者的数据。在设置急诊站之后，处理急诊科患者的时间骤降了约 40%，从每位患者大约 8 个小时下降到 5 个小时。这不仅反映了医护人员的高效，患者的体验也得到了改善，毕竟在医院待 5 个小时，要远远少于 8 个小时。

这个改革之所以卓有成效，某种程度上是因为它减少了每个急诊站的医生和护士应付其他 3 个急诊站的必要性。不过，瓦伦丁在给我们的报告中是这样写的，在每个急诊站里，“工作内容涉及与其他科室的协调时也很繁重……因为大多数患者需要做化验或医学影像，或是两个检查都要做。所以急诊站的医护人员要不停地打电话催促那些科室，搞清楚为什么拖延了，或是获得更多检查结果方面的信息”。如果患者需要一张护理室楼上的床位，急诊站人员就不得不与护理室协调、商量，从而为这些患者在拥挤的医院里找到地方。急诊站的高效实际上反而使得人满为患的状况更糟了。因为急诊科处理患者的速度更快了，但医院的其他科室并没有提高效率。

一旦组织分配职责、分成团队、分开级别、分设部门、分散到不同的地理位置，等等，协调和整合工作所带来的困难就会出现。还记得我们在第 3 章里提到的，捷蓝航空公司不同部门和系统之间因整合不力而造成 2007 年情人节那天不可收拾的局面吗？当时数以千计的乘客被困在飞机上长达数小时。邦尼·西米采取了“群体智慧”的方式来应对“非正常运营”的突发情况，最终让来自不同部门的员工一起绘制流程、整合系统，用粉红色贴纸找出衔接薄弱的环节，使整个捷蓝航空公司统一行动。

分配人力资源就避免不了整合工作，特别是像捷蓝航空公司这样，身处不同区域的团队和部门必须密切、及时地通力合作。即使协调工作无须费心费力，每个团队和组织还是要仰仗那些具备足够常识的人。去掌握系统该如何整合，也要依靠那些对系统的每个部分都具备足够专业知识的人，去出色地完成具体的任务。这种无时无刻不得不面临的挑战，就是 Facebook 投入大量精力在“新员工训练营”中去培训工程师的原因之一。一位工程师在与不同的团队合作了 10 ～ 12 个项目之后，他对于目前手上的工作是如何签入代码库的，以及这项工作在 Facebook 整体业务战略中的地位就了如指掌。

捷蓝航空和 Facebook 采取的方式还避免了一个同样令组织感到棘手的问题：“原样照搬”还是“局部优化”？有些员工在接受了专业培训，或是在财务或研发部门工作之后，会变得自命不凡，对组织或项目无法通观全局。如果由此产生的竞争精神能够激励大家，并且不会破坏通力合作和信息共享，这种竞争便是良性的。但是，如果将其他团队或部门视为不共戴天的敌人，而不是合作共赢的朋友，那所有领导者和组织都必须小心提防。

所有的组织都会对症下药，发奖金便是手段之一。奖励大家尽心竭力获得全体的成功，而不仅仅是提高个人或某个区域的绩效，这样做可以促进个人和团队的合作，鼓励大家互相帮助，使工作完成得更出色。奖励制度可以用来说明为什么在如脉冲新闻这样的创业公司里，员工通常都能够配合默契。因为他们每位员工都持有公司股票，所有人都能从公司的整体成功中获得收益。还有一种方式，正如捷蓝航空公司，它对员工委以重任，要求大家与其他团队和部门齐心协力。这样做有助于让员工产生同舟共济的感觉。另外，还有一种“解药”，那就是指定一个共同的敌人，将来自不同团队的人员化零为整，团结起来对抗“恶势力”。比如我们在第 3 章里所提到的，史蒂夫·乔布斯在 20 世纪 90 年代回到苹果公司后，对戴尔公司出言不逊的做法。

风险投资家本·霍罗威茨的“疯狂星期五管理技术”也许是最令人匪夷所思、最具娱乐性的“解药”了。他曾领导过一家公司，那里的客户支持部门和销售工程部门“水火不容”，各自为营、互相拆台，打心底里彼此嫌弃。他感到左右为难，因为两个部门都人才济济，他不想解雇任何人，但是公司的成功取决于大家的齐心合力。后来他看了一部名为《疯狂星期五》（*Freaky Friday*）的电影，是芭芭拉·哈里斯（Barbara Harris）和朱迪·福斯特主演的。电影主要讲的是母亲和女儿由于彼此缺乏了解，经常互相抱怨并希望可以互换身份，于是她们的灵魂真的互换了。自从进入对方的身体，两个角色渐渐深入理解了对方所面临的问题，结果当她们换回原来的身份后，成了亲密无间的朋友。霍罗威茨决定“如法炮制”，他说：“看完电影的第二天，我就告诉销售工程部门和客户支持部门的负责人要互相交换工作。我解释说，就像朱迪·福斯特和芭芭拉·哈里斯一样，他们可以保留自己的想法，但是得像换了新的身体那样到新的部门去工作，而且是永久地交换。”

两个部门的经理最初都气急败坏。但“疯狂星期五”的方式就像变魔术一样奏效了。双方互换位置仅过了 1 周以后，两位高管立刻设身处地地分析出造成冲突的关键原因。然后，他们二话没说就实施了一套简单的流程，旨在“正本清源”，使团队同舟共济。自此以后，两个部门的合作亲密无间。

提升群体智慧：提高认知力而不是添加更多人手

组织机构的设计者有时会认为，给组织注入“新鲜血液”便可以推动创新、提升绩效。有时候，外来人员会带来新颖的思想，从而帮助涣散的组织或凌乱的项目淘汰过时的、具有破坏性的思维模式。局外人郭士纳（Lou Gerstner）[①] 在 20 世纪 90 年代改变了 IBM 公司。通用汽车公司于 2009 年破产，美国电话电报公司（AT&T）前 CEO 埃德·惠特克（Ed Whitacre）投入了至关重要的 18 个月去收拾残局。那时，惠特克发疯一般的对公司大刀阔斧：他淘汰了“土星”（Saturn）和“萨博”（Saab）两个品牌，将研发部门负责的例行报告从 94 个削减到 4 个；他抨击了通用汽车公司声名狼藉的“不，我们不能”的企业文化，并将责任下放到基层。据《金融时报》的报道，“当下属请求为一项新举措审批资金时，他的反应通常是问他们所需的金额是否在现有的预算内。如果是，他会告诉他们，是否要花这些钱的决策权在他们自己手上”。

然而，外来者空降、力挽狂澜的故事并非都结局圆满。新人源源不断地涌入组织或团队，容易出现一些我们在那些过于庞大的公司里看到过的丑相，比如产生协调问题、人际关系薄弱、冲突加深等。当然，就像我们在市急诊科看到过的那样，即使医护团队成员不断地换班，也总有办法来提高整体绩效。但是，最好尽可能避免这种变化不定的情况发生。不论你是在甄选一位管理人员，是扩大一个新团队或组织的规模，还是管理一个现有的项目团队，留住精明强干的内部人员、保持团队稳定，并将曾经共事过的人放到一起，都不失为上策。稳定的团队更善于取长补短，并能够更有效、更可靠地做到言行一致。

我们前面提到过，J. 理查德·哈克曼致力于研究团队效能长达近 50 年的

① 郭士纳是 IBM 公司前 CEO。任职该职位之前，他是 RJR 纳贝斯克公司 CEO，还曾在美国运通公司任总裁 11 年。——编者注

时间。他打破了新老成员珠联璧合的“神话”，因为他认为成员们作为一个整体，相处得越久，表现就越好。这听起来不怎么合理，但研究结果的证据是确凿的。这一研究发现，适用于如弦乐四重奏乐团、飞机驾驶舱乘员组、篮球队、产品开发团队、建筑项目和外科手术团队等各种现实情境中。如果你想要增加心脏手术成功的机会，那么挑选的外科医生应该是一位在医院采取类似治疗方法做过多次手术，与同一团队的其他外科医生和麻醉师也合作过多次的医生。幸运的是，正如哈克曼所指出的，全世界一些具有潜在的无坚不摧力量的组织设计者，对稳定的团队所能带来的优势了然于胸。美国战略空军司令部（U. S. Strategic Air Command，简称 SAC）强制规定，运载核弹飞机的维护保养与飞行任务必须由稳固的或称得上是“劲旅”的队伍来执行。飞行员们经常一起训练、工作和飞行，这使他们在众多指标要求上都能够表现得更优秀，其中也包括训练演习期间对准目标投弹的命中率。

如果你正在组建新的团队，或正在解决原有团队的问题，那就尽力引进至少两三位曾经与你通力合作过的人。我们斯坦福大学的同事凯瑟琳·艾森哈特（Kathleen Eisenhardt）用了 7 年的时间，跟踪调查了 98 家半导体创业公司。她发现，最成功的公司所拥有的顶尖团队成员中，通常都有两三位曾经并肩作战过。哈佛商学院的鲍里斯·葛罗伊斯堡（Boris Groysberg）和他的同事曾调查研究过通用电气前高管的职业发展，这位通用电气前高管后来先后受雇为二十几家公司的 CEO。葛罗伊斯堡发现的结果与艾森哈特的非常相似。这些通用电气的“校友”掌管所在的公司 3 年后，他们领导的公司业绩平均比竞争对手的差了大约 20%；这些竞争对手公司大多由其内部人士领导。然而，当新任 CEO 将以前公司的老同事补充到现有的高管队伍中时，他们反败为胜了。在雇用了 2 位以上通用电气“校友”加入自己领导的新公司团队后，这些 CEO 所在新公司的业绩超过了业内平均水平约 16%。

持久的关系为获取更多的成功夯实了基础。微软创始人比尔·盖茨和保罗·艾伦（Paul Allen）在高中时就是亲密的朋友，苹果公司的史蒂夫·乔布斯和史蒂夫·沃兹尼亚克（Steve Wozniak）亦是如此。脉冲新闻的两位创始人，安吉特·古普塔和阿克沙伊·科塔里下决心开公司的初衷，就是他俩在斯坦福大学上工程专业课时非常喜欢一起做项目。沃伦·巴菲特和伯克希尔·哈撒韦公司（Berkshire Hathaway）[①]的副董事长查理·芒格共事了近50年。在巴菲特看来，"查理和我这样1加1，肯定大于2"。对于夺冠经历不胜枚举的美国国家女子足球队来讲，队员组成的稳定性也是至关重要的。这支球队在1991—2004年，获得了2次世界杯冠军和3次奥运会冠军。球队的天才球员有米娅·哈姆（Mia Hamm）、布兰迪·查斯顿（Brandi Chastain）、克里斯廷·利利（Kristine Lilly）、朱莉·福迪（Julie Foudy）和乔伊·福西特（Joy Fawcett）。每个人都坚信，她们成功背后的驱动因素是良好的沟通、对彼此优缺点的深入了解、互相尊重以及团队合作的能力。这些因素在经过她们核心团队多年的齐心合力之下，才发展起来。

谈起才华出众的女性，如果你希望团队更精明强干，一定要确保其中有很多这样的女性。卡内基梅隆大学的安妮塔·威廉姆斯·伍利（Anita Williams Woolley）和同事研究了669个人在团队中的表现，而这些人所在的团队都有2～3名女性成员。团队中女性成员占比越大，该团队的群体智慧越高。当他们在执行认知要求较高的任务时，无论是玩视觉拼图，还是谈判、召开头脑风暴会议、玩游戏，或是完成讲究规则的复杂设计任务，表现都会略胜一筹。伍利的研究小组一开始计划研究的是群体智慧，并不是性别。但他们不断发现，女性成员更多的团队在群体智慧的测试中表现得更优秀，这样的团体通常具有更强的社交敏感度，因此成员们能更有效地合作，互助得更好。比起男性，女性的共情能力更强。她们更善于倾听，不会完全不容他人置喙，因此这样的团队不会因为一两个专横的成员而裹足不前，而这也使她们更有能力完成复杂艰巨的工作。研究人员还发现，团队中拥有一群精明能干的人并不一定能

① 巴菲特创立于1950年的公司，主营保险业务。2020年第2季度全球最赚钱的100家企业，该公司位居首位。——编者注

使整个团队变得精明能干。因为成员的智力水平平均值和最大值与绩效没有直接关系。社交敏感度高的男性也有助于使团队变得更精明能干。但如果在组建一个团队或是添加新成员之前，你无法测试出这种特质，那么你要记住，一般来说，男性在这方面通常比女性稍逊一筹。

招募那些通常被视作是旁观者或是被动接受者的人，也可以增强群体智慧。“挽救 10 万条生命”活动就是通过减轻认知负荷而达到了这种效果。让上呼吸机的患者保持头部至少抬高 45 度的做法，可以降低患者患上肺炎的风险。在许多医院里，医护人员都会在上呼吸机的患者身后的墙上画一条线，或是贴上胶带，来标记 45 度角的位置。医护人员这样做是在告诉包括患者家属、门卫、同病房的患者以及患者自己在内的所有人，如果患者的头部位置低于标记线，他们就应该找人帮忙来抬高床位或者干脆亲自动手。提醒与防止致命错误发生的义务，不再完全落在医生和护士的身上了。那些曾经被当作是被动的人，或是被当作旁观者的人，被动员来做这些本应该做的正确的事情，同时鼓励其他人也这样做。

人们在没有被工作与焦虑折磨得疲惫不堪时，能力会更强。如果睡眠充足，人们更善于完成艰巨的任务，人际交往方面也会更敏感，能做出更英明的决策，而且几乎不可能让人大失所望。当然，有时一些紧急突发事件和迫在眉睫的截止期限会令人睡眠不足。但是，复制成功本身就是一场马拉松，而不是短跑比赛。推动相关活动的人，如果能够得到足够的睡眠时间，甚至工作中能打个盹儿，就会变得更精明能干、与人为善。英国前首相温斯顿 · 丘吉尔就是这样称赞小睡的好处的：“大自然无意让人类从早上 8 点一直工作到午夜。有福气小憩一下可以焕发精神，即使只有 20 分钟，也足以唤醒所有的生命力。”很多研究结果都支持丘吉尔的说法：15 ～ 60 分钟的小睡能增强人们的警觉性、提高发现错误的能力并能改善心情。例如，研究员马克·罗斯金德（Mark Rosekind）是这样讲述他所领导的美国国家航空航天局（NASA）的一项研究的：“当两名飞行员驾驶飞机飞行时，第三名飞行员将有 40 分钟时间小睡。

我们发现他们大概平均会睡 26 分钟，这令他们的飞行表现评估提高了 34%，警觉性提高了 54%。”

如果你无法让员工在工作岗位上躺下休息，至少要给他们多一点歇息的时间。日常工作中的疲劳感，随着时间的流逝，会使人变得越来越情绪低落和愚笨。心理学家沙伊·丹齐格（Shai Danziger）和他的同事研究了 8 位以色列法官所做的 1 112 个假释决定。囚犯如果在早上第一时间出现在这些法官面前，他们就有 65% 的概率被准予假释。在上午 10 点左右，快到法官的休息时间，囚犯才来到他们面前的话，被准予假释的概率几乎为零。即使呈现到法官那里的各类案件情况不同，比如囚犯服刑时间和罪行的严重程度不一样，法官给出的结果还是会这样。就在法官们度过 30 分钟的上午茶歇时间之后，他们再次批准了约 65% 的囚犯假释，而随着午餐时间的临近，这一比例又急剧下降了。当法官吃完午餐回来之后，65% 的假释准予率又上升回来了，接下来，随着下午时间慢慢过去，数字又不断下降，直到一天结束时几乎下降为零。这些发现与其他一些研究相吻合，都表明反复做判断或决定会大量消耗个人的执行能力和脑力，使人们的行为方式更倾向于简单化，更容易接受现状，不再深入思考后才去选择，而当人们完成那些需要消耗更多精力的任务时，表现也不尽如人意。那些疲惫的法官更倾向于做出不利于囚犯的裁定的原因之一，是写那些裁定书需要他们消耗的精力更少。平均而言，批复假释的裁定书需要写 90 个字，而不予假释的仅需 48 个字。

这一研究结果意味着什么呢？它告诉我们，如果想要在一天时间里做出明智的决定，就要警惕身体疲劳的信号。即使是看起来微不足道的程度，也会有损你的发挥。想方设法为自己和他人养精蓄锐，哪怕只是吃点东西或是花上几分钟的时间伸伸腿。这听起来很容易落实。然而，太多手腕强硬的领导者和手忙脚乱的团队却做不到。

在太过复杂与不够复杂之间找到平衡

复制成功讲究平衡的行动方法。随着你的足迹扩展到更多的人和地方，复制成功的目标就是在太过复杂与不够复杂之间，找到一个平衡点大步向前，并且不能让人们不堪重负。

复杂性提高得不够、提高太迟的风险，会因为众所周知的盲点加剧。所谓的“协调忽视”（coordination neglect）或“规模缩放谬误”（scaling falacy）[①]是指当一个团体或组织要扩大规模时，决策者容易低估协调行动所需的时间、资源和人手的增加比例。拉里·佩奇尝试取消整个中层管理人员的例子就是一个典型。他想要使谷歌回到旧日的美好时光，那时他们并不需要顾及上司或太多的流程。佩奇很快便恍然大悟，谷歌的成长意味着它需要一个完善的等级制度，中层管理人员及全体下属人员才是清除官僚主义弊端的主力。成长型组织中的领导者通常会抵制他们所需的流程和技术，因为他们担心患上“愚蠢大公司”毛病。20 世纪 90 年代，耐克公司飞速发展。到了 2001 年，这家运动服装巨头因部分产品缺货或供大于求，以及交货延迟的问题举步维艰。创始人菲尔·奈特（Phil Knight）[②]承认，这种情况的出现在某种程度上是因为他们拖了很久才实施了一个成熟的供应链系统。而且等他们行动之后发现，系统的实施比预期要难得多。随着组织和项目的不断发展，早期促进了成功的扁平化等级制度和轻量级体系，也有可能适得其反。

有时，复制成功的活动会被相反的问题拖后腿。人们如痴如醉地建立流程和架构，以至于将核心工作抛在了脑后。我们看到 20 世纪的英国海军组织和

① 规模缩放谬误（scaling falacy），一种认知倾向，即认为一个系统在某种规模中有效，在更小或更大的规模中也依然有效。——编者注

② 菲尔·奈特是耐克创始人，全球最具影响力的企业家之一。其代表著作《鞋狗》（*Shoe Dog*）由湛庐策划，北京联合出版公司于 2016 年出版。——编者注

21世纪的大学里，官僚习气是如何像气球一般膨胀起来的。为时过早地增加太多上司和官僚主义的排场，其招致的风险有可能会使资源充裕的组织进退维谷，特别是当领导者想要更快速、更大范围地扩张组织的时候。猎头公司亿康先达（Egon Zehnder）的林赛·特劳特（Lindsay Trout）告诉我们，资金充足的创业公司往往都喜欢事前就壮大管理队伍。特劳特曾帮助这些创始人组建团队。她提醒这些客户，要避免过早地使高层管理团队过于庞大，因为多余的人员会产生不必要的摩擦，并分散团队在业务开发和销售工作上的注意力。特劳特还说，如果一个团队提前壮大高层管理团队，而且这些加入的高管全凭在大公司的经验来处事，在还没有必要时就为管理供应链、人力资源和其他运营部门而建立复杂体系的话，只会使上述问题变本加厉。

总之，我们提倡“金发姑娘原则”[①]。就像这个童话故事一样，复制成功需要因时制宜、恰如其分地建立架构、等级制度和流程。接下来，关键性的挑战是明白什么时候可以增加复杂度，什么时候是“恰到好处”，以及懂得伺机而动。之前我们提过本·霍罗威茨受橄榄球的启发而得出的建议：

> 球队进攻内锋（offensive lineman）的职责是保护四分卫并阻止防守前锋（defensive lineman）的冲撞。如果进攻内锋想通过坚守地盘而达到保护的目的，那么防守前锋将会轻松绕过他并冲向四分卫。因此，进攻内锋得学会拖延时间，使比赛输得慢一些，或者勉强让出一点地盘。他们在训练中也学习如何后退，允许防守前锋推进，但是每次只允许对方推进一点点。
>
> 如果你要扩展组织规模，那么有时也有必要委曲求全，做一些让步。专业化、组织架构、流程，等等，这些会使形势变得相当复杂。

① “金发姑娘原则”源自美国童话故事《金发姑娘和三只熊》（*Goldilocks and the Three Bears*）中的角色，用来形容选择事物要恰到好处。——编者注

一旦把它们实施起来，会让人觉得你好像离常识渐行渐远，高质量的沟通也变得困难了。这时就要像进攻内锋一样先退一步。如此必然会略有所失，却可避免使你的公司沦落到混乱不堪的地步。

霍罗威茨进一步解释说，比如你有 5 ～ 10 位工程师，他们可能事事沟通，每个人都了解所有的事情，彼此心照不宣，也不存在复杂的交接问题，因为没有人也没有什么事好交接的。当一家公司的人员扩张到三四十人时，工程师就会越来越难以理解代码库以及团队、成员各自的职责与个性。一旦这个超级陡峭的学习曲线使工程师感到困难重重而无法把握工作，最优秀的人也开始争论不休且错误百出，那么你就需要专业化。但是专业化就好比见效快的药物，其副作用也让人深恶痛绝。你不得不小剂量地来使用并采取适当的预防措施。它使你有了更多的交接工作需要去管理和摸索，助长了不同团队之间矛盾的产生，使大家变得自私自利而不顾全大局，还会使高层管理人员与组织内部的其他成员之间产生距离感。霍罗威茨强调，有效地“让步”还意味着要在第一时间实施流程，尽可能地使更多的人远离混乱不堪的局面。他建议在早期阶段制定一个面试流程，因为它通常需要跨部门运作，比如会涉及招聘小组、人力资源部，或是招聘人员所在的地方，还有支持部门，会有候选人，即组织以外的人员参与。而且这个流程对公司取得成功至关重要。

勉强让步的诀窍在于等待时机、保持警惕，直到事态变得明朗。不过有些问题，虽然不至于无药可救，但会突然发生，比如几次交接工作的失误，优秀成员的小失误，或是令人吃惊的矛盾冲突。克里斯·弗赖伊和史蒂夫·格林曾给过我们类似的忠告，这两位高管曾帮助 Salesforce 公司扩展组织规模，而现在他们正带领 Twitter 公司筹建工程部门。格林说：“我们喜欢激烈一点的方式。”他们会倒向某一边，但又不至于太过激烈而一发不可收拾。弗赖伊在扩展组织规模的课堂上提到，这就意味着要少建立一些架构，少实施一些流程，并且在确有必要之后推迟一点行动。这么做不会让人们感到过于停滞不前，又鼓励大家勇于承担责任。如此一来，往往能形成有组织的、自下而上的解决方案，就不必委曲求全了。弗赖伊说，反过来，如果组织内部实施了烦琐的流程，设定了无数的规则，大家就会畏手畏脚、沮丧不已，好似在泥泞中前行一样。弗赖伊和格林都认为激烈一点的方式行之有效，因为随着组织的规模逐渐扩展，前行道路上的“操作体系”就能在过于复杂与不够复杂之间找到平衡。

弗赖伊和格林还强调，激烈一点的方式并不意味着要将员工推向认知和情感的极限。运营组织方面如果长时间地追求物尽其用、时尽其效，那么最终只会是一场复制成功活动的灾难。尽管有些专家都很痴迷于百分之百地利用资源，但这样做只会让大家连喘气的时间都没有。大家不堪重负之际，便不再能好谋善断。此时一个极小的意外或挫折都有可能产生大患。弗赖伊是如此解析这个问题的：大家永远不会让计算机不分昼夜地满负荷运行，因为人们知道这样做它会坏掉。众所周知，这是对待一台机器极其糟糕的方式。那么为什么大大小小的组织，不去运用同样的逻辑来思考及对待自己的成员和整个团队呢？

第5章

策略3

05

实行问责制，让每个人都为成功地复制成功负责

我们斯坦福大学的同事佩里·克莱班和妻子安妮在 2012 年 6 月 30 日曾遭受切肤之痛。那天，他们送 10 岁的女儿菲比搭乘美国联合航空公司的航班去参加夏令营，要从旧金山飞往芝加哥，然后转机到密歇根州的大急流城（Grand Rapids）。克莱班夫妇额外支付给美联航 99 美元用于让工作人员照看菲比，因为此次出行菲比属于“无成人陪伴的儿童”。但是在到达芝加哥后，没有任何人帮助菲比转机。美联航外包了这项服务，但那里的员工“忘记”了去接机。虽然菲比的飞机准时到达了芝加哥，但她还是错过了联程航班。尽管她一再请求美联航的员工帮忙，但最终还是误机了。美联航员工只是告诉菲比，让她等着。菲比至少请求了美联航员工 3 次，想打电话告知父母和夏令营出差错了，但美联航员工都拒绝了。

菲比没能按时到达大急流城，夏令营的负责人紧张地多次拨打克莱班夫妇的电话，于是克莱班夫妇多次寻求美联航的帮助。两人请求多名员工帮忙寻找女儿，但遭到了拒绝。最后，一名芝加哥的员工告诉佩里，她就要换班了，没有时间帮忙。佩里问她是否是一位母亲，她回答是。于是佩里又问：“如果 45 分钟了你都找不到自己的孩子，会怎么做呢？”这个提问刺激了这名员工，在 15 分钟之内她就找到了菲比。以美联航雇员的身份，她没有提供帮助；而只是在被人提醒自己也是母亲时，她才做了该做的事情。

2012年8月13日，萨顿把这件事发布在自己的博客上，引起了媒体的极大关注，并使得大众对美联航群情激愤。克莱班一家被记者层层包围，前来的有《早安美国》(*Good Morning America*)、《今日秀》(*The Today Show*)、哥伦比亚广播公司（CBS）的《今晨秀》(*This Morning*)以及《福克斯新闻》，还有另外几十家电台和电视台。克莱班夫妇同时还接到报纸和杂志的逾百次问询。对于他们的遭遇，超过200家媒体报道了不同的版本。克莱班一家仅接受了美国全国广播公司（NBC）黛安娜·德怀尔（Diane Dwyer）的独家采访，拒绝了其余媒体的采访要求。大约1周后，蜂拥而来的媒体才消停下来，但美联航仍深陷窘境。美国联邦交通运输部将美联航的客户服务排名列至全美15家最大承运商的最后一名。2012年7月，美联航的客户投诉比其他14家航空公司的总和还要多。还有传闻说，一只叫作贝亚的金毛猎犬在美联航的“照看”下不幸死亡了。猎犬的主人、时装模特玛吉·瑞泽（Maggie Rizer）投诉美联航麻木不仁的态度。当她询问狗的下落时，一个面无表情的工作人员正在乐此不疲地发短信，回答她说：“死掉了一条。”

萨顿那篇博客文章下收到的93条评论和他收到的数百封电子邮件中，有许多来自愤怒的顾客，他们都讲述了美联航糟糕的服务。甚至其中还有些人现在或以前是美联航的员工。有一条评论尤其令人寒心，此人没有署名，但自称是一名美联航在职的飞行员：

> 我曾任机长，经常跑下工作扶梯去确保登机桥的空调正常制冷，确保登机桥正妥善地连接着。我还协助机械师检查飞机引擎，为他举手电筒照明。过去，我经常给我负责的乘客写便条，感谢他们搭乘我们的航班。我还写过数百份报告，涉及方方面面，有提到不好喝的咖啡的，也有关于如何滑行才更有效的技术方面的建议。但我以后再也不会写了。我被告知只要干活就行了，那我就埋头干活吧。我对航空事业的热爱已被磨灭殆尽。15年来，我被欺骗、被蒙蔽、被忽视、被无端指责，眼看着一群“专业管理人士”周而复始地犯着同样的错

误，却似乎从来没有从我提交的大量报告中吸取教训。

这对我来说，太痛苦了。身为鹰级童子军[①]、企业家，我还是一名服役超过22年的退役空军军官。

萨顿感到痛心疾首。这名飞行员的留言、克莱班一家的经历、那条死亡猎犬的主人，还有交通运输部的数据都表明，一旦组织的责任感缺失会有什么样的后果。哪怕是对公司忠心耿耿又精明能干的人，也会慢慢变得三缄其口，开始潜身缩首、推脱责任，对客户和同事不理不睬，也不再为正义挺身而出，这都是因为体制已经将大家击倒了。

即便庞大的航空公司需要承担不小的财政压力，事情也不应至此。还记得邦尼·西米吗？她带领捷蓝航空的“非正常运营”整合项目，创建了一个更完善的体系来应对恶劣天气下的“非正常运营”。西米认为，她在捷蓝航空的主要职责就是要将责任感传播给更多的人。不论西米是在执行捷蓝航空的飞行任务，还是行使捷蓝航空高管的职权，她的目标就是使捷蓝航空的所有员工都体会到“我们是主人，不是消费者，要把公司当成自己的公司来管理”。“非正常运营”项目的实施就是这种思维模式最完美的体现。所有的人，包括检票员、空中交通管制员、飞行员以及乘务员，大家众志成城，共同解决问题，从而改善了客户服务，节省了费用，并使大家为自己的工作和公司感到骄傲。

“非正常运营”项目，还有这里提及的其他案例及研究，我们可以从中总结出一些经验教训，那就是能有效复制成功的能力取决于引进合适的人才，即接受过相关培训并拥有相关技能的人才。这些人才以谋求组织的最大利益为己任，也就是有责任感，而且会相互督促，一起以这种方式行动。任何公司、非营利组织、政府组织或基金会，如果想要传播更佳的实践方法，开拓新

① 美国童子军的最高级别荣誉勋章。——编者注

的事业据点，或制造出优质的产品、提供完善的服务，都需要创造以上这些条件。

我们曾与贝雅公司（Baird）的 CEO 保罗·珀塞尔（Paul Purcell）谈论如何加强员工的责任感。贝雅公司是一家快速扩张的金融服务公司，总部设在密尔沃基（Milwaukee）。自 2004 年起，它就入选了《财富》杂志的“全美百佳雇主”名单。珀塞尔强调，仅仅招到最优秀的人才是不够的。当员工把个人需求摆在客户、同事和公司的需求之上时，不论这样做是源于个性、坏榜样还是不良的激励机制，都会阻碍组织获得成功，因为他们觉得没有义务去教导新人，或者帮助同事完善工作。对于这一点，莱斯莉·狄克逊（Leslie Dixon）非常明白，她是贝雅公司的首席人力资源官。我们问她，在公司里什么行为是受追捧的，她回答说：“我们认为工作好比一项团体运动，因此不会太彰显个性。”当我们问到禁忌的行为又是什么时，她则回答：“就是一个人表现得好像个人至上的运动员一样。另外，我们也不允许出现贪婪的行为。此外，我们还有一个‘不准出现庸才’的法则。”

只是拥有人才或者只是具备责任感仍不够。两者若做不到恰如其分，组织的优势就无法保存下来，就像那位才华超众但士气低落的美联航飞行员那样。是拥有适合技能和经验的员工，还是对同事和组织有责任感的员工，争论这两者哪一个更重要是徒劳的。这就好像是在问对于生存而言，你的心脏和大脑哪个更重要一样。如果你想要健康的生活，两者都必须良好运作。而实现齐头并进的途径比比皆是。

奈飞公司的精英，崇尚自由与责任

奈飞公司 CEO 里德·哈斯廷斯（Reed Hastings）在公司努力实现“人

才高密度”。[①] 哈斯廷斯认为，公司不遗余力地把技能高超且富有责任感的人才配置到各个岗位去出色地完成工作，这样做既有利于个人，也有利于公司，这正是为什么奈飞公司作为电影和电视节目的供应商能长期独占鳌头的关键理由。奈飞公司在员工入职的第一天起就被明确告知，如果他们只是表现合格的话，最终结果只会是获得一笔可观的遣散费。奈飞公司坚持雇用工作出色的员工；而对于那些不符合此项严格标准的员工，则会快速解雇。这样做促使公司实现了快速、明智、稳健的规模扩展活动。奈飞公司从 1997 年一个小规模的创始团队，成长为一个在 2013 年拥有 2 500 名员工的组织。

哈斯廷斯视奈飞为一个专业运动队。他希望每个岗位的员工都是明星，因此会不惜本钱地雇用并留住这样的员工。奈飞公司支付给员工的工资是市场最高的，即使与硅谷其他企业相比也毫不逊色。它还会不断地调薪，以确保自己的薪酬保持在最高位置。年度薪酬审查被视为决定是否继续聘用员工的一个时机。管理者会自问：“这个员工如果在其他地方工作会获得什么待遇？这个员工是不是优秀到很难或根本不可能被取代？如果这个员工可以被取代，我们会给其替代者怎样的工资待遇？或者，我们要给出什么样的工资待遇，才能留住这个员工？”正因如此，当硅谷的人才争夺大战进行得如火如荼之际，奈飞公司员工的工资也能顺利得到大幅度增长，他们无须再到外面去找其他公司的工作了。奈飞公司的一位高管是这样解释这一做法的：他以年薪 15 万美元向来自美国东海岸的一位工程师发出了聘书，这位工程师也接受了。然而，就在这位工程师抵达加州入职之前，一份薪酬市场调查报告显示，公司支付给他的工资并没有达到市场价位最高水平，于是奈飞公司就把他的年薪提高到了大约 25 万美元。

---

① 奈飞公司以其卓越的企业文化著称。奈飞前首席人才官帕蒂·麦考德（Patty McCord）将奈飞高效的企业文化的来源记录在《奈飞文化手册》（*Powerful*）一书中，其简体中文版由湛庐策划，浙江教育出版社于 2018 年出版。——编者注

奈飞公司对微观管理[①]不屑一顾。哈斯廷斯的理念是，要提高人才密度，使具有团队精神的明星员工济济一堂。这就意味着，相比于那些不注重聘用精英的地方，奈飞公司无需太多规则，也无需上司的过多干预。即便在奈飞持续发展的过程中，管理者也对此信守不渝。奈飞公司所有关于报销、招待、差旅和礼品的政策就是："依奈飞最大利益而行事。"这种极简主义的管理方法推动了良性循环。高薪厚禄无不令技压群芳且干劲十足的员工心驰神往。于是他们就会留下来孜孜不倦地工作，因为在这里，他们能够独立自主，自豪感便油然而生，也不会与其他人产生什么矛盾。但对于员工来讲，这种管理方法有一个缺点，那就是如果工作表现没有达到公司期望，几乎没有一个长期的表现评估机制和允许员工改善自身工作表现的流程，员工得立刻卷铺盖走人。那位给新员工涨了 10 万美元年薪的高管，对于这种达尔文进化论式的方法在其负责部门所发挥的作用，他是这样描述的：在员工入职的前 24 个月里，他那 75 人的团队中有 25 位员工被扫地出门。很少有员工是因为技不如人而被请出公司的。他们被解雇是因为缺乏个人特质，其中包括不够积极主动，被命令做什么就做什么，却从不奉献自己的想法，或者没有表现出足够的好奇心而只是安于现状。这位高管的目标就是带领团队的 75 位员工，任劳任怨，互相促进，从而达到绩效表现的最高标准。

蛋蛋屋的辍学生，持续灌输责任观

奈飞的这种制度在大多数地方都行不通。几乎没有公司会用大量金钱来吸引精英中的精英。大多数领导者都不愿意，或者说无法干净利落地打发掉那些并不完美的员工，尤其是尚未尝试改进他们的不足之处并提高其技能

① 微观管理（micromanagement），商业管理的一种管理手法，指管理者通过对员工的密切观察及操控，使员工完成管理者所指定的工作。——编者注

时。许多能有效复制成功的组织，并不会过多地依赖于聘用十全十美的明星员工，更多的是去甄选大有可为之士，然后对其谆谆教导，激励他们创造斐然的业绩。

比如蛋蛋屋（Tamago-Ya），它与奈飞公司在招聘和培养员工的方法上有天壤之别。这家日本公司生产有机盒饭，以大约 4 美元的价钱卖给东京的上班族。蛋蛋屋加工盒饭的地点位于羽田机场附近，距离东京闹市区的新宿商业区的顾客那里，开车需要 60 ～ 90 分钟。通常每个工作日，同一个上班地点的订餐平均是 20 ～ 40 份盒饭。每个盒饭都含有 6 样以上的菜品供顾客选择，非常丰盛。每份午餐都是当天早上新鲜制作的，送餐时盒饭还是热的。比如，一份盒饭里会有蚝油牛肉、芝麻酱水煮卷心菜、菠菜与米饭。公司承接订单的时间是每天早上 9 点至 10 点 30 分。餐盒会在当天正午前送达，因此在配送方面几乎不容出错。蛋蛋屋每天会送出 6 万～ 7.5 万份盒饭，很少出现顾客下单晚的情况，浪费的盒饭也不到 50 份，而且出错率只有 0.006%。

斯坦福大学的黄胜进（Seungjin Whang）博士是供应链管理领域的专家，他向蛋蛋屋公司的创始人菅原勇继（Isatsugu Sugahara）先生请教，公司是否有一套尖端的计算机系统来预测订单需求及安排配送时间。菅原解释说，蛋蛋屋其实是一家低技术含量的公司。公司的市场情报来自送货的司机，他们中大多数人在高中时就辍学了，其中还有一些人年轻时曾被拘留过。这些司机在自己负责的地理范围内拜访并挑选顾客。如果很难做到准时配送午餐，他们就不会考虑选择某些顾客了，比如有些顾客的所在位置是在一条拥挤的公路上，司机需要调头才能准时送达。每个司机都有自己专属的线路，他们的报酬取决于顾客购买盒饭的数量，以及是否能够保证比较少的浪费。有些司机的年薪高达 8 万美元。

午餐盒饭是使用环保饭盒配送的，司机们会在下午 2 点左右去顾客处回收，这也让他们有机会了解当天顾客喜欢或不喜欢哪种食物，对顾客第二天会订购什么做到心中有数。每天晚上，司机们会向监管的区域经理汇报情况。从这些交流中所做出的预测，会被发送到总部办公室以供计划次日的生产。供应商在次日早上 5 点前将菠菜、鱼和鸡蛋等原料运送到羽田配送基地，而订单是根据前一天晚上司机们拿到的情报和过去的经验推测出来的。他们根据一年四季、一周里不同的日子以及不一样的天气推测出顾客会订什么餐、订多少量。比如下雨天，顾客订餐的数量就会增多。蛋蛋屋还基于这些推测，在接收订单的早上 9 点以前就开始准备午餐并装车；此后在很短时间之内，货车司机就会动身前去东京。第一批午餐车在上午 10 点 30 分前就陆续到达了，而载有额外盒饭的货车也在东京等候着，以便在最后一刻做调整。如果午餐订单数量比预期的多，供应商就会迅速送来所需的食材，蛋蛋屋则会紧急安排配送。

蛋蛋屋的创始人就是一位高中辍学生。他深信公司用来激励员工提升责任感的方法，尤其是对那些举足轻重的司机来讲，正是公司能够发展顺利并取得斐然成绩的原因。通过了解顾客的需求和个人喜好，司机们掌握了必要的信息来提供无与伦比的服务。司机也自觉承蒙公司的关照，他们收入颇丰，对于菅原赋予的信任，会以非凡的表现尽心回报。

问责制，你要为公司的成功负责

奈飞公司与蛋蛋屋的案例表明，责任感在一条双向通道上发挥到极致，才会产生最佳结果。一方面，正如百胜餐饮集团的 CEO 戴维 · 诺瓦克所说，每位员工都应该如公司的主人翁一般思考和行事。另一方面，员工也应该感到自己是归属于公司的。这样一来，公司与员工之间彼此有了担当，因为员工身为“主人翁”，会觉得自己有资格自我激励和推动同事、上司、下属、供应商，有时甚至是客户，去创造佳绩。另外，有归属感意味着员工会期望努力达成上司、同事、客户所设立的高标准、严要求。在奈飞公司，明星员工有相当大的自主权，拥有自己的工作方式，但同时对公司也要有所担当，因为他们拿着公司给的高薪，公司期望他们能够达到严格的标准。在蛋蛋屋，司机们在感觉上以及行动上觉得自己像是“主人翁”一样，像是独立的承包商，因为顾客和路线是由他们自己选择的。同时，对待顾客、同事、区域经理，还有给了他们机会、恩同再造的CEO菅原，他们也感到义不容辞。

奈飞公司的管理风格看起来比蛋蛋屋更残酷。毕竟在奈飞公司，如果你的表现仅仅是合格，就会被火速解雇。因为你被奈飞雇来就是要做明星员工的，要成为精英中的精英，而且这一点在你一踏入公司大门时就一清二楚。至于怎么去工作，个人有很大的自由度，上司和同事不会监督你的一举一动。公司就是为出类拔萃并竭尽全力的员工而组建的。奈飞公司确保每位员工对这种“交易”了然于胸：公司为员工付出很多，也期望员工能回报很多，否则就得卷铺盖走人。而蛋蛋屋则以不同的方式约束员工。司机在顾客、同事和上司之间应接不暇，不得一刻喘息。蛋蛋屋采用的方式，使员工永远摆脱不了被暗中观察，它可能会很有成效，但同时也可能让人感到泰山压顶。

谈到这类问责制，对由一位主管领导的模式转换为“自我管理”模式的团队所做的研究，非常具有指导意义。“自我管理”这个词可能会让人联想到员工因为可以为所欲为而松懈懒散的样子。然而，几项研究显示，在这种制度下，人们感受到的是更大的约束，而且会更加恪尽职守。每位员工都要对团队的其他成员有所交代，而不仅仅是对经理或者上司，他们想不尽职尽责都很难。研究员詹姆斯·巴克（James Barker）给我们讲述了一个自我管理的团队，在一个周五的下午是如何在问责制上让步的。当这家制造工厂实行传统的等级制度时，如果员工没有完成工作任务但又不想加班，他们会请示上级，上级便会批准他们下班。而当这个新组建的自我管理团队的成员意识到工作已经耽搁了几个小时的时候，还是会有几个人试图解释为什么自己不得不回家，比如因为要吃晚餐、女儿学校有活动，等等。不过，他们在一番长吁短叹、相互探讨之后，便达成了共识：“我们已经承诺客户霍华德·贝尔（Howard Bell），今天要让这些主板出货。那就必须责无旁贷，得留在这里。这件事情我们可得做好。”

起初，在这家工厂里实施了自我管理的团队领导与顾问并没有充分意识到，正因为他们营造了一个人们不再互相推诿的小世界，所以员工们的努力程度、工作质量和生产效率都会水涨船高。换句话说，这种改变使人产生了强烈的，但有时又让人苦恼的感觉，感到责无旁贷、彼此担当。

优秀的人才≠优异的业绩，别让明星变彗星

招聘到合适的人才对于扩展组织规模至关重要，但这还不够。遗憾的是，太多领导者和专家都认为，只要花钱聘请了技能最高超、斗志最昂扬的员工，就必然能使组织获得成功。他们忘记了，团队和组织的高效，要求将拥有不同知识背景和技能的人组合在一起，而不仅仅是将人才网罗起来，然后指望他们自己琢磨如何群策群力。太多公司栽了跟头，就是因为没有投入足够的精力来匹配人才，没有提高招聘进来的员工的技能，也没有提供奖励以促使大家将工作中的技巧传授给同事，并且竭尽全力互帮互助来完成工作。

试图靠高薪引进大量在别处熠熠发光的员工来复制自己组织的成功，也是有风险的，因为这些明星员工大多数不具备“可移动性”。哈佛商学院的鲍里斯·葛罗伊斯堡和同事们长年跟踪一些出类拔萃的人，其中有来自投资银行、广告公司、公关公司、管理咨询公司以及律师事务所的 CEO、研究员、软件开发人员及明星般的优秀员工。葛罗伊斯堡的报告多次表明：“我们发现所有在这些组织中表现优异的人，与其说他们是明星，倒不如说更像彗星。因为他们在这家公司的功成名就只是辉煌一时，一旦换到另一家公司，就会瞬间黯然失色。”这些发现均有案例支撑。1988—1996 年，葛罗伊斯堡的研究

团队收集了 78 家美国投资银行的 1 052 位明星级股票分析师身上发生过的例子。这些分析师的工作是为公司和客户应该如何操作股票而进行研究、献计献策的。

葛罗伊斯堡发现，几乎没有证据表明这些高收入的选股人在换了东家后仍然会表现优异。当明星员工跳槽到新公司之后，他们的业绩平均大跌了约 20%，甚至在 5 年后都恢复不到原来的水平。他们所加入的新团队和新投资公司的绩效也因此受到影响。绩效直线下降的现象，在某种程度上可能是因为统计学家所称的均值回归[①]，或者不客气地说，退回了平庸状态。也就是说，随着时间的推移，那些曾经表现优异的员工，他们的表现很有可能最终又掉回到同行平均水平。不过，还有其他一些因素不利于这些明星员工的表现。葛罗伊斯堡发现，当公司外部招聘的明星员工空降后，公司内部的员工会变得意志消沉。资深的分析师往往开始去别处谋职，而资历尚浅的管理者则将这些明星似的新员工的入职，当作是一个信号，表明公司不再注重挖掘他们的潜力了。外来的“救星”还会使团队失去活力，大家对这些呼风唤雨之士和其高薪愤愤不平，一些管理人员对这些新人躲躲闪闪，拒绝分享信息与合作。当一些投资公司大张旗鼓地公布已经吸引了超级明星分析师加入公司时，投资者的反应却正好相反。葛罗伊斯堡发现，“每次这些投资银行宣布雇用了一位明星员工时，它们的股票价格就平均下跌约 0.74%，投资者就会失去平均 2 400 万美元的资金”。

基于这些研究结果以及从其他行业收集到的证据，葛罗伊斯堡的团队敦促那些高管要抵制从其他公司引进明星“救世主”的做法。2011 年，马修 · 比德韦尔（Matthew Bidwell）对一家大型投资银行业务的研究，也支持了这条忠告。葛罗伊斯堡将在类似岗位上银行内部提拔的员工与外部聘用的员工做了

① 均值回归（regression to the mean），金融学的一个重要概念，指当事物发展严重偏离其长期均值时，总有内在力量令其回归，而且这一现象周而复始。——编者注

对比之后发现，外部聘用的员工薪资高于内部员工约20%，但业绩表现却不如内部员工，而且相比于内部人士，他们还更有可能辞职或被解雇。因此，他建议领导者花更多时间和金钱去鼓励在职员工之间的合作和信息共享，开发技术、制定流程，来使他们的工作能更出色地完成，并培训、指导员工，以培养公司内部的明星。

换句话说，就复制成功来讲，正如我们屡见不鲜的那样，欲速则不达。在人才上面花大价钱无疑是有益的。但要注意的是，不要用花钱来代替复制、传播和维持组织优势所需的须深思熟虑、有高要求的工作。

制造企业和服务公司的一些行业研究也总结出类似的教训，就是不能像对待明星股票分析师那样，一掷千金地对待技能高超且态度积极的员工。沃顿商学院的彼得·卡普利（Peter Cappelli）表示，美国的一些公司渐渐将才高八斗的员工当作一请来就能尽善尽美地工作的人，觉得理应不需要什么培训或指导。尽管有证据表明，如果公司想获得竞争优势就需要有长远的眼光，但是这一趋势在过去30年中还是愈发明显。想要获得竞争优势，需要公司长年累月、不惜血本去培养员工的技能，不断激发他们的积极性，并敦促他们将自己的信念与知识传授给其他的同事和团队。

在葛罗伊斯堡和彼得·卡普利所讲述的那些糟糕透顶的组织里，员工薪酬和威望几乎完全基于他们的个人业绩。员工不可能同道相益，更不用说大公无私了。大家本应风雨同舟，但无论是思想还是行动全都我行我素，而且只要遇上更好的机会，随时准备跳槽。员工间彼此担当的责任感也微乎其微，或者说根本就不存在。大家立身处世的前提心照不宣，就是“我的就是我的，我可不会拱手相让”。许多组织一开始也并非如此，但最终落入此番境地，都因为急不可耐且雄心勃勃的领导者做不到坐怀不乱，以为依靠这些自命不凡的超级巨星便可以成功扩展规模。

杜威路博律师事务所（Dewey & LeBeouf）的散伙足以让我们引以为戒。2007 年，两家曾经神气十足的律师事务所——杜威律师事务所和路博律师事务所的合并，反映出这些领导者与合伙人的野心勃勃，他们希望立刻在公司法领域里扩大足迹，突飞猛进，并日进斗金。新命名的杜威路博律师事务所确实创造了辉煌的业绩，那时他们拥有 26 个办公室及 2 500 名律师。但机不逢时，2008 年的金融风暴犹如当头一棒。杜威路博律师事务所的领导者决定，渡过危机的上策就是从其他律师事务所挖来一些客户业务资源丰富的明星律师，并在自己有着通天本领的顶尖律师身上一掷千金。约有上百名的明星律师收到了时长多年、高达好几百万美元的巨额保证金；有几位的年薪都超过了 500 万美元。据《美国律师》（*American Lawyer*）杂志报道，这些都是有资历、有权势的杜威合伙人牺牲年轻合伙人的利益而给自己发的大礼包。从理论上来讲，这些“胡萝卜政策”[①] 应该会推动利润飙升。然而萧条的经济使这个计划终成泡影，可事务所仍然有义务向那些明星律师支付高薪。这家公司净是些薄情寡义、几乎完全不顾大局的合伙人。不仅如此，那些明星律师的工资与数百名低薪的“服务合伙人”的工资天差地别，这也进一步削弱了全公司成员的忠诚度。服务合伙人并不能给事务所引进一些赚钱的客户，但如果没有这些合伙人，就不可能完成那些有着通天本领的律师所带来的业务。由此乱象丛生，事务所便开始入不敷出。陷入财务危机的消息使客户诚惶诚恐，明星合伙人和服务合伙人也都迫不及待地投靠竞争对手的律师事务所。2012 年 5 月 28 日，杜威路博律师事务所根据破产法第 11 条宣告破产前，300 位合伙人中有 75% 的人离开了事务所。

其他所有的大型律师事务所都在金融风暴期间苦苦挣扎。很多事务所依赖于聘请外面的明星律师，把这个方法当作公司生存策略的一部分。不过杜威路博或许是最极端的例子。他们就像收集柴火一样积累昂贵的人才，打造出的却是一个厚此薄彼、使人们心存芥蒂的机制。尽管几位当机立断的领导者意图力

① 在人力资源管理中，“胡萝卜”是指能激励员工努力完成工作任务的方法。——编者注

挽狂澜，但杜威路博的合伙人很明白，任何对事务所表达忠诚和责任心的言谈都是空话。事务所里的所有人都爱财如命，这才是其最主要的凝聚力。正如一位前合伙人所说，杜威路博的董事长史蒂夫·戴维斯（Steve Davis）和执行董事斯蒂芬·迪·卡迈恩（Stephen Di Carmine）“知道这家事务所就是得谈钱……但他们永远不明白的是，如果只是靠金钱收买人心，一旦没钱了，事务所便一无所有”。

2013 年，萨顿在另一家大型律师事务所做了一场关于复制成功的演讲，他遇到了几位为钱而跳槽到杜威路博的律师。他们在杜威路博倒闭后又回到了先前工作的律师事务所。这些律师解释说，尽管收入仍然是他们要考虑的主要因素之一，但他们现在自称已经加入了“黄草俱乐部”①，因为他们对于鼎力相助的同事以及整个事务所同舟共济的责任感心怀感恩。一位合伙人说，他在杜威路博破产前所经历的那些让人火冒三丈的事情给了他很大的压力，而现在他凡事都以事务所最大利益为重，即使这样做对他个人而言并不是最有利的，即便肩负着同样的压力。

提升员工责任感的 7 种方法

一家公司人才济济，员工们感到责无旁贷、彼此担当，并以此为行为准则，那么要如何才能扩展组织和项目的规模，从而复制成功呢？我们的研究结果确定了 7 种方法。

① 将英文谚语“The grass is always greener”改编为“The Grass is Browner”，变成一种调侃的说法。原来谚语的意思是这山望着那山高，改编后指不再这山望着那山高了。——译者注

制止“搭便车”般的坐享其成行为

当人们感到应该对同事和顾客负责时，便会毫不犹豫地付出加倍的努力，为了大家的利益而做出自我牺牲。要做到这一点，并持之以恒，绝非易事。经济学家曼库尔·奥尔森（Mancur Olson）[①] 指出了几项会破坏集体行为且危害巨大的不当激励机制。一个人表现得是否大公无私，对于大多数社会体制来讲，通常影响微乎其微。因此，组织或项目中的每一位成员，努力工作、自我牺牲的动力相对较小，但却很想在别人埋头苦干时“搭便车”。奥尔森指出，即使每个人都能从体制中受益，但是自己什么贡献都不做，或者说只付出比力所能及要少得多的力量，也并非不能理解，因为付出的代价往往大于所得。

经济学家将这种现象称为“搭便车”问题。必须团结一致的人越多，克服问题的难度就越大。举例来讲，如果你是沃尔玛 200 万名员工中的一员，不管你工作多努力，对同事的帮助有多大，但你个人对于沃尔玛的原则底线、整体的声誉以及公司文化产生的影响，都是微不足道的。同样地，美国全国大选或州竞选都是为了获得更大范围的利益，但任何个人投票的影响力是不值一提的。所以，包括帕特里夏·芬克（Patricia Funk）在内的经济学家都主张，“一个理性的公民应该放弃投票”。即便是在小型项目、团队和组织中，“搭便车”的现象也层出不穷。自 2006 年以来，我们斯坦福大学的同事、风险投资人迈克尔·迪林投资了 60 多家创业公司。他注意到，一旦新创立的公司人数增长到 20 人左右，如果不采取正确的预防措施，接下去新来的人就会开始感到自己只是雇员，而不是什么“主人翁”。

如果不找到方法纠正乃至彻底改变“搭便车”的现象，那么摆在你面前的，将会是我们在美联航和杜威路博律师事务所那里见到的“我才不在乎，大部分同事也不在乎”那种思维模式带来的危害。精明能干的领导者和团队会四处借

---

① 公共选择理论的主要奠基者，当代最有影响力的经济学家之一。——编者注

鉴，创造并融合各种激励方式，从而刺激集体行为来制止“搭便车”的现象。金钱并非提升责任感唯一的手段，但它大有裨益，尤其是用在招聘、解雇和晋升员工的时候。

奈飞公司的领导者敏锐地意识到了“搭便车”坐享其成的现象，他们将支付给员工的大笔资金用于杜绝这种弊病。奈飞公司坚决主张，如果员工想成为明星员工，就必须顾全大局，腾出时间助同事一臂之力，而不是只关心与自己有关的利益。奈飞公司还强调，每位员工必须遵守这条禁止“搭便车”的行为准则。诸如“你死我活”“自生自灭”的行为，都是“互相帮助，成就大业”道路上的阻碍，都被公司明令禁止。在第一次看到这些要求的时候，我们都半信半疑，毕竟知易行难。之后，我们与奈飞公司高管就他们如何决定招聘、解雇和晋升方面的工作展开了广泛深入的交谈，也与奈飞公司之前被解雇的、有着较强技能的工程师交谈多次，我们了解到这些员工之所以被解雇，是因为他们无法或者根本不愿意顾全大局。其中有几位工程师到现在还为自己被迫离开而感到生气。由此，我们意识到这条行为准则真的不是空谈。在奈飞公司，当 CEO 里德・哈斯廷斯说“我们每个岗位的员工都是明星”时，他的意思并不是指公司鼓励或者容忍以自我为中心、我行我素的行为，他是在说奈飞的员工不仅自己的成绩斐然，还能帮助周围的人出色地完成工作。

类似有着明确的“明星员工”概念，同时辅以奖励制度的公司，我们接触过几十家，比如麦肯锡、谷歌、百胜、皮克斯、IDEO、捷蓝航空、宝洁公司和通用电气等，他们都在锲而不舍地消除“搭便车”现象，培养员工的责任感。宝洁公司的 CEO 雷富礼就避免用复杂的制度使员工的薪酬与其合作程度相挂钩。正如《财富》杂志报道的那样，“管理者不与他人分享想法就不得晋升”。麦肯锡和 IDEO 在公司内部都使用相同的标准来决定哪些顾问可以拿到公司股份，哪些可以成为合伙人。

苏珊・彼得斯（Susan Peters）是通用电气公司负责高管职业发展的副总

裁，她给我们讲解了通用电气是如何在整个公司内部加强员工责任感的。公司从个人绩效与领导力两方面来评估全体员工的综合表现。领导力包括对公司企业文化的支持以及其他一些对业务成功至关重要的因素。评估内容中的五大类包括对外部市场的关注度、包容性、思路清晰度、专业程度，还有想象力和勇气。针对每类评估内容，公司对所期望的员工行为要求会时时更新，以适应市场和公司战略的风云变化。应用的标准还取决于员工的具体职责，因为公司对一位 27 岁的管理培训生的期望，肯定与掌管庞大业务的高管截然不同。

彼得斯还提出几点特别具有启发意义的看法。当我们问及通用电气在评估员工方面更看中的是绩效还是领导力时，彼得斯表明了自己的看法，她说这两方面是相辅相成的，通常无法把它们分开。比如，如果通用电气的一位领导者才思泉涌但畏首畏尾、有始无终，无法将提出的想法转化成产品或服务，那么他的业绩表现就会出现问题。相比之下，正如我们从通用电气的道格 · 迪茨及其同事为患儿所开发的“历险系列”的案例中看到的，当领导者勇气和想象力兼备时，成功便会水到渠成。彼得斯还强调，在通用电气，领导力并不只是对高管的要求。公司期望各级员工都责无旁贷，持续提高技能水平、改进领导方式，以应对工作和商业环境日新月异的变化。此外，在通用电气，具备领导力还意味着鼓励和引导同事、下属敢作敢当。我们从彼得斯那里再次明白，对他人负责对于复制成功而言举足轻重。

制止“搭便车”现象和建立问责制不需要依靠额外的经济激励手段。关于奖金的数额，只要根据员工的需求及其他工作机会制定就可以了。我们在第 1 章里提过的“桥梁国际教育”连锁机构的联合创始人香农 · 梅，向我们解释了桥梁国际教育适度的薪酬政策是如何激励非洲 140 多个学校里的 1 000 多名教师的。桥梁国际教育筛选候选人时十分小心谨慎，会为后者提供培训，以确保他们具备所需的技能来给小学生教授高标准化的教材、维持正常的课堂纪律。桥梁国际教育也制定了严格的监管措施，包括评估教师和学生的表现以及对教师的定期考核等，以确保每一位教师把学生和桥梁国际教育的需求放在首要位置。

学生的家庭每月仅需支付桥梁国际教育约 5 美元，所以学校无力支付教师或行政管理人员丰厚的工资。但桥梁国际教育确保支付法定的最低工资，还为每位教职员工缴交他们所在国家的社会医疗保健费用；在设立了桥梁国际教育学校的一些国家，其他许多雇主做不到这一点。用以激励教师和行政管理人员的制度还有绩效考核奖金。除了学生的成绩之外，桥梁国际教育关键的评估指标之一还有教学时间，也就是学生留在教室学习的小时数，一般来说，平均每周约 42 小时。这对教师来说是个艰苦的工作。除了桥梁国际教育要求他们达到的严格标准之外，学生在校的时间是每个工作日的上午 7 点 30 分至下午 5 点，周六还要上半天课。不过，桥梁国际教育的教师都为自己的工作感到非常自豪，员工的主动离职率也很低，其中部分原因是因为在一些相对贫穷的国家，桥梁国际教育的工作相比于大多数其他的就业机会更有吸引力。桥梁国际教育这种星巴克式运营的连锁机构与传统的学校完全不同。然而，这家营利性公司的方式似乎非常有效，并且它正以惊人的速度扩张，从 2009 年的 8 所学校发展到了 2012 年的 140 多所。另外，桥梁国际教育吸引了数百万美元的风险投资，现在已经是非洲最大的私立连锁学校了。根据独立评估机构的标准化考查，桥梁国际教育的学生成绩比其他学校的同龄学生高出一大截，比如在加法能力上要高 24%，而阅读流利度方面则高出了 205%。

物质回报与聘用及解雇方案相辅相成是最有实效的。正如我们刚刚提到的桥梁国际教育的做法，招到对的人至关重要，但把招错了的人员请出去也同样重要。曼库尔·奥尔森强调，即使只有少数几个“搭便车”的人，也会影响其他同事的合作意愿，他们会变得不再大公无私地工作。即便沾同事的光而袖手旁观的人寥寥无几，这依然会使那些任劳任怨、无私奉献的成员感觉受到了愚弄。一旦发生这种情况，自私和贪婪就会像野火一样蔓延。香农·梅强调，在桥梁国际教育，如果一位老师不尽职尽责，那么领导团队会迅速请那位老师走人，因为这种懈怠很快就会影响其他老师。奈飞公司与贝雅公司也持有相同的理念。2008年，萨顿第一次采访贝雅公司CEO保罗·珀塞尔，他问到了公司是如何实施“不准出现庸才”的法则的，即如何禁止员工将个人利益置于同事、客户及公司利益之上。珀塞尔表示，大多数庸才在同他见面之前，就通过背景调查与面试被甄别出来了，但他也有自己的筛选方式，他说：“面试时，我看着他们的眼睛，并告诉他们，‘如果我发现你是个庸才，我就会解雇你。’”

增强员工自豪感与进取心

曼库尔·奥尔森强调，集体的自豪感和进取心，尤其是对那些嘲笑他人、破坏团结的局外人的零容忍态度，是解决“搭便车”现象的有效对策。这些情感将人们的注意力转移到大于个人利益的事情上，使团体或组织成员团结一致，并且这些情感还会相互传递。如果大家周围有这样一群人，为复制成功的伟大事业而自豪，对正在阻碍或者可能阻碍集体做正确之事的其他人愤愤不平，而且这群人也兼备集体自豪感与进取心，那么大家就会将私欲和个人利益置之度外，并且也更愿意采取艰难的，甚至是不惜承担个人风险的行动，以使集体利益最大化。

奈飞公司便将丰厚的经济奖励制度与集体自豪感、进取心挂钩，它把公司当作一个运动队，而不是一个大家庭，让员工去关注怎样才能赢得竞争、打败竞争对手。进取心，尤其是对某个真实或假想的敌人所产生的义愤之情，一旦将其与其他激励措施结合在一起，就可以使人斗志昂扬。英国石油公司零售部门的高管给本书作者之一的拉奥讲述了他们是如何使用这种方法的。他们想将团队的注意力从内部斗争转移到打败其竞争对手壳牌石油公司（Shell Oil）上，因此，他们喊出了一个令人印象深刻的口号：“死磕贝壳”；贝壳指的是壳牌石油公司的标志。他们坚持认为，对任何公司资源所做的决策，包括建设加油站、分配研发人员、广告花费等，都是为了“死磕贝壳”而制定的。他们采取的每一个行动就是要与壳牌石油竞争并将其打败。

任命容易内疚的人为领导者

2012 年，有一项研究表明，如果领导者容易产生内疚感，那么他们就更有可能会对他人嘘寒问暖，并将更大的利益置于个人目标和荣誉之上。斯坦福大学的贝姬·绍姆堡（Becky Schaumburg）和弗朗西斯·弗林（Francis Flynn）发现，容易内疚的领导者对自己的行为有强烈的个人责任感，对于自己的决定所带给他人的影响感觉敏锐。他们对过去曾犯过的错误感到糟糕透顶，而且会不断地担心将来会不会又搞得一塌糊涂。因此，他们会为了弥补曾经的错误而拿出实际行动，不断地采取预防措施以避免将来再犯错误。绍姆堡和弗林提出，这些容易内疚的人往往能成为领导者，是因为为了避免由于自己失职或伤害他人而产生痛苦的感觉，他们更会尽职尽责，无私地帮助自己负责的团队和组织达成目标。而容易感到羞愧的领导者则不同。他们一旦犯了错误，便会感到丢人现眼，心里总想着自己是坏人，想从自己制造的混乱中脱身，于是心急如焚，以至于什么也做不成。

绍姆堡和弗林进行的一系列研究证实，容易内疚的人相比于其他人更有可能成为领袖，而且是更加高效的领袖。在一项研究中，研究人员评估了 144 名大学生和教职员工的羞愧感与内疚感的倾向程度，随后把他们按每三四人分成 1 组，并且不指定谁是组长。然后，各组花了大概 1 个小时做了群体决策的活动，比如为电视购物频道 As Seen on TV 的网站设计一项市场营销活动。活动结束后，小组成员纷纷报告，那些容易内疚的组员都当上了他们的组长。事实上，在预测领导力的表现方面，容易内疚的人比外向的人更胜一筹；众所周知，外向通常是领导力的一大标志。小组成员一开始并没有将这种有内疚倾向的特征当作是潜在领导力的表现，他们更钦佩的是这种倾向产生的行为，特别是这类领导者对他人的关注。比如，容易内疚的成员因为担心同事会感到被忽略或不被尊重，所以会确保每位成员都有机会畅所欲言。

绍姆堡和弗林还对 141 位读 MBA 课程的学生进行了跟踪研究。学生的领导能力由他们以前的上司、同事、直接下属和客户来评估。内疚倾向性被评为高效领导力的最大特征。绍姆堡和弗林的分析表明，因为这类领导者对他人拥有强烈的责任心，因而大家的赞美都溢于言表，比如“结果超过预期”“以身作则”“为了与不同的人进行有效沟通，会对信息进行加工”以及“情感表达能力强”等。厚颜无耻的利己想法会困扰领导者，而内疚的倾向似乎就是预防它的“疫苗”。许多研究表明，当人们手握权力时，往往会将个人需求放在首位。人们会忽略他人的需求、意气用事，行事方式就好似规则是给“小人物”而不是给他们自己制定的。容易有内疚感的领导者是不太可能出现这种“权力中毒”现象的，因为这样做会使他们自我感觉糟糕透顶。

皮克斯公司的资深员工克雷格·古德（Craig Good）给萨顿讲述的一段经历，足以展示容易内疚的领导者是如何行事的，以及他们为什么如此受人仰慕，又是如何使他人产生忠诚感与责任心的。1985 年，埃德·卡姆尔和阿尔维·雷·史密斯（Alvy Ray Smith）[①] 负责卢卡斯影业公司的计算机部门，最后它被并入了皮克斯的业务部门。卡姆尔和史密斯对他们部门制作的电脑动画抱有非常大的信心。他们希望并坚信它最终将使电影制片人制作出高品质的电影，就好像迪士尼经典作品《小飞象》和《白雪公主》一样。乔治·卢卡斯是电影《星球大战》的创作者，也是卢卡斯影业的创始人。虽然他对计算机部门的经济效益持怀疑态度，但还是保留了它，因为他发现计算机部门的工作趣味无穷，而且公司的资金也很充裕。但是卢卡斯影业时运不济，于 1985 年深陷经济危机，之后卢卡斯任命了道格·诺比（Doug Norby）为总裁，让后者负责控制开支。诺比要求计算机部门大幅裁员。卡姆尔和史密斯为保证部门完整，试图从财务方面提出充分的理由来说服高层。他们认为，如果卢卡斯影业最终卖掉它，那么损失的技术人才会使公司的价值被削弱。诺比没有丝毫动摇。克雷格·古德说：“诺比缠着卡姆尔和史密斯，让他们上交计算机部门的裁员名单，但他俩始终置之不理。最终诺比下了命令，要求他们‘明天早上 9

① 这两位都是皮克斯动画工作室联合创始人。——编者注

点，必须拿着名单到我的办公室来’。”

第二天，卡姆尔和史密斯仅仅上报了两个名字给诺比：埃德·卡姆尔和阿尔维·雷·史密斯。这件事情至今已过去25年有余，古德仍然很感激他们，他说：“我们的工作都保住了。即使是像我这样低级别的员工，也留了下来。当他们要走的消息传出之后，我们这些员工凑钱将卡姆尔和史密斯以及他们的妻子送到镇上，举办了答谢晚会。”此后，史蒂夫·乔布斯收购了皮克斯。卡姆尔和史密斯的行为正是容易内疚的领导者会采取的。即使那么做会有损自己的利益，他们也会先人后己，为了公司的利益而竭尽全力。卡姆尔现在仍然是皮克斯的总裁；史密斯几年之后离开了皮克斯，但作为公司早期的领导者和技术天才，他发挥了至关重要的作用。

关于卡姆尔先人后己、处处替他人着想的做法，我们听到了许多，而卢卡斯影业的这个故事只是其中之一。多年来，我们访问皮克斯员工，与他们在非正式场合交谈，都会谈到他的事迹。卡姆尔的行为方式反映并强化了皮克斯公司的思维模式，培养了上至奥斯卡获奖电影导演、下至普通员工的责任感，大家都以加倍的努力与自我牺牲的精神来回报公司；当然，卡姆尔有时也会因此感到内疚。在访问皮克斯期间，我们经常注意到主人翁精神与自豪感渗透到公司的每一位员工身上：从前台接待员、行政助理、动画师、导演到公司高管。

2011年，当萨顿请卡姆尔检查一下有关卢卡斯影业的采访内容是否准确时，卡姆尔强调他并不反对所有的裁员手段；有时为了获取更大的利益，此举势在必行。这句话也揭开了绍姆堡和弗林的另一个研究发现：“容易内疚的管理者比起那些不容易内疚的，更有可能支持裁员的决定来保证公司的盈利。”当然，容易内疚的领导者在颁布裁员决定时会感到很难过。但正如绍姆堡所解释的，“如果人们对组织感到内疚，那么他们的行为方式将会确保自己不辜负组织的期望，即使这些行为可能看起来并不像我们通常认为的有内疚感的样子”。

使用巧妙的提示来激发责任感

在第 1 章里，我们提到了有关复制成功的箴言："调动全身感官"。它强调了信念和行为是如何被一些微不足道、经常被忽视的暗示所强化的。这些暗示可以用来激发人们的责任感。例如，一些构思巧妙的研究表明，如果人们在不知不觉中接收到别人可能正在盯着自己看的暗示，那么就会更倾向于做出正确的行为。纽卡斯尔大学的梅利莎·贝特森（Melissa Bateson）和同事们发现了一个简单的方法来鼓励心理学院 48 名员工平均分摊咖啡、茶和牛奶的费用。学院在饮料的边上放置了一个"诚实箱"和一个指示牌，示意员工自觉付费。10 周之内，研究人员在"诚实箱"后面随机交替张贴了两张海报：一张是鲜花，另一张是一双直盯着员工的眼睛。那双眼睛显然在提醒人们，他们受惠于人。张贴眼睛海报期间，大家支付的款项比张贴鲜花海报期间高出了 3 倍。贝特森还参与了该项研究的另外一个团队的工作，他们在纽卡斯尔大学一个更大的食堂里交替张贴眼睛与鲜花的海报。研究人员观察大家用完餐后，是自己清理餐盘拿走，还是将餐盘与其他垃圾留在餐桌上。无独有偶，眼睛海报的作用又出现了。与墙上张贴鲜花海报的时候相比，张贴眼睛海报时，将餐盘与其他垃圾留在餐桌上的人大约减少了 50%。看来，相比起张贴"用餐后请将餐盘放回餐盘架"的文字告示来督促大家，眼睛海报起到的作用要大得多。

《印度时报》（*The Times of India*）曾提到另一个视觉图像可以鼓励人们不要自私自利的例子。乘车的旅客有好长一段时间总在抱怨那些从小酒吧跌跌撞撞走出来的男性，说他们经常在古因迪（Guindy）火车站的外墙上小便，搞得臭气熏天，让人难以忍受。后来有 55 名三轮摩托车司机凑钱在外墙上画满了印度神像，这才终于制止了这种行为。司机们决定自己凑钱画那些神像，也是受到责任感的激发。其中有一名司机解释说："一天下来，我们会把车停在这里，付给南方铁路公司 1 200 卢比[1]，这样就可以把车停在车站入口。在这里，我们就能揽到更多乘客。”

创建合适的组织“基因库”

全球技术领域投资之王、风险投资四大巨头之一维诺德·科斯拉（Vinod Khosla）是太阳微系统公司（Sun Microsystems）的创始人兼 CEO，现在是硅谷最著名的风险投资人之一。科斯拉以这段经历作为素材，于 2012 年发表了一篇名为“企业家的基因库工程”的论文。他的主要论点与一项有关“印记”[2]的学术研究相呼应，阐述的意思是一家公司招到什么样的人，就会成为什么样子。因为是创始人和最初被招聘进公司的人创造了公司文化，所以创始人应该集中精力招揽到各种合适的人才来解决公司面临的主要风险。科斯拉关于“什么样的人成就什么样的公司”的论断，众多知名 CEO、管理大师和工业心理学家也都百喙如一。当然也有充分的证据显示，一个组织雇用的任何人都会对公司文化和业绩产生深刻而持久的影响。

迈克尔·迪林是风险投资人，也是我们斯坦福大学的同事。自 2006 年以来，他筛选过 3 000 多名公司创始人，投资了 60 多家公司，他对“基因库”的态度非常鲜明。迪林观察到，最成功的创始人有“认知扭曲”的倾向，他们思想偏激，即使客观上不准确，但其思考以及过滤信息的方法，使他们能够当机立断、做出更好的决策，也能够卷土重来、招贤纳士。其中有一种认知扭曲是指“个人例外主义”，这是一种相信自己出类拔萃且注定会创造丰功伟绩的信念。迪林认为，在吸引员工、客户和投资者合作时，“个人例外主义”有助于创始人做到坚韧不拔且具有说服力。另一个认知扭曲是指“两极化思维”，

① 原文无货币单位，此处为译者补充。——译者注

② 印记（imprinting），心理学术语，指发生在动物出生后特定时期内的快速形成且作用持久的学习。这种快速的、早期习得的永久性行为模式称作印记。——译者注

也就是迪林所说的“不是庸才，就是天才”的思维模式。这种大刀阔斧、雷厉风行的风格，有助于一个创业团队搞明白自己的关注点孰轻孰重，不再妄图面面俱到，取悦所有的客户。迪林说，这种思维主要的风险就是创始人经常表现出的那种完美主义，它有可能让人精疲力竭、气急败坏。史蒂夫·乔布斯就是用这种方式几乎把人逼疯的。例如，他拒绝接受在苹果电脑里安装螺栓的做法，认为外面虽然看不见，但是它很难看；还有一个例子，就是他前后一共解聘了 67 位护士才找到认可的 3 位。

奈飞公司和蛋蛋屋公司展示给我们的，是“什么样的人成就什么样的公司”这种思维模式是如何在大型组织中发挥作用的。奈飞公司 CEO 里德·哈斯廷斯的策略，就是为公司储备熠熠发光且大公无私的人才，他们几乎不需要上级监督或任何培训就能胜任工作。在蛋蛋屋，创始人菅原勇继就寻找那些像他一样的高中辍学生来工作，他们备受绩效奖金激励而全力以赴，而且对于菅原勇继也非常感恩戴德。如果一个大型组织或项目试图吐故纳新，即通过接纳新的思维模式、摒弃旧的思维传统来复制成功，那么他们就会进行某些类似于基因重组的工作。这不失为好事一桩。在第 3 章，我们提到了奥美公司 CEO 夏洛特·比尔斯是如何精挑细选渴望变革的团队来改造公司的。他们不满足于现状、深谋远虑、随机应变，而且急于帮助改变公司 7 000 名员工的现状，使他们不再进退维谷，变得敢作敢为，密切关注客户和品牌。结果，在比尔斯的 4 年 CEO 任期内，公司的营业额上升了 20 亿美元。

不过，把一个组织的“基因库”看得好像员工的素质、经验和技能是一成不变的，也是有些狭隘的。即便你雇用了合适的人员，但你分享的经验和提供的培训才是传播正确的信念、行为和技能的关键。换句话说，什么样的人成就什么样的公司，同时什么样的公司成就什么样的人。许多组织制定正式的流程用来打造它们需要的人才。其中一种屡试不爽的方法，就是让一些高潜质员工轮职，以尝试多样化的、越来越具有挑战性的工作。这就是高端百货商店尼曼（Neiman Marcus）培养潜力无限的店长的方式。这条成长之路，首先要成为王牌销售人员，然后是顶级商品采购员。尼曼的员工要想成为店长，必须在指定的区域内掌握销售和采购的技能，因为每个商店的运营与备货工作都是服务于特定市场的。

组织也可以通过扩大人才队伍进行重组。我们可以借鉴一下塔塔咨询服务公司（Tata Consultancy Services，简称 TCS）的例子。这家印度的软件公司有超过 28 万名员工，年营业额达到 116 亿美元。高管很担心公司成长得太快，以至于对前 400 位顶级客户的反馈不够及时，特别是客户有时会从 TCS 的不同部门收到含糊不清的信息。CEO 纳塔拉詹·钱德拉塞克兰（Natarajan Chandrasekaran，大家称其为钱德拉）认为他需要一个“CEO 工厂”来确保公司做到闻呼即至。于是他将公司按行业划分成 60 个业务部门，每个部门向一位总裁和一位 CFO 汇报；这两位被指派的高管最多负责 3 个部门。每个部门一开始拥有 3 000 ～ 5 000 名员工，最高营业额达 2.5 亿美元。一旦一个部门发展到 10 亿美元的业务规模，就会被认为过于庞大，被拆分成较小的单元。每个业务部门都得到了相当大的授权。比如，他们无须与公司财务部门商讨，就可以与供应商和客户协商合同价格。钱德拉表示，这种新的架构具有众多优势。如他所愿，TCS 的客户反馈显示，相比于以前的架构，现在每个业务部门都更加灵活，有更大的权限来对客户的需求做出迅速、高效的反应。新的架构也使钱德拉有更多的时间通观全局，关注战略问题。正如《福布斯》杂志所报道的那样，“也许下一任 CEO 就会在这群人中产生。烈火见真金，此乃其万全之策”。

对于你已经拥有的、你所需要的以及接下来应该聘用和培养的各种人才，在扩展组织规模的时候仍需不断去重新考虑。全球最大的食品和商品零售商之一、世界 500 强企业沃尔格林公司（Walgreens）之所以能在 2011 年开设 261 家新店，就是因为高管决定在经理层面更深更广地发展后备力量，所以他们才能够破土而出，秉承沃尔格林的企业文化来设立店铺。为了改善客户服务，沃尔格林公司也重新定义了药剂师的工作，把他们从销售柜台后面负责填写处方、与保险公司拌嘴斗舌的传统角色，转变成专注于服务顾客，帮助顾客理解、选择、使用药品及其他保健产品的新角色。沃尔格林公司还设立了“保健专员”岗位，专门服务患有慢性病的顾客。这种着重扩大旧职责的范围并设立新岗位的方式，使雇员的数量与日俱增，这些员工都能想顾客之所想，领悟到店铺运营的微妙之处，并通晓公司的思维模式。

将其他组织当作自己的人力资源部门

利用其他组织来筛选和培训人才是一种屡试不爽的方法。在长达 75 年的时间里，美国军方所挑选、培养的飞行员后来都被商业航空公司录用了。据《空军时报》(*Air Force Times*) 报道，“6 100 位西南航空公司的飞行员中有 45% 是退伍军人或预备役军人”，他们的飞行员招聘经理罗基・卡尔金斯 (Rocky Calkins)，以前就是 F-15 战斗机的飞行员。在硅谷，很多高科技公司将斯坦福大学当作自己的人力资源部门，这也不是什么新鲜事了。在比尔・休利特 (Bill Hewlett) 和戴维・帕卡德 (David Packard) 于 1938 年从斯坦福大学教授弗雷德里克・特曼 (Frederick Terman) 那里借了 500 美元，创办了惠普公司之后，惠普公司主要雇用的就是斯坦福大学工程专业的毕业生。这种做法在数百家公司里方兴未艾。谷歌创始人拉里・佩奇和谢尔盖・布林 (Sergey Brin)，这两位斯坦福大学计算机科学博士学位课程的辍学生收到的早期投资基金，便来自另一位斯坦福大学电气工程博士学位课程的辍学生安迪・贝希托尔斯海姆 (Andy Bechtolsheim)，他也是太阳微系统公司的创始人之一。谷歌的董事会主席是斯坦福大学前校长约翰・汉尼斯，他是一位计算机科学家，完成了斯坦福大学的博士课程。

谷歌利用了斯坦福大学工程学院，特别是计算机科学系的资源，为公司储备了软件工程师人才。这些工程师拥有雄厚的技术背景、卓越的人际关系与领导能力。“计算机科学序列入门”是工程学院里最受欢迎的课程之一。每年有数百名学生选择“CS 106”的编程方法学课程。教学团队包括 1 位主讲的讲师，2 位被称为“协调员”的研究生作为课程助理，还有 20 位左右聪明能干的本科生负责教授课程中次要的“章节”。协调员的工作主要是面试、筛选和聘用新的“章节”组组长，他们会花 10 周的时间来教大家如何讲授计算机科学这门课程，另外还负责在课堂上组织与指导这些组长。谷歌对这些协调员是有多少就聘用多少，这种做法在公司发展早期尤其行之有效。其中一位协调员叫玛丽萨·迈耶（Marissa Mayer），她是谷歌聘用的第 20 位员工，也是第 1 位女性工程师。迈耶领导了公司众多产品开发的项目，包括谷歌地图和谷歌邮件，她在 37 岁时成为雅虎公司的 CEO。

谷歌一马当先，硅谷的其他公司紧跟其后。让风险投资人、谋智公司前 CEO 约翰·利利——他以前也是一位协调员——印象特别深刻的是 Facebook 的 CFO 迈克·斯科洛普夫。斯科洛普夫使招聘活动，以及对协调员的利用达到了极致，变成了一种“艺术形式”。利利在毕业几年后与人合伙创办了一家名为“反应”（Reactivity）的公司，最终他以 1.35 亿美元的价格卖给了思科。利利认为，协调员的经历使他发生了彻头彻尾的改变，让他掌握了面试和招聘的技巧。每个季度他要面试的次数超过 50 次，然后还要雇用最优秀的 10 ～ 20 位候选人。一个人曾做过协调员，往往在毕业后能够成为一个组织中最擅长复制成功的人选。

美国的一些特许学校连锁机构也采用相关的招聘策略。特许学校有多种形式。相比于其他的学校，特许学校尽管大多数仍受惠于州政府或地方政府的资助，但它们通常规模较小且具有自己的关注重点，基本上无须受制于其他学校要面对的各种条条框框。特许学校相比于传统公立学校，对学生取得的成绩，比如考试分数和上大学的学生比例这样的衡量标准承担着更多的责任。特许学校的管理组织或由总公司运营的非营利特许学校联合组织通常负责这些学校的日常运营工作。KIPP 特许学校在 20 个州经营着 140 多所学校；YES Prep 在休斯顿管理着 11 所学校，这些学校有 7 000 多名学生；2006 年，火箭船公立特许学校在圣何塞市成立，现在它在那里运营着 7 所学校，并于 2013 年

9 月在密尔沃基新开了一所学校。

这 3 个特许学校连锁机构都致力于为低收入区域的学生提供一种替代传统公立学校的选择。KIPP 特许学校项目由迈克·范伯格（Mike Feinberg）和戴夫·莱文（Dave Levin）于 1994 年创立。据 KIPP 相关人员自述，后来他们设立了两所 KIPP 中学，一所在休斯顿，另一所在纽约。到了 1999 年，这两所最初设立的 KIPP 特许学校在其社区中的表现都名列前茅。同样，YES Prep 一开始也是作为传统公立高中学校的一种替代选择而开设的。据学校领导所说，所有毕业生都考上了四年制的大学。火箭船学校依靠的是个性化的教学和辅导，"2011—2012 学年加州标准化测试成绩"表明，作为一家为全州低收入家庭的学生而开设的学校，火箭船领先于本州所有其他的公立学校。

扩展这些特许学校的规模需要技能熟练、尽心尽力的老师。上面提到的 3 所学校都在很大程度上依赖于非营利性组织"为美国而教"（TFA）。该组织成立于 1990 年，由温迪·科普（Wendy Kopp）[①] 创办。这一年之前，她在普林斯顿大学完成了本科毕业论文，该组织就是基于这篇论文而创立的。此后，TFA 从顶尖高校招募到逾 28 000 名老师，他们接受了相应的培训，并在低收入社区进行教学。TFA 招募的雄心勃勃的人中有班长、运动员等，他们需投入 2 年的时间来教授生活贫困的孩子。TFA 同诸如高盛这样的公司合作，这样毕业生可以推迟获得那些收入更丰厚的工作的机会，从而专心致志地投入到教学当中。火箭船学校的老师中有 75% 来自 TFA 或是 TFA 的合作伙伴。其创始人约翰·丹纳（John Danner）将 TFA 视为自己的人力资源部门，因为 TFA 善于选拔和培训候选人，而这些颇有企业家风范、精力充沛且聪明能干

① "为美国而教"是美国最领先的教育机构之一。创办人温迪·科普于 2008 年获得总统公民奖章，被《时代周刊》评为"最具影响力的 100 人"之一。其著作《改写未来》（*A Chance to Make History*）简体中文版由湛庐策划，浙江人民出版社于 2013 年出版。——编者注

的老师，也会将同样的品质传递给他们的学生。

招聘天生就能够适应组织思维模式的人

整个章节都在力图表明，引入那些与生俱来的个性、价值观和技能能够与你的思维模式与行为方式融为一体的员工，能提高你复制成功的概率。丹麦一家名为“专家”（Specialisterne）的咨询公司就是一个极端的案例，它将高功能孤独症转变成了一种优势。创始人托基尔·索恩（Thorkil Sonne）之所以成立该公司，是在他发现儿子患有孤独症后获得了启发。他的儿子记忆力强，有着异常专注的能力，这有助于他能更好地完成一些重复、烦琐的事情。索恩意识到，人们会欢迎像他儿子这样擅长数据输入或软件测试工作的人，即便这类人的沟通能力非常有限。于是，他成立了这家咨询公司，现在公司拥有35名患有高功能孤独症的员工，可以为企业客户完成高要求的工作。例如，有一个客户是一家手机公司，它家新款手机软件的故障是被一些测试人员发现的。为了发现这些故障，他们需要根据200多套详细的使用手册来执行冗长的操作，但这些测试人员经常会感到厌烦，贪图快而错误百出。很多高功能孤独症患者却很擅长此类任务。索恩将这些人描述成一群生来就能够胜任正常人觉得很困难的工作的人。他打了一个可爱的比方：蒲公英在草坪上破土而出，我们称之为杂草，但有些绿色植物却被用来做成赏心悦目的沙拉。一些孤独症患者身上明显的不足被当作了一种优势，用以完成那些要求极高注意力的重复性工作。

不同凡响的责任感，泰姬陵酒店遇袭

2008年11月26日，印度孟买的泰姬陵酒店成了恐怖分子袭击的5个目标之一，袭击造成175人死亡。子弹横飞之时，联合利华董事会的成员、高管及其配偶正在酒店用餐，为CEO帕特里克·塞斯科（Patrick Cescau）饯行。泰姬陵酒店的员工迅速采取行动保护客人。他们拉上窗帘，将妻子与丈夫分开至不同的位置躲避，以降低对整个家庭的危害，并要求客人躺在桌子下面关掉手机。他们安慰客人，并端来水与零食，直到第二天早上获救。24岁的宴会餐厅经理马利克·贾格迪（Mallika Jagad），带领35位勇敢的酒店员工保护了联合利华的客人。在酒店其他地方，一位电话接线员暗中报信给托马斯·瓦吉斯（Thomas Varghese）说恐怖分子正在袭击酒店。这位48岁的领班当时正在酒店的餐厅忙着处理芥末。瓦吉斯冷静地指示54位酒店客人躺在地上，并要求其他员工围成圆圈保护客人。第二天，所有人都从楼梯处死里逃生，除了瓦吉斯先生，他坚持最后一个离开，但在楼梯底部被枪击中。

酒店的总经理卡拉姆比尔·辛格·康（Karambir Singh Kang）指挥了整个酒店的救援工作，而他的妻子和两个孩子死于酒店6楼的火灾。即使在知道家人罹难的悲痛消息之后，他仍然拒绝离开岗位。他向父亲发誓："如果酒店倒塌了，我将是最后一个出来的人。"在遭受恐怖分子袭击的一片混乱之中，大部分员工都与上级主管失去了联络。然而他们颇有主见且积极主动地去做了他们认为是正确的事情，即无须等待上级的命令而采取应急行动。电话接线员选择待在自己的工作台旁，继续操作电话，即使他们的座位离恐怖分子只有几米远；厨房的工作人员则组成人墙遮挡住客人，好让他们疏散。这种勇敢并不仅限于少数几名泰姬陵酒店员工身上，它渗透到了整个组织。泰姬陵酒店员工的模范行为使1 500名客人从那个悲惨之夜死里逃生，但是有包括11名酒店员工在内的31人被枪杀，另外还有28人严重受伤。

是什么激励了这些员工在恐怖的危机时刻采取了如此高尚的行为呢？他们又为何能够如此信奉这种超常的责任观念，完全将自己的安危置之度外，远远超出了任何常规的客户服务水准呢？这始于一种思维模式，那就是泰姬陵酒店集团竭尽全力要保持的一点：员工是客人的使者，而不是酒店派遣的大使，他们的工作就是自始至终、每时每刻照顾客人。你能想象美联航能有这种思维模式吗？我们在本章的开头，提到了一位万念俱灰的美联航机长，他曾说过，有一天因为飞机延误了 45 分钟，他只能厚着脸皮向 150 名乘客道歉，而公司却要求他写一封道歉信给管理层说明这一情况。

如此截然相反的思维模式，泰姬陵酒店是如何鼎力支持的呢？他们选择聘用那些安于做客户使者的员工，那些来自小城镇的年轻人。他们的共识就是“客人就是上帝”，他们尊重长者、设身处地地替他人着想、富有正能量且急于证明自己。酒店寻找那些出身寒门的年轻员工，他们需要收入来源，渴望家人以他们为荣。换句话说，泰姬陵酒店寻求的新员工，其与生俱来的价值观与激励因素就能接纳这种思维模式并以此行事。

这些新员工需要接受 18 个月的思想教导，而大多数连锁酒店的新员工培训只有 12 个月甚至更短。每位接受培训的员工要学会在没有上级监督的情况下如何做决定，并都被告知，他们的任何举动，但凡是合情合理的，是出于“客人至上、以客人为中心”的目的，管理层就会鼎力支持。在每天 40 ～ 45 次的“关键时刻”，即酒店客人逗留期间与泰姬陵酒店员工互动的标准频率，酒店尤其鼓励培训中的员工将这种价值观表现出来。接受培训的员工身边的同事都践行这种思维模式，这样也就更加强化了这种思维模式，且产生了一定的社交压力，使大家始终把客人的利益放在第一位。

泰姬陵酒店的奖励制度也强化了这种思维模式。基于客人和同事的称赞，自我汇报的成就，以及为改善酒店服务而提出的建议，员工都会得到一定的分数。酒店总经理、人事经理和部门经理每天会查看这些信息，并在酒店内部网站上公布员工的分数。根据积累的分数，员工的绩效表现可以分成 5 个级别，从董事总经理级到银级不等，这些奖励一清二楚且价值不菲，使员工从同事及家庭的认同那里获得了荣誉感。泰姬陵酒店的高管还对一线的经理强调：“奖励的时机比奖励本身更重要。”意思是奖励要尽早地授予，且要当面授予，这一点至关重要。

简而言之，泰姬陵酒店的员工并没有因为2008年11月26日的事件就把自己当作英雄。他们当时只是做了一件他们一直在做的事情——客人至上。这是他们每一天的头等要事。

泰姬陵酒店的员工之所以能以这种思维模式行事，正如其他复制成功的组织一样，是因为酒店所到之处都有这样一群员工，他们技能高超，可以出色地完成工作，同时也责无旁贷，以实现更大的利益。

第6章

策略4

06

协同合作，让优势的扩张形成多米诺骨牌效应

如果组织不能在恰当的时间提供确切的信息给合适的人，无知、平庸和错误就会四处蔓延。即使当局者皆出于善意，即使某个地方的某个人也确切知道要做什么，只是组织中无人清楚如何获取信息以提供给那些需要它的人，事实也的确如此。简易爆炸装置（IEDs）曾对美国军队造成致命的威胁，就是因为士兵们很晚才接触到关于如何拆除这种爆炸装置的手册。幸运的是，美国陆军经验教训学习中心（the Center for Army Lessons Learned，简称CALL）在信息传达方面之后有所改善。例如，在驾驶悍马车时，如果翻倒在纵横交错的灌溉渠中，则会导致众多士兵死亡，因为车门紧闭，被困的士兵会被淹死。为应对这种情况，负责安全的长官比尔·德尔·索拉尔（Bill Del Solar）让士兵们将大多数车辆上自备的缆绳和钩子捆绑在一起，发明了像“老鼠爪子”一样的扁型钢钩，这样救援人员就可以将它固定在另一辆车上，用来拽拉翻倒的或是动不了的悍马车车门了。CALL 通过新闻网站和在线论坛将此信息迅速传播。CALL 的分析师科林·安德森（Colin Anderson）说：“我们在 24 小时内收到的反馈很棒，因为那时许多部队根本就没有意识到会发生这种意外，现在他们可以学以致用了。”

还有一些士兵会利用 CALL 的论坛讨论投掷 RKG-3 型手榴弹的事情，他们关注的是为什么 RKG-3 型手榴弹击中柔软的物体不会爆炸。获得的知识使他们深受启发，从而制造出一个看上去像大蹦床的模型，并将它安装在车上。他们的想法奏效了，RKG-3手榴弹被弹了起来，没有爆炸。CALL 的副主任戴维·比亚拉斯（David Bialas）解释说："这个模型被设计成三四种形状，大家互相分享，很快就安装在车上使用了……短期内正因为有了这种有效的特殊装置，意外伤亡人数才得以大幅减少。"

面向目标的多米诺骨牌效应

CALL 的成功，表明扩张优势依赖于发掘或创造大量的优势，并帮助这些拥有优势的人牵线搭桥，使思想与专业技能互通有无。当事态无往不利时，就会发生一系列的连锁反应，优势就会从一个人、一个团队或一个地方传递到下一个。就像多米诺骨牌那样，一个骨牌倒下的能量产生了推倒下一个的能量，然后再下一个，一个接一个，直到所有的骨牌都倒下。

我们目睹过许多案例，都犹如搭建起来的多米诺骨牌一样：提高了效率的惠氏公司，Facebook 的训练营，发展壮大的桥梁国际教育机构和脉冲新闻，克劳迪娅·科奇卡竭尽全力引入创新专家的宝洁业务，安迪·帕帕的改革将橄榄球运动中的运动员思维模式运用到纳斯卡车赛的进站加油环节，"凯撒健康连接系统"的实施，"挽救10万条生命"的活动等。不过，对于贯穿这些案例及其他复制成功活动的主题，我们还想强调的是，核心团队要确保在任何情况下，使人们的真实情况与真情实感都能通过恰当的渠道畅通无阻地进行交流。

在"挽救10万条生命"的活动中，团队制造的多米诺骨牌效应尤其具有教育意义。在第3章，我们讲述了医疗保健改善研究所（IHI）是如何开展活动的。他们运用了一个热点问题——预防可避免的医疗死亡事故的理性解决方案，6 项行之有效的措施，在 18 个月的活动结束后，减少了美国医院里 12 万宗可避免的医疗死亡事故。再来看一看 28 岁的乔·麦坎农（Joe McCannon）领导的强大的小规模团队所进行的“地面战”。虽然团队的全职成员从来没有超过 10 个人，但正是这样一个小型团队，却在美国 3 100 家医院中发现并创造了数不胜数的技术创新，并将这些救命的操作方法像多米诺骨牌一样，通过网络传递下去。

麦坎农团队最初的目标是甄选至少 1 600 家医院，他们通过计算得出，如果想要避免的医疗死亡事故人数为 10 万人，就得有这么多的医院参与。他们为传播崭新的思维模式全力以赴。医疗保健工作人员和供应商都认为错误与风险是在所难免的，因此未予以重视，而团队志在转变这种思想，使医疗保健工作人员和供应商认为错误与风险在很大程度上是可以防范的，大家最好坦诚地讨论这些错误与风险。这种开诚布公的方式有利于揭示导致失误的根本原因，使医疗保健工作人员毫无顾虑地寻求帮助，这样他们就可以掌握更好的方法去照顾患者。团队成员坚定不移、身体力行的工作态度，使其他行之有效的扩张优势活动逐一展开，他们最后的成功完全取决于日复一日艰苦卓绝的实施工作。他们借用了美国陆军的一句格言：“业余人士讨论战略工作，专业人士讨论后勤工作。”换句话说，为了完成任务，他们要面面俱到。

麦坎农解释，大部分的医院都是专科医院，在某些专业领域里出类拔萃，这就意味着行业里的优势本就广泛存在。项目团队集中精力发挥了非凡的后勤技能来保持这些优势，并将此类专业知识传播到其他医院里去。麦坎农说道：“在心脏病突发情况下提供安全可靠的护理方面，如果俄勒冈州的某个医疗机构做得可圈可点，我们就负责让它同全世界都联系起来。反之，当俄勒冈州的某个医疗机构对马萨诸塞州的某个医疗机构在如何减少感染概率方面感兴趣时，我们就要扫除阻碍，牵线搭桥，以便它们之间能展开合作。我们非常希望大家参与进来，不吝赐教。”

麦坎农的团队采取了多种方式建立并维护这样的关系。他们每周有一次类似直播的活动，大家通过打电话的方式参与，名为“活动直播”。来自上百家医院的工作人员都会加入其中，学习一些有实证的成功措施及其他有关的经验教训。麦坎农的团队维护网站、提供有关该活动的报告和手册，其中包括减少医疗失误方面的研究信息、各种医疗实践方法的细节以及其他“活动直播”记录。不过，团队工作的重中之重仍会牵涉各医院网络的建设，以及向其他医疗机构寻求帮助的工作。

活动开展了仅 2 个月，便有超过 1 600 家医院加入进来，这时将这类工作外包出去迫在眉睫。麦坎农的团队顺势而为，向大家表明参与者应该让这个活动成为自己的活动，他们的态度非常坚定。麦坎农补充说：“在这么短的时间内，我们便达成目标了，这真是让人惊讶，同时也很鼓舞人心。我们之所以促成了数不胜数的‘本土联姻’，因为这是能完成目标的唯一办法。”这些“联姻”主要涉及的是“节点”① 和“指导级医院”。70 个“节点”为 IHI 卸下了大量的行政工作负担；每个“节点”在指定的区域协助管理活动，或是负责几个主要特殊领域，比如农村、学术类、儿童专业的工作。例如，在佛蒙特州，当地医院协会和卫生系统联手东北医疗卫生质量基金会组成了“节点”，以帮助全州管理和协调该项活动。尤其要提到的是，麦坎农的团队负责召集工作，目标就是说服该州的每一家医院都来加入这项活动。

虽然“节点”承担了一部分行政工作，但麦坎农的团队仍持续关注发展的实质问题，并召集了近 200 家“指导级医院”。这些医院是该活动的命脉。项目团队集中精力传播 6 种实证的操作方法，而这些医院都至少在其中一个方法上堪称专家。

---

① 节点，也即网络节点，指一台计算机或其他设备与一个有独立地址、具有传送或接收数据功能的网络相连。——译者注

1. 快速反应团队：一旦患者的病情急速恶化，专家便刻不容缓地采取行动。

2. 治疗心脏病突发的流程：包括使用阿司匹林和 β 受体阻滞剂的快速处理方法。

3. 呼吸机集束干预策略：为接受呼吸机治疗的患者预防肺炎的实施方案。

4. 中心静脉导管集束干预策略：包含有核对清单的方案，以防止相关的中心静脉导管感染。

5. 通过使用抗生素和其他方法：包括确保所有医护人员手部卫生的步骤，预防外科手术区域的感染。

6. 用药比对：比对给患者所开的药物，防止致命的药物相互作用。

一旦麦坎农的团队发现某家医院采用了其中任何一个方法，或者团队帮助某家医院掌握了其中一个方法，那么那里的工作人员就会被请去担当其他医院的导师。例如，麦坎农的团队为加州康特拉科斯塔县（Contra Costa County）医疗中心与 4 家指导级医院牵线搭桥，这几家指导级医院在用药比对方面就是专家。康特拉科斯塔县那家医院反复试验后，开发出了为己所用的用药比对流程，这样一来，他们在这方面也成了专家。后来，麦坎农的团队又为其与其他需要此类专业知识的医院牵线搭桥。

随着这项活动的推进，团队去现场的时间越来越多。他们发现，面对面的接触更为关键。于是 4 个团队成员变成了全职人员，奔波于各家医院，明确需求，找到并传播更行之有效的方案。2005 年 9 月，麦坎农和几位队友租了一辆大巴，大巴上贴着患者的图片、活动的口号和对真人真事的介绍。他们亲力亲为，将车从波士顿开到了西雅图，一路上走访了16座城市，旨在点燃大家的热情，将实践方案宣传出去。麦坎农说，宣传关键性的经验教训可以运用其他一些手段，但没有什么比得上有人活生生地出现在现场，使医疗卫生工作者在有需要的时候就能帮助他们。

撇开这项活动的特质不谈，它还具有复制成功的两大最佳标志。首先是我们已经强调过的，一个核心团队持续促进准确信息与指导方针的交流，以及对于积极性的调动，都能在各大医院的关系网畅通无阻。其次，团队不断寻找、培养有志之士施以援手，这样他们就不用背负“连接及传播”整个过程的重担了。鉴于团队人数太少且只有不太多的330万美元的预算，IHI尤其需要援助。不过，我们从凯撒医疗集团高达数十亿美元费用的“凯撒健康连接系统”中也看到，无论一个团队有多少预算，扩张优势取决于其产生的连锁反应。在此，如果用多米诺骨牌作比喻，就是说核心团队没有必要介入过深、亲手推动每一块骨牌。

这一章节从头到尾，我们都专注于讨论“连接及传播”流程的运用。我们始于一个显而易见的核心问题，尽管它经常被人遗忘、忽视或驳回，但对于那些执着于扩张优势的人来说，这些问题又反反复复困扰着他们。

发现你的真正优势

我们开设的“以客户为中心的创新”高管课程有一个“学以致用”的专题讨论会，其间各位经理和高管以个人经历对所教授的实践方法推广的课题献计献策。克劳迪娅·科奇卡负责主持这个讨论会，她邀请了众多复制成功领域的大师，如通用电气的道格·迪茨、捷蓝航空的邦尼·西米，还有凯悦酒店的达尼娅·杜克（Dania Duke）和赛佰斯公司（Cybex）的比尔·帕切科（Bill Pacheco）。每次讨论会上，60 位课程参与者中至少有 1 位会喋喋不休地讲起自己所在的组织所开展的规模庞大的创新活动，他们举办研习班、讨论会，并且为复制成功团队配以雄厚的资金，项目五花八门，但毫无新意。据称，有些创新方案正在被推广以解决一些实际的问题，然而实质上没有一个团队或项目真正使用了这些方案。有家公司尽管安排了众多人手、多个团队，在过去的 10 年间专门负责推广设计思维，但其高管甚至连一个曾经运用过该方式的项目名称都讲不出来。

研究人员将优势扩张活动分为 3 个阶段：发现优势、高效传播和扩张优势。对于我们而言，这个排序太线性了，因为优势扩张活动通常是时断时续的，极少能如此按部就班。不过，这 3 个循序渐进的阶段，也就是各位经理和高管喋喋不休的那些枝节横生的经历，蕴含了一个虽简单但深刻的教训，这也正是我们在专题讨论会上重点突出的："想要扩张优势，至少先要拥有这样的优势"。各位高管对此唏嘘不已，因为据他们所讲，工作场合中许多老板的所作所为，并不妥当。

有时，这种组织优势并不存在的问题会冒出苗头，是因为权力在握的人下定决心要扩张的，是他们坚信有效的事物，尽管尚未有足够证据表明真的行之有效。举个例子来讲，如果有人试图通过分析笔迹来为你的组织招聘员工，请立即阻止。笔迹学在法国和以色列的确是很常见的招聘方法，但所有公开的证据表明，它在评估员工的品质和潜力方面毫无用处。

该问题是将优势扩张活动纯粹当作一场空战所产生的副作用。犯这种错误的领导者与团队经常目光短浅地对待别人，比如仓促地开一两个研讨会、做几次演讲或是上几次在线课程，然后就觉得大功告成了。套用雅虎公司前高管布拉德·加林豪斯（Brad Garlinghouse）的话，这是患上了"花生酱综合征"。2006 年，加林豪斯撰写的一篇文章被《华尔街日报》称为"花生酱宣言"，文章对雅虎日渐平庸的表现如此长吁短叹：

> 听说我们的策略就像涂花生酱一样，全用在网络领域中层出不穷、多如牛毛的机会上。结果却是：投资被分摊得太薄了，我们无所不投却博而不专，最终一事无成。
>
> 我讨厌花生酱。我们都应该讨厌花生酱。

一些领导者相信或假装相信，只要做一些表面工夫，组织优势有时就会奇迹般地层出不穷。但是，“连接及传播”的整个过程并不是如此运作的。惠氏公司向 17 000 名员工推广实施质量和成本控制方案时的举措，才是我们行动的榜样。一开始，他们专注于 8 个工厂中的几项“迷你改造”，每个改造辅以培训、辅导、工作人员和顾问的反馈等，且都涉及大量的试验和演练。一旦某个实际的优势被创造出来了，从这个“迷你改造”过程中吸取的教训就会接二连三地推广至下一个改造项目上，正如珀尔里弗的菲森·哈克纳萨尔的团队，他们将分装更换流程的耗时从 14 个小时缩减到 7 个小时。这个多米诺骨牌效应一直持续到 17 000 名员工都改变了方式方法。他们任劳任怨，不惜代价，花了 18 个月，最终大功告成。惠氏公司节省了 2.5 亿多美元，每家工厂的质量水平都扶摇直上，员工的责任感和自豪感也得以加强。

当然，正如我们介绍过的学习曲线的研究结果所揭示的，有时即便早期的收获平淡无奇甚至糟糕透顶，但尽心尽力地将它们先创建出来，通常也是值得的。领导优势扩张活动的团队，有时对于所传播的优势缺乏技能及经验，有时在他们周围根本没有人擅长于此。不过，当他们施以援手的团队、小组和部门积累了更丰富的经验，实际的优势就应运而生了。20 世纪 90 年代，萨顿曾与惠普公司的供应链部门，即战略规划与战术建模部门（Strategic Planning and Modeling，简称 SPaM）合作，当时就经历过这段过程。最初，SPaM 的负责人科里·比林顿（Corey Billington）承认，这里雇用的顾问相比于其服务的惠普业务部门，并不是说就见多识广了。不过，通过一点一点地积累经验，并与诸如斯坦福大学李效良教授（Hau Lee）这样的专家并肩同行，SPaM 发现并解决供应链问题的能力突飞猛进。在之后的几年里，这个学习曲线不断向上爬，SPaM 因其令人振奋的成就，特别是在惠普庞大的打印机业务方面，在公司内外都赢得了良好的声誉。SPaM 的成功归因于他们专注于发展并传播真正的优势，而不是将一层薄薄的供应链“花生酱”“涂抹”于惠普公司的全身。

谁是你应该联系的人

注重多元化，而不只是数字

我们在第 3 章里谈到，邦尼·西米在组建第一个团队以解决捷蓝航空“非正常运营”的问题时，她邀请的人员来自全公司不同的工作地点与部门，有行李搬运工、登机口工作人员、预订代理商、机械师、空中交通管制员以及管理人员。这个团队的多元化还表现在许多照片和视频上都是有男有女，有老有少，有拉美人、亚洲人、非裔美国人和白种人。西米主要是想大范围地将相互关联的各个运营部门中拥有专业知识的人融合在一起。不过，有关说服力和社交网络的研究结果表明，从一个多元化的群体着手去推动优势扩张活动，也出于其他原因。总之，如此的广度，意味着负责的团队会同组织关系网中更多的“节点”相连接，其中有不同的管理部门、区域、职能部门以及不同级别的全部员工，还有其他一些群体。如果西米在捷蓝航空最开始的“非正常运营”项目团队只包括来自纽约的白人男性飞行员，或来自长滩港口的拉美裔女性登机口工作人员，那么新的思维模式所能传播到的人或地方就少得多了。

这么做还有一个优点，就是如果整个组织跨部门、无所不包地均有涉及，那么早期招募到的人员就不用太担心会被人利用。他们不会因为某个试验太过疯狂而感到自己只是被当作了试验对象，也不会担心那些八面玲珑或野心勃勃的管理人员在设局让自己一败涂地或丢人现眼。这种广度也表明优势扩张活动可以帮助很多组织成员，而不只是针对一些特殊部门。许多组织把技能水平相当和背景相似的员工分门别类，比如财务、工程和人力资源部门的员工经常一起工作，但与其他管理部门或职能部门却很少打交道。如果刚开始只邀请这些各自为阵的部门，比如市场营销部，那么组织里的其他部门则会认为只有市场营销部门的人有兴趣参加，或是只有他们将受益于这些活动。

具有讽刺意味的是，多元化也因同质性的威力，会对优势扩张活动产生推动作用，特别是心理学家所称的“相似性吸引”效应（similarity-attraction）。好坏暂且不论，人类倾向于热情对待与自己相似的人，并愿意花更多时间在他们身上。哈佛大学的拉凯什·库拉纳（Rakesh Khurana）开玩笑说，吸引我们大多数人的正是我们喜欢的人，也就是我们自己。库拉纳用这些研究结果阐明，为什么美国公司的董事会主要由 50 ～ 70 岁的白人男性组成。因为成员对“复制”自己欲罢不能。即使是在员工多元化的工作场所，如果有选择，女性也往往倾向于与女性在一起，男性则倾向于与男性一起，年龄相仿以及种族相似的人也是这样。这种现象同样出现在专业背景类似的人身上。比如当工程师、平面设计师和文案工作者在同一个地方工作时，如果可以选择，他们往往倾向于和自己一样的同事结伴。

这意味着储备初期优势扩张团队时，如果能请来更能代表大型组织多元化的人员，那么一旦团队成员拥护并践行一种思维模式，相比于由看起来同自己类似、想法一致、来自一处、工作相同的人组成的团队，优势扩张的范围将会更广。如果一开始只是一味地“克隆”，那么优势扩张便会停滞不前。早期的团队需要丰富的人际关系，并且要在很大程度上互不重叠，这样一来，当他们同那些与自己类似的人组队而行时，影响范围就会更广。

查尔斯·达尔文的“四个火枪手”就是这一策略的经典例子。《物种起源》（*The Origin of Species*）发表于1859年，自此，顶尖的科学家就开始辩护和传播生物进化理论。每个人的专业领域都略有不同，因此他们的人际关系相当丰富，并且常常互不重叠。查尔斯·莱尔（Charles Lyell）是那个时代最著名的地质学家。约瑟夫·胡克（Joseph Hooker）是著名的皇家植物园植物学家及董事。胡克的跨国交际关系很广，因为他是一位狂热的探险家，曾带领探险队到达南极洲、喜马拉雅山、印度、巴勒斯坦、摩洛哥和美国西部收集研究各类植物。阿萨·格雷（Asa Gray）是最具影响力的美国植物学家，是经典文本《格雷手册》（*Gray's Manual*）的作者。格雷安排了《物种起源》在美国出版，他在畅销科技出版物上为该理论辩护，并在他极具影响力的著作《达尔文主义》（*Darwiniana*）里扩展了该理论。还有最后一位，托马斯·赫胥黎（Thomas Huxley）是最著名的“达尔文的斗牛犬”，他满腔热情、技巧高超，对来自各方的批评据理力争。这位闻名天下、自学成才的动物学家曾经提出鸟类是从恐龙进化而来的，而现在这个理论也被广泛接受了。赫胥黎还竭尽全力发展英国学校的现代科学教育，最终学校将该进化理论传授给了几百万名学生。

旨在传播某种新思维模式的大多数领导者并没有像达尔文那样拥有一个理想的团队，但如果在一开始就能拥有一个多元化的团队，任何优势扩张活动都会快马加鞭、一日千里。

寻觅带来“乘数效应”的大师

在第4章，我们介绍了财捷集团副总裁卡伦·汉森领导“设计为愉悦而生”的项目。该项目改变了数千名财捷员工的思考与行事方式。汉森的团队耗费了几年时间才领悟到，那些不同凡响、特立独行的设计师创造出的新产品和新服务，客户钟爱有加，以至于想全部收入囊中；但这些设计师并不总是将自己的才华和热情传递给他人的最佳人选。我们认为，能够带来“乘数效应”的大师也是必不可少的。这些大师不仅拥有可用于传播的真才实学与满腔热情，还善于找到援手来推动“连接及传播”的进程。他们能熟练地找出前途无量的“学生”，并且恰到好处地给予正确的反馈；他们始终保持最高水准；他们还不厌其烦、严于律己，教会人们吃一堑、长一智，但他们从不事无巨细，一手包揽，也不会从中干涉、越俎代庖。

1979—1998 年，海登·弗莱（Hayden Fry）担任艾奥瓦大学橄榄球队教练一职，他就是具备这些品质的人。弗莱的球队表现出色，在 238 场比赛中赢了 143 场，并 3 次跻身前十。不过在橄榄球圈子里，他最受敬佩的原因是培养出了 16 位顶尖橄榄球队的主教练，可谓前无古人。用他的行话，这些人都是“领头牛”（Bell Cows，牛群里挂铃铛的那头牛），牛群里其他牛始终跟着它们。每年弗莱都会标新立异地安排几位颇有领导能力的现役球员去指导其他球员。如此一来，既可以帮助他们掌握技巧，又可以考查他们，以决定哪些人可以聘请来担任初级教练。弗莱的前助理跟我们说：“除非他相信那人在某天能成为主教练，不然就不会请他当助理。”这说明弗莱也从来不会事无巨细，一手包揽。曾与弗莱一起执教 20 多年的比尔·布拉希尔（Bill Brashier）说：“他之所以用一个人，是因为他知道所用之人肯定不负众望。”弗莱的前助理、现任北得克萨斯队总教练的丹·麦卡尼（Dan McCarney）是这样说的：“他了解我们的能力甚于我们自己。他使人信心百倍、斗志昂扬，让你感到不能让他失望。”弗莱正是一位带来“乘数效应”的大师，他会因为前助理的成功而非常自豪。2011 年，他说：“我把这些家伙都当作我的儿子，我会看他们的比赛。”他还补充说：“这种感觉真好，就好像你让他们变得脱胎换骨了。”

大师般的导师并不一定要像弗莱那样化腐朽为神奇，但他们都会想方设法传道授业。以约翰斯·霍普金斯大学的威廉·霍尔斯特德（William Halsted）博士为例，他于 19 世纪末在美国开启了第一个外科住院医生培训项目，包括做实习医生、6 年的助理住院医生以及 2 年住院医生。20 世纪，他培养出许多威望颇高的外科医生，其中有现代泌尿外科的创始人休·汉普顿·杨（Hugh Hampton Young）、哈维·威廉姆斯·库欣（Harvey Williams Cushing）

和现代脑科手术创始人沃尔特·丹迪（Walter Dandy）。霍尔斯特德的传记作者杰拉尔德·因伯（Gerald Imber）形容他直率、严格、颇有绅士风度。他魅力四射，多数时候以身作则，工作起来废寝忘食，长年研究外科手术，细致到给患者扎绷带都亲力亲为。不过，他连实习生和助理的名字都叫不出来。他主要是跟高级别的住院医生沟通，期望通过他们将技术传给低级别的同事。霍尔斯特德的工作方法颇见成效，从很大程度上是因为他专心致志、技术精湛且独具匠心。他终其一生发展并传授现代手术方法，包括无菌手术与新型麻醉剂的推广使用。他说服了杜邦公司（DuPont）开发出第一双薄型手术手套，结果证明，它能使感染概率急剧下降。霍尔斯特德开创性地制定了众多外科手术的操作流程：他创立了乳房根治术治疗乳腺癌；他还操刀了第一例胆囊结石的手术，是于凌晨 2 点在家里厨房的桌子上给自己的母亲做的这例手术；他还完成了第一次输血等。

尽管会忽视手下的初级医师，但霍尔斯特德非常符合“乘数效应”大师的形象。即使叫不出别人的名字，也能慧眼识才，并且坚决果断地清除那些消极无能、性情不定的实习医生或住院医生。就像海登·弗莱一样，霍尔斯特德只与他认为前途无量的年轻外科医生共事，这些人将会成为未来大型医院的外科负责人。尽管霍尔斯特德明察秋毫，可是一旦他完善了某项技术或操作流程，重复的操作就会令他觉得索然无味。因此他会授权手下的住院医生执行此类操作，而他无须紧盯着了。

当然，霍尔斯特德本身就是那个时代天资非凡、标新立异的外科医生。尽管优秀的导师不一定总是如明星一样表现优异，但必定身怀绝技，只有这样，他们才能扩张真正的优势。例如，史上最成功的职业篮球教练菲尔·杰克逊（Phil Jackson），他曾带领芝加哥公牛队与洛杉矶湖人队赢得了 11 次 NBA 冠军。杰克逊职业生涯初期只是作为球员效力于两个 NBA 冠军球队，而且还只是替补队员，并非明星球员。而作为一名教练，杰克逊善于发现、培养人才，对于比赛，他犹如国际象棋大师一般运筹帷幄，对球员采取宽松管理的方式也是人人皆知。当球队表现不佳时，杰克逊不会突然叫超时或替换队员，他经常头脑冷静地坐着，让球员自己迈过这个坎，绝不会随便对细节问题进行指导。

带上拥有正能量的人

在第 1 章，我们讲述了 Facebook 为新入职的工程师安排的“新员工训练营”，这就是一个经典的“连接及传播”的过程。每位新入职的员工都会分配到一位导师，这些导师有助于新员工了解 Facebook 的思维模式、代码库的知识及一些实践方法。但在“新员工训练营”期间，他们传播的不仅仅是信念与行为方式，还有情感，尤其是正能量。弗吉尼亚大学的罗布·克罗斯（Rob Cross）和同事都表示，通过社交网络扩张优势，正能量是一种异乎寻常且富有感染力的重要情感。他们用一些简单的问题来考量一个人是有“正能量”还是有“负能量”，比如，“在工作场合，人们会以各种方式影响我们的能量和热情。与有些人打交道你会感到精疲力尽，而与另外一些人打交道却有可能让你感觉意气风发，感到一切皆有可能。当你与人打交道时，通常它是如何影响你的能量水平的？”可供选择的回答是灰心丧气、没有影响、生机勃勃。

克罗斯和同事发现，这些针对“能量”问题的回答预示了员工的绩效表现评估结果、升职及去留问题。他们还发现，在成功的、创新的组织里，其人际关系特点是正能量的员工比比皆是，并且大家都互通有无。研究表明，这种人际关系之所以如此活跃，在一定程度上是因为同事会从正能量的员工那里汲取营养，学会更多的知识。正能量的员工也能从他人那里集思广益并得到更大的帮助，也更有可能使自己的想法得到赞同并付诸实施。正能量的人不一定魅力四射、活泼，据克罗斯观察，他们许多人要么低调，要么害羞，新交的朋友都感觉他们呆头呆脑。然而一旦与他们打通关系，他们那种凡事皆有可能的乐观精神，使得其正能量的一面凸显出来。正能量的人可以让周围人立刻积极投入，他们看重他人的想法，并创造条件使他人能够稳步发展。

简而言之，正能量的人能推动组织获得成功。这又将我们带回到第1章里介绍过的内容——Facebook和克里斯·考克斯那里。萨顿初次见到考克斯是在2007年，当时他还是26岁的年轻人，担任Facebook人力资源部负责人。萨顿在与他交谈半个小时后认识到：

1. 他比硅谷其他年长许多的大多数高管更成熟。

2. 他的精神状态让萨顿感到精力充沛。

此后，考克斯在Facebook担任了不同职位，其中包括产品副总裁一职。但无论哪个职位，考克斯在公司总是发挥着举足轻重的作用。公司的内部人士，包括CFO迈克·斯科洛普夫在内都向我们强调，考克斯自始至终对于Facebook的发展来讲都是极有建设性的力量。他振奋人心、招贤纳士，并使他们为效力于Facebook而感到自豪。考克斯的技术能力令人称奇，他那颇具感染力的正能量更是举世无双。直至2013年，考克斯仍然亲自给每位新员工致欢迎辞，对公司的历史、战略和思维模式提出自己的见解，同时也将他那奇妙无比的正能量传递出去。

如果一个组织想要扩张优势、复制成功，那么招揽、发掘拥有正能量的人并为他们牵线搭桥，大有裨益。不过，每个组织难免有一些“负能量”的有才华的人。他们中很多人非常消极，对他人态度强硬，如果组织不能格其非心，那就最好请他们走人。罗布·克罗斯的研究结果表明，现实中，这往往就是他们的命运。但是，有一些消极的人很有价值，还是值得留下的。在这种情况下，两种方法非常有用。一种适用于技术背景强但拖同事后腿的非管理类员工，具体方法就是将他们留在公司，但工作上尽量少同他们打交道。正如一家律师事务所的执行合伙人所言，这些人只是不明白怎么与客户打交道罢了。在一个我们颇为了解的组织里，有位脾气暴躁但才华横溢的工程师就有一间独立办公室，这家公司连CEO的办公室都是开放式的。而且他的办公室被特意安排在一个位置靠后的角落里，几乎不会有人路过。这个办法很管用。这位工程师一般只通过电子邮件与人沟通，写邮件时他相当有教养。虽然他时不时也会因为同事以及他们的想法而火冒三丈，但是他的办公室门经常是紧闭的，相对隔离的状态将不愉快的气氛影响降至最低。

如果“负能量”的人占据着关键的领导岗位，那么这种方法就不会奏效了。这种情况下，拥有正能量的同事则有助于修复其带来的损害。在约翰斯·霍普金斯大学里，冷若冰霜且不近人情的威廉·霍尔斯特德博士就是这样培养出多名技术高超的外科医生的。他的同事中有几位是众人皆知的正能量者，尤其是威廉·奥斯勒（William Osler）博士，他是致力于创建现代外科医学教育体系的四大人物之一。奥斯勒满腔热情、爱讲故事、好捉弄人，倍受追捧。大家常常看见他与住院医生、学生或实习生搂着肩膀走过医院大厅，而且在大学高级教职员工中，只有他才会与学生频繁交往。霍尔斯特德固然是天才，但他漠然的态度经常让人灰心丧气。从另一方面来讲，正如霍尔斯特德的传记作者所说的，奥斯勒在所有人的眼里，特别对于晚辈来说，是学校里“跳动的心脏”。

激活处于休眠状态的关系

美国拥有私人公司的女性中，超过 80% 的人都曾参加过女童子军。目前近 60% 的国会代表和 70% 的参议员都是女性。几乎每位执行过太空飞行任务的女性宇航员也都参加过童子军。3 位美国女国务卿、2013 年的 5 位美国女州长也参加过童子军。不过，尽管她们在女童子军时期积累的经验备受瞩目，也心甘情愿去帮助女童子军服务的女孩，但这些曾风光一时的女性作为成年人，还是会为世事烦恼。北加州女童子军的 CEO 玛丽娜·帕克（Marina Park），也是萨顿的妻子，她就意识到了这一点，于是经常拿这些实际问题来重新点燃大伙的热情，并为女童子军赢得八方支持。尤其值得一提的是，帕克会寻找那些有可能成为年轻女孩伟大老师、被奉为模范的女性，并努力为她们与女童子军牵线搭桥。2008 年，在《旧金山商业时报》(*San Francisco Business Times*) 的晚宴上，帕克荣获了“150 位最有影响力的女性”的称号。每位获奖者要求给出一条 10 字或 10 字以下的建议。帕克对在场的人说：“曾是女童子军的人请举手。”现场大约有 75% 的女性举手示意，当时人声鼎沸，掌声阵阵。这样一来，她便同这些潜在的支持者、导师攀谈起来。后来她还通过电子邮件跟进其他的获奖者，因为她当时没能当面与她们交流。第 2 年的夏天，帕克邀请了十几位成功女性加入“CEO 夏令营”，并用了 3 天的时间指导来自北加州的少女，这些女孩子之前得到的服务不到位；其中有几位女性接受了她的邀请。除此之外，之后另有几位女性还自愿加入了女童子军委员会及其他活动。

帕克的行为表明，领导者可以多措并举，吸引潜在的支持者。首先，可以让她们想起那些不曾记起的经历。交谈的内容可以是美好的回忆，尤其是她们作为女童子军的一员获得成就之后，以及后来作为组织的一分子而产生的自豪感。这正是帕克采取的行动。接下来，便是引导大家的情感，付诸行动。帕克会细声细语地鼓动她们不忘旧友，同时认识新朋友，她邀请这些女性加入“CEO 夏令营”正是出于这个理由。最后，对这些再次被招募进来的人，要与人方便，以践行希望扩张的优势，让它们成为“多米诺骨牌”良性连锁效应的一部分。许多加入“CEO 夏令营”的女性不只是在活动期间担任导师，在往后的多年里，她们继续为在夏令营遇见的女生们指点迷津并创造机会。有几位参与了“CEO 夏令营”的女性，还说服其同事参与进来，对女童子军组织施以援手。帕克自己也正因为“CEO 夏令营”的经历而对这种工作心驰神往，在企业做了 25 年的律师之后，2007 年，她一改职业生涯，担任了非营利组织，北加州女童子军的领导工作。

重新激活当前及未来员工之间的关系也可同样效法。玛丽萨·迈耶任职雅虎公司 CEO 的第一年便是如此。首先，迈耶上任几周后启动了 PB&J 项目(“流程、官僚与困境”重组项目)，作为对布拉德·加林豪斯“花生酱宣言”

的回应。她敦促员工集思广益，使雅虎成为一个其乐融融、高效创新的公司，并且誓要将大家的奇思妙想付诸实施，使员工能够轻而易举、齐心协力地解决问题。几个月内，迈耶和同事付诸实施的想法数以百计，多数是些琐事，诸如移除停车场的障碍物，除去员工健身房里一些无用的训练项目等。这些细微的改变与其他一些较大的改变，比如每位员工配置一部手机，两者相得益彰，都使这家苦苦挣扎的公司拨云见日。大家开始相信，如果全力以赴、齐心协力，雅虎就有可能重振旗鼓。而有些颇具争议的改变产生了更大的压力，使雅虎内部构建起更密切的关系，比如迈耶禁止员工在家工作。有许多员工和评论家对此提出异议。但迈耶之所以坚持做出这个改变，是因为雅虎公司如一盘散沙。即便公司优势在握，扩张起来也会步履艰难，或许根本就无法扩张。很多雅虎员工感到与公司及其他员工的关系在逐渐疏远。

雅虎仍然面临众多险境：你死我活的竞争、不断发展的战略和复杂冗长的流程。但迈耶早期进行的改革带来了希望并硕果累累。雅虎的股票价格在她上任的第一年翻了一番。还有迹象表明，员工关系的牢固度、对公司的自豪感都在逐渐恢复。相比于迈耶加入公司以前，员工的主动离职率下降了 50%，彼此疏远的员工关系也重新被激活，得以回温。新入职的员工中有 14% 的人属于“吃回头草”，曾经离职的员工又回到了公司。许多离职的、颇具影响力的员工，包括布拉德·加林豪斯，他们多年来要么保持沉默，要么公开批评雅虎，但也开始表示支持迈耶，并且对公司的前景感到乐观。

连通所有人：将工作变成一种人人都爱玩的游戏

提起“乐趣”这个词，许多高管都持谨慎的态度，甚至是充满敌意。莉比·萨廷（Libby Sartain）负责西南航空公司的人力资源部门，她讲述了以前在玫琳凯化妆品公司（Mary Kay Cosmetics）工作期间，是如何因为在走廊里咯咯地笑而惹上麻烦的。萨廷说，她加入西南航空公司的原因之一，就是她可以无拘无束地笑。遗憾的是，正如越来越多的研究人员、顾问和专家争论的那样，如果用一个设计优良的电脑游戏标准来评价大多数的工作岗位和组织，那么工作就好比差劲的游戏。斯坦福大学传播学专业的教授拜伦·里夫斯（Byron Reeves）的观点是，与流行的多人参与的游戏“魔兽世界”相比，大多数组织的凝聚力不强，员工参与度不高，而且激励机制也设计得不合理。正是这些因素制造了不必要的摩擦并造成了员工之间的待遇差异。

里夫斯和其他组织“游戏化”的倡导者断言，假如将设计电脑游戏的原则运用于设计组织，那么工作更有效率，工作场所会其乐融融。他们还认为，电脑游戏应该被策划并包罗到工作中，吸引和激励员工，使组织能够更高效地运作。2011 年，调研公司高德纳（Gartner）预测，到 2014 年，2 000 家全球大型公司里起码有 70% 会将至少一个“游戏化的应用”实施到市场营销活动中，到 2015 年，50% 的组织会“游戏化”自己的创新流程。只有时间才会告诉我们，“游戏化”在短暂狂热后是会很快消失，还是会成为现代工作场所中的应用套件。甚至那些相信“游戏化”大有所为之人，比如 Salesforce 公司的首席科学家 J. P. 兰加斯瓦米（J. P. Rangaswami）也指出，“游戏化”的影响力有局限性。他认为，一些工作场所本来就枯燥乏味，与其“涂脂抹粉，弄虚作假来粉饰太平”，还不如进行一些基础性的改变。

如果组织本身就令人压抑、毫无公平可言，还有肮脏的办公室政治，那么就算添加几个游戏也无济于事，反而可能会被认为是一种虚伪。我们对此表示赞同。但当工作环境运作正常，领导受到尊重，流程公平合理，员工积极参与工作，那么精明的“游戏化”举措则大有可为，它能使工作变得有乐趣，在人与人之间建立牢固的关系，并对扩张优势、复制成功大有裨益。

瑞特公司（Rite-Solutions）拥有 150 名员工，其核心业务是给美国的海军和赌场开发、销售软件解决方案。CEO 吉姆·拉瓦伊（Jim Lavoie）和 COO 乔·马里诺（Joe Marino）都致力于使公司成为一个妙趣横生、员工积极参与的地方。正如作家兼创新人士波莉·拉巴尔（Polly LaBarre）所言：

"在瑞特公司，你会在上班的第一天上午 9 点起就明白'你很重要'。公司会为你举行生日会，还有包装精美的礼物与蛋糕。在你与新同事庆祝的同时，你的家人也会收到'欢迎入职的礼包'，一个含有鲜花、礼物以及一封领导亲笔信的大礼包会送到你的家里。"

拉瓦伊和马里诺做这些当然不是为了钱，也不仅是图个好玩。他们想搞清楚如何能使大家积极参与工作，如何将员工紧密联系起来，从而使大家集思广益，这样瑞特公司的服务就可以进一步开发或销售给客户了。他们认为，让大家集思广益并不难，难的是在对某些想法说"不"的同时又不至于向员工泼冷水。拉瓦伊和马里诺的经验就是，通常来讲，前卫的想法必须予以否决，因为这些想法有很多都不够完善，还有一些想法在当下看来也并不可行。对太多的好点子说"不"也是明智之举，这就好比将充足的时间和资源去发展一两个想法，而不是将精力过度分散到 10 ～ 15 个较有可为的想法上。很多公司会利用"终结委员会"，一来否决某些想法，二来他们会对提出这些想法的员工进行毁灭性的批评甚至嘲笑。同事们目睹如此颜面尽失的境遇之后，便会习惯于保留自己的想法，以免遭受同样的厄运。

拉瓦伊和马里诺运用了"游戏化策略"来吸引全公司员工广开思路，通过对其精挑细选，开发其中的几种想法，同时将大部分否决。拉奥和斯坦福大学的案例作家戴维·霍伊特（David Hoyt）记录了在线游戏"相互取乐"的一些细节，设计这个游戏旨在制定一个为公司出谋划策以及如何否决它的流程。游戏本身趣味无穷、鼓舞人心、让人毫无顾虑，同时它会使公司里人与人之间的关系更加密切。据拉奥和霍伊特所知，公司有 95% 的人上线玩过这个"相互取乐"的游戏。正如拉巴尔所言，这是一个丰富多彩、直观、随时可以参与的平台。这个游戏的内部"股票市场"分为 3 个类别。

1. "节约债券（Saving Bonds）"，指可以为公司节省开支或提高效率的想法。

2. “鲍琼斯指数（Bow Jones）”，指利用现有技术来创新产品或服务的想法。

3. “斯帕斯达克（SPAZDAQ）”，指有关新技术的想法。

员工一旦提交一个新的想法，就会有一位高级工程师快速检查一下，然后放在“相互取乐”游戏里。每位员工可以获取 1 万美元的虚拟游戏币，用来投资在同事的“虚拟股”上。这个游戏也能够使员工讨论这些想法，并自愿为这些想法开展工作。那些能吸引更多虚拟游戏币和志愿者的“股票”价值就会上涨。公司会在位列前 15 支的“股票”上投入“风险投资金”，那是真正的钱。例如，拉瓦伊的助理丽贝卡·霍希（Rebecca Hosch）名为“赢 / 玩 / 学”（WPL）的教育工具，是基于瑞特公司为赌场开发的一个宾果游戏计算程序而提议的。“赢 / 玩 / 学”成了“相互取乐”游戏的热门资产，最终获得了玩具制造商孩之宝（Hasbro）的授权。那些不能吸引投资者的“股票”会被摘牌，但它们常常会激发出一些新的建议。一旦某个想法为公司节省了金钱或是带来了收入，创意人员和实施人员都可以分享收益，实施人员则会分得更大比例的收益。

至 2011 年，“相互取乐”游戏产出了 50 多个创意，其中的 15 个得以实施，且占到了公司收入的 20% 以上。除了“赢 / 玩 / 学”以外，他们还出售了其他几个创意给别的公司，其中就包括“相互取乐”游戏。游戏“相互取乐”帮助瑞特公司产生了一些切合实际的想法，也否决了一些人的异想天开，同时使员工之间以及员工与公司之间更加亲密。这就是为什么拉瓦伊和马里诺能够在员工当中培养坚如磐石的忠诚度的原因之一。而且，员工流失率接近于零，并且不断有同仁将行业最优秀、最聪明的人介绍到公司里来，使他们受益匪浅。

让关系网运作起来的 7 种方法

就扩张优势的活动而言，网络关系图，比如老套的组织结构图，会是一个很有用的出发点。不过，绘制和讨论这种秩序井然的图表，有可能只是某种诱人的消遣而已。组织中的现实生活比那些简洁图形所表示出来的更复杂。对于那些肩负扩展组织规模责任的人来讲，其工作并不只是绘制一张网络关系图，他们得让这张“关系网”，也就是整个组织运作起来。如果建立的关系网并不能使人采取任何建设性的行动，不能反映和加强想要传播的优势，那就不会取得成功。

本着这样的精神，我们提供 7 种方法来帮助大家让关系网运作起来，这些用来摆放并激活“多米诺骨牌”的方法不尽相同。在讲解这些方法之前，我们会提出两条至关重要的规则。一条为“一次是不够的”，另一条为“一个是不够的”。

第 1 条规则“一次是不够的”，是因为信念和行动不会像传染病一样传播，即接触一次，远远不足以感染他人。想要使大家坚守一种思维模式，就得给他们发送多条信息，让他们能多次接触，以此来打动人心，这样大家对这种思维模式就会念念不忘、欣然接受，并依此践行。哥伦比亚的波哥大市（Bogota）前市长安塔纳斯·莫库斯（Antanas Mockus）才华横溢但古怪偏激，在他管辖的这个混乱不堪、人人自危的城市里，他就应用了此项规则来鞭策市民，让他们开车走路要注意安全。他穿上超人的服装，在大街上跑来跑去，以吸引大家对这些问题的关注。其办公室分发了 35 万张“大拇指朝上”和“大拇指朝下”的图片，示意行为是“做得对”还是“做得不对”，并要求市民用这些图片对开车及行人的行为相互给予反馈。莫库斯在曾发生过死亡事故的人行道及马路上画上流星的图案，提醒市民此处要多加小心。他还聘请了 420 位小丑，派他们走到街上去嘲笑和奚落那些行为鲁莽的司机和行人。他的理论就是相比于交通罚单，市民更害怕丢人现眼。

至 2003 年莫库斯卸任为期 8 年的市长职务，这些鞭策市民以提高安全意识的方式都是奏效的。该市交通事故数量下降了 60% 以上，死亡率下降了 50% 以上。

第 2 条规则“一个是不够的”，是指每个方法并非适合每一次优势扩张活动，也并非所有的方法都只能独立使用。将两个或两个以上的方法多措并举通常胜过使用单一的方法。在公司或非营利组织里，有的 CEO 在发布消息敦促员工要降低组织成本的同时，还会安排集市或贸易展览形式的活动，大家摆好展台，相互分享曾经使用了哪些方法来降低费用。如此双管齐下，将两种方法结合起来，很可能比任何单一方法都更行之有效。这不仅仅是因为多种方法的结合使用可以提高谆谆教诲的效果，而且还因为不同的人会被不同的方法吸引。有些人可能受来自管理层或直接下属的压力的影响更强烈，另外一些人会在集市上通过与组织内部其他部门的人员交流想法而受到影响。目标都是想给人们提供多个切入点，从而引导他们接纳组织想要传播的思维模式，并希望大家践行下去。

下面介绍让关系网运作起来的 7 种方法。

自上而下的方式

在第 4 章里我们谈到，虽然很多人对于等级制度抱有矛盾心理，但所有的团体、组织都设立了这样的制度，也需要它以求生存和成长。等级制度能派上用场，正是因为其自上而下的方式创造了多米诺骨牌效应。举个例子，丹尼·施特里格尔（Denny Strigl）是威瑞森电信公司（Verizon Wireless）的前 CEO。在威瑞森向市场推出短信功能的几个月里，几乎没有几个顾客购买这种功能，他因此忧心忡忡。他还注意到使用短信功能的公司员工也寥寥无几。于是他决定向他认识的，能在最大程度上影响他人的直接下属推行发短信功能。他说：“如果我们自己的员工都不确信短信功能有用武之地，那几乎不可能让顾客确信它的价值。”施特里格尔开始给手下的每位副总裁发短信。如果没有人回复，他就挨个打电话，说：“我将会频繁地使用短信，也希望大家都使用短信。”下一次他发短信时，每位副总裁都立即回复了他。施特里格尔一直这样每天给每个人发短信，大多数人都会立即回复。如果他们不回复，他就打电话，或跑去他们的办公室，问他们为什么不回复。不久后，这些副总裁也开始给自己的下属发短信，如果下属不回复，他们也会跟进。每次施特里格尔给威瑞森员工开会，就会问当天谁发了短信。最初，举手的人寥寥无几。不久后，大家都举手了，差不多每位员工在工作时都使用短信。这个方法有助于给顾客、朋友、家人实际说明短信功能。

这就是一个犹如教科书一般的范例，它表明了一种行为是如何自上而下逐层展开的。不过，对于一些更复杂、颇有争议的变革，发号施令常常就不够了。

一传十，十传百

网络研讨会、小册子、电子邮件、网站以及高管向员工做演讲的集会，这些都是扩张优势的方式。它们表明领导者和团队致力于传播的思想是至关重要的，能让大家从中掌握精髓，从而变得兴趣盎然。但仅仅是如此的“空战”战术，并不足以说服人们积极投入，协力扩张优势。医疗保健改善研究所有一个直播活动，一周 1 次，大家通过电话或网络即可参与，该活动由全国公共广播电台前健康节目记者玛奇·卡普兰（Madge Kaplan）主持。当拉奥访问医疗保健改善研究所设在波士顿的总部时，他参与了一次节目，来自美国各地的上千名听众提出了数十个关于“压迫性溃疡”，即褥疮的产生以及如何避免的问题。然而，该活动的负责人乔·麦坎农明白，如果想将掌握了治疗方法的医院同那些想学会该方法的医院联系起来，只靠这次活动和其他单向的传播是远远不够的。想要建立坚若磐石的关系，需要的是“地面战”战术，要亲自发电子邮件、打电话，特别是面对面的互动。

谋智公司的创始人及前 CEO ——现在是主席——米切尔·贝克（Mitchell Baker）通过撰写博客文章发布公司相关内容，员工和成千上万编写代码、控制检查质量以及推广软件的开放源代码社团的人都可以浏览。贝克在公司创立初期就开通了博客，当时她致力于延长网景通信公司（Netscape）内部一个进退维谷的开放源代码项目。最终它发展成为火狐浏览器，这为谋智公司带来了几亿美元的营业额。《争论的蜥蜴——米切尔有关谋智公司的报告》（*Lizard Wrangling—Mitchell on Mozilla & More*）是我们读过的高管撰写的最详细、最坦率的博客文章。贝克在报告里提供了详尽的财务信息，提到了高级管理层的变动，并且公开地谈到公司面临的严峻挑战，内容还涉及她认为火狐浏览器损失的营业收入和市场份额，皆是因为数百万用户由使用个人电脑转换为使用平板电脑和智能手机。但贝克也表明谋智公司巨大的国际化脚步之所以能遍及全球，很大程度上是通过那些开发、测试并推广火狐浏览器而建立起来的私人关系得以实现的。这些关系通常是网络程序员和其他一些从未谋面的支持者建立起来的关系网。

包围策略：让多数人教导少数人

为了传播新的行为方式或信念，如果不计经济成本的话，立竿见影的方法之一便是把三五人的小团队置于一个大群体之中。这个大群体所有人的言行践行的正是组织希望他们接纳的思维模式。不论他们转身至何处，都会有人给他们示范正确的行为，教导和训练他们；如果按照当地标准，他们的言行不太妥当，就会有人来纠正。几年前，萨顿采访了警长尼克·戈图索（Nick Gottuso），后来还采访了加州希尔伯勒（Hillsborough）警察署的一位警长，以及当地特警队 12 人狙击小分队的一位队长。戈图索表示，掌握特警队的必备技能很困难，他们的世界观强大又微妙，在发生人质危机及其他有可能需要动用武器的情况时，对协调能力的要求很高，以至于警队每年只能整合一两位新成员。

一对一：搭档的力量

这个方法对大部分成功的优势扩张活动来讲都颇为关键，正如多米诺骨牌一个推倒下一个一样，几乎所有的优势扩张活动都在一定程度上依靠成双成对的关系。它正是“挽救 10 万条生命”活动的核心。比如，在降低患者因上了呼吸机而罹患肺炎的概率方面，一旦某家医院成为这个领域的专家，这家医院的员工就从学生变成了老师，从而可以去指导另一家医院。搭档的力量也是 Facebook“新员工训练营”的核心：每位新入职的工程师都被分配了一位导师来为他们提供辅导、答疑解惑，为期 6 周的培训也使新人与即将共事的 10 ～ 12 个团队建立关系。对于扩充人才来讲，将导师与培训人员搭档在一起也是一项基本工作。星佳游戏公司（Zynga）是一家社交型网络游戏公司，开发了如“开心农场”（FarmVille）等游戏。公司有一项政策鼓励管理层来培养、辅导下属：管理者如果不能培养下属成为接班人，那么管理者将不能晋升。

搭档对于传播变革也非常关键，这不只是为了传授新的理念和技能，也是为了说服他人来支持变革的实施，使实施的过程更加顺利。使用这种方法的关键问题在于明白谁与谁最适合做搭档。有一个策略，就是将交际能力相似的人或小组搭档起来。这样，每位“老师”对“学生”面临的挑战更能感同身受。那些被教导的学生就无从抱怨“你与我（我们）太不一样了，你可能无法理解我们”。大概 10 年前，萨顿与拉奥帮助了一家快餐连锁店，将其业绩好的特许经营商与业绩差的组成搭档。后来，业绩好的就去培训业绩欠佳的。公司同时颁发奖励，成搭档的特许经营商中如果业绩差的表现提高了，业绩好的那家特许经营商就会得到丰厚的奖金。由于一些内部政策的原因，这个项目一直都处于试行阶段，但早期的成果喜人，这从很大程度上来讲是因为公司将众多方面相似的特许经营商搭档在了一起。这些特许经营商的背景、门店员工的背景、顾客的多样化程度、服务的周边居民情况、销售额等方面可能有些类似，才会做搭档。

那么，将扩张优势团队里的“说客”，在那些支持、反对，或是对优势扩张活动持有疑问的人中，与哪些人搭档在一起更好呢？哈佛大学的朱莉·巴蒂拉纳（Julie Battilana）和多伦多大学的蒂齐亚纳·卡夏罗（Tiziana Casciaro）长年研究这个问题。他们跟踪了1997—2004年英国国家卫生服务机构（United Kingdom's National Health Service）的68项变革项目。这些变革包括致力于将脑卒中患者住院天数减少，将准许患者出院的权限从医生转移到护士那里，等等。如果变革的推动者与医院、诊所或管理机构颇有影响力的领导者关系密切，并且这些领导者也支持这样的变革，那么变革项目成功实施的概率就很高。如果变革的推动者与领导者关系密切，但这些领导者强烈反对这些变革，那么他们不仅说服不了这些领导者实施方案，这些领导者的影响力还会产生事与愿违的后果，增加了变革实施的阻力。然而巴蒂拉纳和卡夏罗在研究中也发现，当变革的推动者与对于变革喜忧参半的“墙头草”领导者关系密切时，他们往往有能力利用自己的逻辑和魅力，来说服这些举棋不定但关系亲密的朋友和同事。

关于一对一的策略，应当侧重于影响那些支持者和“墙头草”，尝试将扩张优势团队里的“说客”与那些信任和钦佩他们、职权在握的人搭档在一起。与反对者搭档时需要小心谨慎，即使那些反对者是你的好朋友，他们对你的技能和判断能力钦佩不已，但你的所作所为也有可能会激怒他们，从而强化他们的立场，这样就有可能破坏你们之间的关系。

从无到有

下面的策略堪称经典：将义无反顾的人们团结起来，在整个组织及其他关系网不辞辛苦、不急不躁地传播思维模式，同时辅以相应的行动及技能。路易丝·梁带领的凯撒集团“老虎队”就是一个很好的范例。我们可以回顾一下第2章，他们是如何发展新的思维模式来指导设计和实施“凯撒健康连接系统”项目的。该项目的核心任务就是将系统主页当作核心。“老虎队”坚信这将对全世界的医疗保健事业产生天翻地覆的转变，因为利用主页与其他标新立异的系统设置将成为患者接受医疗保健服务的首选，再也不会是某家医院或者诊所。并且这些医疗保健服务将由护士或除医务人员之外的众多专业人员提供。“老虎队”的核心成员只有 30 名，但是他们帮助了数百名凯撒集团内部员工，转变了大家的思想，并招募他们参与项目，还雇用了一个小型顾问团队来协助 IT 事宜。一系列举措使他们能够将这个电子健康记录系统推广给 17 万名员工和 900 万名患者使用。他们与公司全体医疗保健工作人员齐心协力，在供应商与患者开始使用凯撒健康连接系统的时候，使“将系统主页当作核心”的思维模式变成一种习惯。时至今日，凯撒集团一如既往，美国大多数大型医疗保健系统的实施也采纳了这种思维模式。

当我们与路易丝·梁探讨时，她强调“老虎队”坚信系统的运作与凯撒集团的长期成功都取决于这种思维模式的转变。飞涨的医疗保健成本必须下降，同时也需要为患者提供更灵活的保健服务。路易丝·梁博士将这种系统技术称为“特洛伊木马”，正是它无形中帮助“老虎队”传递了一种新的思维模式。我们的另一位复制成功的英雄克劳迪娅·科奇卡，采用了相同的短语来描述其团队是如何渗透到宝洁公司中的。科奇卡的策略，也许是最有效的部分，就是在每个业务部门都招募了经验丰富的设计师。她称之为“特洛伊木马效应”，因为一旦他们占据了一席之地，便与业务部门的领导团队合作。这些经验丰富的创新者，天性使然，就会运用设计思维来解决问题，“连接及传播”的流程就开启了。当他们帮同事在其他领域中解决了问题，这些同事不仅非常看重这些创新者的知识和技能，而且还会学习掌握并开始运用这些方法。科奇卡总结出如何植入“木马”的相关经验，她认为每个业务部门只安排一位设计师是没用的。因为他们会感到很孤单，既没有志趣相投的同事一起碰撞出思想的火花，也没有这样的同事作为盟友齐头并进。所以科奇卡坚持，要么在业务部门安排至少两位经验丰富的创新者，要么就一位都不安排。

凯撒集团和宝洁公司两者的经验表明，复制成功的关键在于永远不要忘记，你进行的战斗是地面战，而不是空战。少数人必须义无反顾、竭尽所能言传身教，从而转变他人的思维模式及行为方式，这样多米诺骨牌的效应就会应运而生。斯坦福大学高管项目的一位参与者在听闻科奇卡在宝洁公司的事迹后，是如此总结的："克劳迪娅，看来在一段时间内能拥有一个具有丰富设计思维的团队真不错。但如果是在一家大公司，不用多久，这只会变成一个'不成功便成仁'的局面。"科奇卡并未表示异议。

中间人：给孤岛搭桥

相比"一传十"和"从无到有"这些方法，从中牵线搭桥来做中间人的方法则是一种变通方式，作用却尤为强大。组织内部的脱节是复制成功的害群之马。当众人守着真才实学，却无法使他们及其拥有的知识与需要的人联系起来，成功就不能复制了。

社会学家罗纳德·伯特（Ronald Burt）的研究表明，许多组织内部各自为阵，有的是"独立王国"，有的自己安营扎寨，按地理位置自立门户，还有的以部门、团队和职责分开。当伯特和同事们记录不同的组织或员工是如何互动的时候，通常会发现一些没有任何直接或间接连接的"节点"。伯特称之为"结构型空洞"，即组织内部脱节的"节点"之间的空白。这里正是大家所称的"中间人"或"知识经纪人"需要插手的地方。这些人成为那些各自为阵的人、团队或组织的桥梁。中间人"填满"了这些空洞，并将信息、专业知识、思想与影响力从拥有的人传递到需要的人那里。例如，士官长查德·沃克（Chad Walker）因作战部队与 CALL 未能互通有无而感到懊恼不已；几年之后，他成了该中心的高级顾问。从根本上说，沃克就成了一名中间人。他鼓励大家与 CALL 的职员多多联系。比如，他们可以通过 CALL 的 35 个在线论坛交流，诸如"数字控制振荡器网"（NCO Net）这样一般只对无军衔士官开放的论坛。

我们提到的很多其他的复制成功团队也曾经为一些脱节的“节点”牵线搭桥。想想希瑟·维尔豪尔的团队是如何为女童子军传播、精细化她们的成长计划的吧。她们使成长基金会及她们的学识同参与活动的女生和成人志愿者联系起来。还有我们遇到过的在大型官僚机构里牵线搭桥的那些中间人。“阿尔法团队”——那 24 位来自新加坡人力部的管理者，在他们掌握了设计思维后也成了所在机构的同事以及其他政府机构的中间人。路易丝·梁的“老虎队”就填满了许多“结构性空洞”，将凯撒医疗机构过去各自独立的地区相互联系起来，这使得实施了凯撒健康连接系统的地区所获得的经验教训传到了其他的部门与地区。

戴维·凯利，这位 IDEO 及斯坦福大学 d 学校的主要创始人，是我们熟知的最有效率的中间人。对任何致力于复制成功的人来讲，他的想法和行为方式都具有指导意义。直到 2002 年，d 学校在凯利的脑海里还只是一个精美绝伦的空中楼阁。但凯利对每一个认识的人都津津乐道，表明他决心要为斯坦福大学的学生和教师，以及来自全世界善于创新、乐善好施的人建立一个能让大家聚集一堂的场所。凯利希望有一个地方能让那些不常在一起工作、交谈的人相互沟通，这样他们就会从中受益。他希望这个场所教授设计思维，大家能掌握它来解决难题，也希望各有所长、交际广泛的人来此齐聚一堂，这些人会改善设计思维，并将其发扬光大。

看一看 d 学校在 2012—2013 年教授的 50 多门课程，就知道凯利梦想成真了。这些课程包括“美国贫困问题的颠覆性解决方案”“d 媒体：设计有意义的媒体”“性别与设计”“为科学而设计”“游戏与创新”“启动板：设计并发布产品或服务”“以设计思维的方式重启政府体系”等。d 学校虽然只是隶属于斯坦福大学工程学院，但它汇集了校园各个角落的学生和教职人员，他们来自工商管理、教育、医学、法律、社会学、心理学、哲学、艺术以及工程类的各个学科。一些课程由专职教师上课，但还有许多课程是由在斯坦福大学校外有实际工作的人来教授的。例如，玛丽安娜·罗杰斯（Maryanna Rogers），她教授“设计科学”。她是创新科技博物馆的创新总监。布伦丹·博伊尔（Brendan Boyle）教授“游戏与创新”课程，他是IDEO的合作伙伴。除了这50多门课程，d学校还在过去的10年里成功主办了无数的项目、高管课程、社区外延活动、研讨会、访问团、校友会及各种聚会。

虽然d学校的成功归功于许多人，但如果没有凯利这位大师级的中间人，这一切都不会发生。我们将他的成就归结为以下5个关键要素：

1. 他对陌生人及其想法抱有好奇心。凯利的人际关系网非常广，很大一部分是因为对自己一无所知而他人却了如指掌的事，他都兴趣十足，而且渴望与他人相遇并促膝长谈。他与斯坦福大学各专业的教职员工、学生会面交谈，一起工作，热衷于结交形形色色的人。凯利在斯坦福大学校园外的人际关系网使得他的交际范围日益扩大。他广结人缘，其中有汽车爱好者、建筑师、摇滚乐手、厨师、演员、犹他州最古老酿酒厂的老板，还有很多工程师、企业家和高管。他将如此丰富的人际关系铺满了d学校。从这里步行10分钟，你可能会遇上生物学家、社会学家、医生、MBA学生、非营利组织CEO、高中老师、导演或雕刻家，这些都不稀奇。

2. 他与自己的思维模式同呼吸、共命运，但避免让人反感。尽管交际范围广，大家经验丰富、足智多谋，但凯利在其中亦能权衡好并坚守自己的立场。在与任何人交谈时，他总会设法不徐不疾地插入话题，表达他对人生及设计思维的看法。不论他是与一位19岁的本科生谈论其专业，还是与喜剧演员罗宾·威廉姆斯交谈，他都可以讲一点有趣的设计思维，并帮助他们将之应用于解决个人问题，而且通常在现场就可以立马解决。

3. 他表达观点强烈，但并不执拗。凯利对设计思维及 d 学校立场坚定、直抒己见，但他的执着并非毫无理性可言。对于手上的项目、d 学校、IDEO、受其影响的团队或个人，一旦他认定定期修改课程将会大有裨益，他就会这么做。

4. 他善于倾听和学习。当一个人“一耳朵进一耳朵出”，便很难做到博采众长。与之相反，同我们见过的任何高管相比，凯利会多提问、少发言。他仅在你要求时才会提出建议。而且凯利善于利用从四处收集到的各种资源，善于倾听对自己有帮助的内容。对于 d 学校来讲，这就意味着要善用他人的经验和思想来提高设计思维并改善其运营方式。

5. 他召集并引荐大家认识，帮大家牵线搭桥。对于那些能使课程引人入胜、完美地服务学生和教职员工的人，凯利将他们联系起来。正如他的一个朋友所说，凯利是“召集人”，他将那些理应互相认识但又并不认识的人召集在一起，比如通过举行聚会、有计划地“配对”或是邀请访问者参观 d 学校的方式。不论凯利带领参观学校的是大型公司的 CEO，还是正考虑来上课的学生，他总是以迷人的方式将他们与其他人建立起联系。他会将客人介绍给一个路过的人，然后向他们解释为什么他们有必要认识彼此。

戴维·凯利技巧娴熟，孜孜不倦地将那些互相需要但又互不相识的个人、团队及组织联系在一起。不过他也绝不是独一无二的。以上 5 种特质反映的也是我们认识的、研究过的以及在学术文章里看过的许多其他“中间人”对待生活、花费时间的方式。

创建人与人交往的场所

市集在很大程度上是自发而建，并且有时混乱不堪，“交易市场”则汇集了“卖家”和“买家”。英文“市集”(bazaar)这个词来自波斯语中的“市场”。它使人联想起古代人聚集在小镇广场上买卖商品的情景，也让人想到市场的现代化变体，诸如跳蚤市场、农贸市场和街头集市。就贯穿组织内部的复制成功活动而言，像市集那样能够帮助人们建立新关系、加强旧关系，很大程度上是通过一对一的互动交流实现的。其他例子还有贸易展览、人才交流会以及“海报会议”，在这些地方，负责组织研发的科学家展示并讨论研究结果。还有萨顿出席过的佛蒙特州牛津网络（Vermont Oxford Network，主要致力于改善新生儿护理的机构）的会议，来自好几十个新生儿重症监护病房的医护人员聚集在一个会议厅里开几个小时的会。医护人员聚集在会议桌上，展示着他们各自单位的婴儿死亡率，并对给予的护理提出了一些他们正在采取的改进措施。无论他们采取的是什么样的形式，“市集”为思想、情感、各项计划的交流等提供了条件，从而帮助相关的个人和团队建立广泛的人际关系。

例如，非营利性的创业孵化器 StartX 是斯坦福大学的学生、博士后、教授和校友的“中间人”，它把想创业的人同一群由导师与投资人组成的关系网联系起来。从 2010 年 StartX 组建起，上千家初创公司的 2 400 余人申请加入了这个创业孵化器，其中有 90 家公司已被接受。“演示日”当天正是 StartX 公司与大家接洽的时间。“演示日”像“市集”那样起着推广作用。当天大概有 10 家创业公司，每家公司有 5 分钟的时间向在座的几百位潜在的导师、投资人、客户、员工推介。2013 年，“演示日”转变为演示台上非常简短的推介会，他们没有像平常那样放映幻灯片作演讲，因为这样才能直奔主题，跟那些导师、投资人或供应商交谈，获得新公司“脱离地面”所需要的“火箭燃料”。

不要忘记克里斯·弗赖伊和史蒂夫·格林是如何将 Salesforce 公司从 40

名员工发展到600名的。他们运作的“市集”不同于此，他们是在一个内部人才交流市场，使团队领导者与开发人员接触，并加强他们的责任感。正如我们在第4章所提到的，开发人员无须获得老板的批准就能自由地调动到其他团队去工作；他们可以每4个月调动1次。弗赖伊和格林的目标，是使公司内部的工作转换变成跟跳槽到一家新公司一样。活跃的内部人才市场产生的结果，就是团队领导者必须善待来自其他团队的经验丰富的开发人员，并要想方设法留住顶尖员工，防止他们跳槽。弗赖伊还补充道，内部人才市场的另一个益处，就是它向高级管理层揭露出那些不胜任的团队领导者，即无力挽留优秀员工的人。

每4个月举办1次人才交流会的“市集”热火朝天，举办时间正是开发人员有机会调动到其他团队之前。弗赖伊告诉我们，通常会有大约50个团队参与进来，就像“海报会议”一样。每个团队用书写板介绍工作内容，并给展位配备人手。现场还提供饮料，创造了一个轻松友好的氛围。开发人员四处转悠，与团队的领导者及其他成员轻松交谈，获得更多他们想要了解的信息以决定是否要加入。格林还补充说，虽然团队的领导者和潜在的新成员在相互估量，但他们的重点仍是让开发人员与团队的其他成员见面，交谈有关他们正在进行的很酷的工作，以此来看看他们是否青睐彼此，是不是喜欢这份工作。每次都有领导者在这里聘请开发人员，公司每年大约有20%的开发人员会选择更换团队工作。

彼此协同，把握共同的节奏

近期有研究表明，当人们步调一致时，情感纽带就会加强，大家更加会为共同的利益而加油努力。一项研究还表明，即使两个陌生人以前从没见过，也未曾说过话，但如果他们只是朝着相同的方向步行，相比于朝着不同的方向，就会喜欢彼此更多一点。另一项研究发现，已婚夫妇如果每天往同一个方向上下班，而不是朝着不同的方向，会更加满意彼此之间的关系。不论他们是独自上下班，还是与他人一起上下班，也不论是不是同一时间上下班，结果都相同。还有一项研究是关于加拿大的国歌《啊，加拿大》（*O, Canada*）的：当人们一边听着《啊，加拿大》一边唱跳，而不只是与他人并肩而坐或者自己念歌词的话，他们更有可能把钱捐给共同资金库，而不是只把钱留给自己。

斯坦福大学的奇普·希思推测，行军、跳舞以及唱歌时保持节奏，从人类进化方面来讲有据可依。团队成员如果彼此同步，那么他们的情感关系会更牢固，更擅长协调与合作。这些是他们成群结队、自给自足与自我防卫的必需条件，这样大家才更容易存活下去。个别成员如果能力欠佳，或是太自私，以至于他们的行为与同部落群体其他人无法同步，这样他们就会被暴露、被排挤，于是就不太可能存活下去。

当大家日复一日、年复一年都步调一致，那么彼此之间的关系会建立得更快且根深蒂固。人们会彼此深信不疑，协调起来轻而易举，因为他们以同样的方式见证并体验这个世界。毕竟，他们常常都在同一个地方，做着同样的工作，解决同样的问题。我们曾遇到过几个组织，它们定期召开站立式会议，来保持牢固的关系，进行最新信息的沟通，并加强共享的思维模式。戴维·达拉赫（David Darragh）是赖利食品公司（Reily Foods）的 CEO，该公司位于新奥尔良。几年前，萨顿跟他讨论过关于每个工作日都同其高管召开的 15 分钟“站立会议”。达拉赫解释道：“这样的开会节奏使大家的关系都近了一步，个人的口头禅为大家熟知，大家搞清楚了压力来自哪里，对每个人的优缺点也了如指掌。这一切不仅帮助团队成员理解了个人的职责，而且也弄明白了要如何才能人尽其才。”

这些日常的会议不仅加强了团队成员之间的关系，也意味着成员们能够获得不断更新的信息，这些信息关系到赖利公司面临的挑战及其解决方案的可行性。然后这些信息会在公司内部层层传达下去。达拉赫还补充说，当务之急往往会在每天的例会上确定，因此某位团队成员会在当场被指定为统筹人，很快就会有个团队组建起来以解决这些问题。达拉赫说，他宁愿称其为“统筹人”而不是“团队领导”，因为他不想其他的团队成员摆脱责任。如果有必要，所有人都应该责无旁贷，随时投入，施以援手。

这个站着召开的会议被称为“每日立会”，是众多“敏捷”软件开发方法中的一个关键要素。敏捷开发[①]是指以相对快节奏、协作、即兴和非结构化的方法来开发软件，是相比于传统的自上而下、以计划来驱动的“瀑布式开发模式”而言的。大多数敏捷开发方法，比如编写一个新的软件或是修补某个漏洞，会被分成为期 2 ～ 6 周同步进行的单元，这被称为“冲刺”。在“每日立会”上，每位团队成员都要回答 3 个问题：（1）你昨天做了什么？（2）你今天要做什么？（3）有什么阻碍吗？于是，其他团队成员就会参与进来，给予建议，并做出计划，帮助团队成员克服困难。

克里斯·弗赖伊和史蒂夫·格林在 Salesforce 公司实施敏捷开发的方法，旨在使整个开发团队及团队之间的员工关系更加紧密，使大家志同道合，提倡合作、快节奏地工作。弗赖伊将这种现象描述为“时光盒子”一般的环境下有着错综复杂的快速迭代的开发节奏；在这里，团队成员每隔 2 ～ 4 周就要“冲刺”开发一个产品原型。开发组织中的每个团队每月都有 1 次演示或是“冲刺”评审，他们会向高管或其他团队展示自己的工作成果。正如弗赖伊解释的一样，这就意味着整个组织可以碰到每个团队的节奏是每月 1 次。最后会有一个发布的节奏，每 4 个月 1 次，1 年 3 次。每次间隔相同。到此，软件的成品就可以发布了，可以供客户使用了。总之，4 个错综复杂的“节奏”，即“每

① “敏捷开发”（agile），以用户的需求进化为核心，采用迭代、循序渐进的方法进行软件开发。在敏捷开发中，软件项目在构建初期被切分成多个子项目，各个子项目的成果都经过测试，具备可视、可集成和可运行使用的特征。——译者注

日立会”、每2～4周的“冲刺”、每月的演示、每4个月的发布，将整个公司、每个团队、每位成员都紧密相连，即使他们是在忙于完成互不相同的任务时亦是如此。当弗赖伊和格林离开Salesforce公司加入Twitter公司时，整个开发组织的上千名员工一共发布了大约40个主要产品，所有的发布都很准时，可以用天来计算。弗赖伊总结道：“开会不重要，重要的是节奏。”

“连接器”式领导与暴露薄弱环节的3个检验

我们已经强调过，复制成功需要领导者找到或发展大量优势，将人员和团队联系起来，确保优势能够继续传递下去。我们目睹过这种领导力可以源自公司顶端、中间层或底部的个人或团队，也展示过有很多方法可以达到这个目的。诸如乔·麦坎农领导的“挽救10万条生命”活动，克劳迪娅·科奇卡的“特洛伊木马”，将拥有设计思维的设计师成功地安置在宝洁公司内部，还有那些外科医生，他们在约翰斯·霍普金斯大学的威廉·霍尔斯特德博士手下工作，学到了世界一流的技能。

关键的经验，就是复制成功是由那些思维模式及行动方式都好像“连接器”一样的领导者在推动的。这个角色很大一部分牵涉的是为了将利益最大化而理应去接触不同的人，创建与他们的联系。许多复制成功的大师都善于提问而发现哪里的关系缺失或薄弱，这将为建立更牢固的人际关系网奠定基础。例如，惠普公司的创始人比尔·休利特和戴维·帕卡德在带领公司的几十年里，定期与管理惠普公司主营业务的经理、团队进行深入、艰难的谈话，敦促大家要证明自己制造的产品是了不起的，设计图板上还会有更伟大的产品出炉。他们也坚持管理层与团队同惠普公司的其他人开会、学习，帮助自己负责的业务，同时也帮助其他人。但是，如休利特和帕卡德这样位高权重的“连接器”来帮助员工，以引起大家的关注，敦促大家采取行动，却并非必不可少。我们谈到的乔·麦坎农，还有士官长查德·沃克，这些最精明的“连接器”，他们几乎没有行使任何相关正式行动的权限，没有手握威力无比的胡萝卜加大棒，任加处置。

还有一些更微妙的方式可以使薄弱或缺失的环节暴露无遗。在一次斯坦福大学的高管课程上，我们提议从拉奥与 50 位 CFO 探讨的内容中挑出两项做检验。拉奥对 CFO 提出的第 1 个检验是针对我们与其他高管的谈话内容的。我们曾向不同团队、部门或组织的成员发问，看看他们对公司的战略、运营、政策、理念及对自己当务之急的各个关键方面有何想法。如果他们回答的内容不一致或观点相冲突，这就表明有麻烦了，尤其是如果他们似乎完全不明白，或是毫无兴趣了解其他同事的回答内容时。各位 CFO 都认同这种回答不一致的现象表明人们沟通不够，对彼此的技能水平、贡献多寡、意见或是对应该如何管理团队或组织的看法只是一知半解，他们只是泛泛之交，并未在共享的思维模式基础上经营业务。这些都是组织管理中会出现的症状。

第 2 个检验是由各位 CFO 提议的，是一个诊断性的提问：有更直接的证据表明人们一对一的互动很充分，或者正相反，即便大家有互动，但是几乎没有直接的证据来表明互动充分吗？各位 CFO 建议观察人们的一举一动，他们交谈是否随意、是否互相对视，或者是否共进午餐。企业文化健全的公司里，细微但频繁的交流无处不在，诸如微笑、眨眼以及简短的谈话，这些都表明他们关系牢固，信息畅通无阻。企业文化不健全的话，员工的互动微乎其微且牵强附会。如果环顾四周，你就会注意到大家对同事都视而不见。一位 CFO 还提出，关系是否薄弱也可以从人们发送电子邮件的方式中一查端倪。大家偶尔会给别人群发邮件，但不见得有一对一的邮件往来，也不一定会主动发出邮件以建立或加强与同事的关系。这种工作场所让人感觉有点像集团性质的牙科诊所、美发沙龙或房地产办公室，大家共享一个前台接待，但是每位牙医、发型师或是房地产代理都有自己的账本，他们的思维与行为方式各自独立。尤其糟糕的是，大家在同一个团队或部门共事多年，却不知道对方的办公室在哪里。

如果领导者从本应沟通顺畅、共享信息的员工那里听到的回答，或不一致或观点相冲突（检验 1），观察到员工不苟言笑、见面时不过点点头，偶尔才互动，以及有相关的迹象表明大家只是“孤单地共处一室”（检验 2），这些都说明大家尚未身体力行共享的思维模式，奇思妙想和行之有效的方案都无法在这样的人际关系网里互通有无。一旦发生这种情况，那么领导者就要责无旁贷地运用我们在这一章里提及的那些方法及策略，将大家联系起来，将成功复制下去。

如果有些关系使人的视野变窄，或使人对现状产生扭曲且危险的看法，那么“连接器”的另一个作用就是对这样的关系要么快刀斩乱麻，要么将之弱化。当人们关系过于密切，会失去想象、聆听或记忆的能力，更不用说听命于相悖的信念和积习而行事了。细想一下拉奥及同事所进行的一个研究，内容是为什么疾病控制中心的研究员花了那么长时间才辨认出西尼罗河病毒（West Nile virus）。他们原先误以为那是圣路易斯脑炎（Saint Louis encephalitis）。这些研究人员专注于人类疾病研究，他们关系亲密且都德高望重，这反而使他们忽略了 27 个经过深思熟虑而提出的问题和建议，这些都是由一些名气不大、专业从事动物疾病传播的研究人员提出的。最终疾病控制中心的研究人员误诊了这种疾病。这些研究人员，像许多其他实力强大的团队一样，力求做好，最终却一败涂地。关系网使他们作茧自缚，反而对那些关键性的异议及最新信息闭目塞听。对于那些提出相悖建议的个人或团体，他们大帽子压死人，排除异己。最终，狭窄的视野导致他们徒劳无功，得出不准确的结论，从而颜面尽失。

关系密切并实力强大的团队领导下的组织和项目内部也存在类似的风险。这些领导者及团队成员有可能被蒙蔽心智从而使行动受阻。他们可能患上心理学家所称的“确认偏差”（confirmation bias），习惯于相信已经相信的，并且只凭支持自己固有信念的信息而采取行动。确认偏差源自对下属和同事的阿谀奉承、论功行赏，这样的人为肯定自己而曲解数据，并对不想听到的消息或是传递这类消息的人弃之不用，而对于那些提出令他们不愿接受、坐立不安的客观事实的人，他们甚至会嘲笑并进行处罚。

这一问题引出了第 3 个，也是最后一个对领导者和实力强大的复制成功团队的检验：你曾尽一切可能确保自己不受世事牵绊，从而不被蒙蔽双眼吗？

第 7 章

策略 5

07

去芜存菁，为复制成功扫清障碍

迪士尼乐园宣扬自己是“世界上最快乐的地方”，这听起来可能有些夸张可笑。你可能并不是迪士尼乐园的粉丝，但是迪士尼公司致力于使这种思维生动形象是无可争议的。迪士尼的管理人员、一线员工、研究人员、工程师和设计公园的“构想工程师”，为一些小细节煞费苦心，为迪士尼的建设立下了汗马功劳。他们对于顾客体验进行的试验、研究面面俱到：人流量太大要怎么处理；顾客对于乐园的建筑、景致以及座椅的形状会怎么想，感觉又如何；每个“景点”的小细节又怎么安排，制服、声音、气味又如何；还有剧组成员应该怎样与顾客互动。

据我们在第 1 章提到过的迪士尼乐园的高管卡琳·克里科里安所说，演员们学习了如何对有可能破坏顾客美好心情的异常细节保持特殊的警觉，以便及时发现并消除。迪士尼乐园众多固有的行动和决定都体现出这种警觉。而且，员工们竭力使乐园一尘不染。《福布斯》杂志的投稿人及传播专家卡迈恩·加洛（Carmine Gallo）这样写道：“大多数迪士尼乐园的顾客都会抬头看游乐设施，而我会低头看地面。迪士尼乐园最令人印象深刻的地方是你看不到这里有掉落的包装袋、口香糖或爆米花。成千上万的人穿行而过，迪士尼乐园主街始终干干净净，这真是令人称奇。”

偶然有顾客发脾气或闷闷不乐时，员工们对这些异常细节的关注尤其令人印象深刻。每位成员，包括扫地工人、游乐设施的操作员、餐饮服务员、在乐园里当一两天班的高管，都接受过培训。他们明白，一旦看到某位顾客明显闷闷不乐、哭哭啼啼，或是心烦意乱时，就需要迅速采取行动。公司通过演讲、角色扮演，持之以恒地给予员工指导和改进意见，教导员工要保持冷静、随时帮助他人，要学会倾听和表示同情，还在必要时代表乐园对顾客道歉并表示会改进。他们会彬彬有礼地将顾客引到私密的，至少是人少的地方加以安抚，避免引起大的骚乱。剧组成员还学会了分辨顾客是否闷闷不乐，比如孩子看起来是难过还是感到无聊，爸爸看起来是着急上火还是灰心丧气。他们善于制造某些“神奇时刻”，振奋顾客的精神。小朋友们，还有许多成年人，在偶遇身着米老鼠或高飞服饰的演员时自然会欢喜雀跃。但是其他成员，不管是扫地工人还是一线高管，也会用微笑、友好的玩笑和客气话，来振奋看起来情绪有点低落、沮丧的顾客。他们都有意识地遵循迪士尼培训中“主动示好”的守则。

迪士尼的品牌卓尔不凡。在其他复制成功的案例中，迪士尼剧组成员的行事方式，消解负面作用至少要与放大正面作用一样重要。而这正是我们这一章所要传达的内容。自私、无礼、焦虑、懒惰、不诚实的行为，相比于具有建设性的行为更有杀伤力。这看似会让人愤愤不平，但是复制成功的活动开展得颇有成效的领导者与团队都意识到，如果要清除他们道路上的障碍，将成功优势发扬光大，那么就必须像秋风扫落叶一般，勇往直前。

事实上，“坏事比好事的影响大”这一结论是佛罗里达州心理学家罗伊·鲍迈斯特（Roy Baumeister）及其同事在考查了200多项研究后所得出的。他们发现，在查阅的全部案例中，“一粒老鼠屎就是会坏了一锅粥”，即使是少许不良因素，也会损害优势，不良的情绪、不好的父母和负面的反馈相比于那些好的，会产生更大的影响力，正所谓“坏事传千里”。他们发现坏事相比于好事有着更强烈持久的影响，负面的行为和感情比正面的更有传染性。无论是与陌生人或你至爱的人互动，还是一时性的活动，如看到快乐或愤怒的人的照片，还是结婚或离婚的大事件，都是如此。对约会和婚姻的研究结果揭示出同样的结论，这对任何希望持续双方关系的人都具有一定的指导意义。对已婚夫妇的研究结果表明，避免负面的互动行为对于彼此的关系来讲远比采取正面的互动更为重要，而且这可以用来预测夫妇是维持婚姻状态还是离婚。心理学家约翰·高特曼（John Gottman）由此提出了“五比一”的原则：“如果希望维持关系，正面良好的互动与负面不良的互动的比例必须至少达到五比一。”

有确凿的证据表明，“坏事比好事的影响大”的现象在组织中同样存在。工作日全天不定时地对 41 位员工的情绪进行监测，这些员工用一个手持设备来完成一个简短的检查清单，以表明他们的情绪是“忧郁”还是“知足”“幸福”等。研究人员发现，与上司互动时所产生的负面作用相比于正面作用，对于员工心情的影响程度达到 5 倍之高。再看看“老鼠屎”对组织产生的影响吧。华盛顿大学的威尔·菲尔普斯（Will Felps）和同事将表现不佳的团队成员与表现优异或一般的团队成员的影响力做了对比。针对持之以恒的能力、热情的程度以及情绪稳定性的相关测量，他们发现，表现不佳的成员对团体的活力带来特别大的负面影响，这些人会加剧冲突，削弱人际关系紧密度。“老鼠屎”也破坏了绩效表现。菲尔普斯发现，一个小型团队如果有一个懒鬼，那么整个团队的绩效会下降 30% ～ 40%。具有破坏性的成员之所以会产生这种冲击，是因为不良的情绪和行为相比于好的那些更具有传染性。团队成员还要从手头工作中抽出宝贵的时间、消耗情感能量，来考虑怎么对付这些“害群之马”。

对大学生作弊行为的研究表明，不良的行为可能像瘟疫一样通过社交网络传播。社会学家瑞克·格兰尼斯（Rick Grannis）花了 3 年多时间调查跟踪了大约 2 000 位加州大学洛杉矶分校的本科生。学生们报告了在一个学期内作弊的次数，以及是否因为其他同学的鼓动而作弊，是否自己也鼓动其他同学作弊。这项研究异常严谨。举个例子，格兰尼斯将受到鼓动而作弊的学生，与鼓动其他同学作弊的学生作数据对比，验证学生们报告自己作弊次数的情况。他发现学生作弊主要是因为他们被同学鼓动这样做，相应地，他们也会鼓动别人作弊。当某个学生被其他同学鼓动而作弊，那么他鼓动别人作弊的概率会上升 32 倍。如果某个学生周围的同学，比如同宿舍的，或大学男生联谊会、女生联谊会的，他们都鼓动其作弊的话，那么作弊就几乎是必然的事情了。格兰尼斯的结论是，“如果有 5 个人鼓动你去作弊，拉你下水，那么你就会作弊”。这就是第 6 章里我们所讲的“连接及传播”过程中丑陋的一面——不良行为产生的多米诺骨牌效应。

首先，我们会思考毒害责任感的那些不良行为产生的两个根本原因。责任感对于复制成功来讲毕竟是最基本的要素。接下来，我们将探讨 8 个解决方案，领导者和团队可以用它们防止和消除破坏性的理念和行为。

旁观者为什么不作为

2008 年 6 月 19 日，49 岁的埃斯明·格林（Esmin Green）瘫倒在金斯县医院的地板上，痉挛了半个多小时后就一动不动了，至此，她已经在候诊室等待了 24 个小时。即使多名患者和几位工作人员注意到了她很难受，但无人挺身而出施以援手或是叫人帮忙。最终一名护士发现她已经死去。院长艾伦·阿维莱斯（Alan Aviles）在写给这家精神病专科医院工作人员的备忘录里是这样描述现场的：

> 候诊区的监控录像显示，足足 1 个小时前她就从椅子上摔倒在地板上了。她横躺着，头部倒在候诊室的椅子下面。在那 1 个小时里，有 2 位医院的保安人员及 1 位主治医生看见她横躺在地板上。这些人没有一个人前去施以援手，或是检查一下她的状况。这位患者躺倒在地板上近 1 个小时以后，一名护士进入了候诊室，走近患者，并用她

的脚轻轻地碰了碰患者的腿，好像以为患者可能睡着了。患者没有任何反应，这名护士并没有检查患者的状况就离开了房间去叫另一名护士。另一名护士检查了患者，最终呼叫了医疗队伍过来，试图使患者恢复意识。

金斯县医院为此解雇了几名员工，向格林的家属道歉，并支付了200万美元的赔偿款。不幸的是，此类事故一再上演。诸如保安人员、主治医生、格林的病友，都将自己当作旁观者，即使他们知道应该做些什么，也有办法做到，但还是会推卸责任而不采取任何行动。

据报纸报道，1964年，28岁的凯蒂·吉诺维斯（Kitty Genovese）被残忍地刺死在纽约的大街上，当时有38位目击者听到或看到惨剧的发生，却无人打电话报警或是出来阻止。此事激起公众的强烈不满，并促使哥伦比亚大学心理学家约翰·达利（John Darley）和比布·拉塔内（Bibb Latané）进行了一系列“旁观者效应”的经典研究。在首批试验中，有一次他们把试验对象请进一个房间，要求大家完成一份问卷。大约1分钟以后，浓密的黑烟从门下面钻进来。如果被试是独自一人坐着的，则有75%的人在6分钟试验结束前向研究人员报告了烟雾出现的情况。在另一环境中，被试与两个“同伴”坐在同一个房间里，这两个“同伴”假装填写问卷。当烟雾越来越浓，甚至遮住视线、刺激眼睛，还使人咳嗽起来时，他们也没有做出任何反应。身边的这两个“旁观者”没有采取任何行动，被试也学着没有采取任何行动，其中仅有10%的人在试验结束前向研究人员报告了烟雾出现的情况。

在随后的50年里，有超过105项研究探讨了为什么旁观者经常不采取纠正措施。几个因素有助于解释为什么组织内部或其他地方的目击者，在目睹了不良行为后却不采取行动去阻止，并阐明了要如何鼓励大家进行干预。对事态了解得不明确是第1个因素。后续的研究表明，对于旁观者来讲，即使情况看似危险或利害攸关，但他们往往并不确定事态是否严重到有必要去干预的程度。凯蒂·吉诺维斯谋杀案的几位目击者就说，他们当时没有报警是因为以为那只是恋人之间的吵闹罢了；其他人以为这只是几个人从酒吧争吵到了大街上。此外，正如《纽约时报》2004年回顾报道时所称："所谓的38位目击者绝大多数都没有看见实际的谋杀行为……大多数人其实是弄不清楚状况的。"我们可以从中吸取的教训，就是如果想要阻止组织中的破坏性行为，就必须打消在场者的疑虑，特别是那些糟糕透顶、让人心存疑虑的言行。

第2个因素是达利和拉塔内所称的"旁观者效应"。即使旁观者可能意识到事态糟糕透顶，但是周围还有这么多人，所以就认为别人肯定会去做理所应当的事或者已经这么做了。但问题是，每个人都是这么想的，所以没有任何人采取行动。几个因素加在一起都可以用来解释埃斯明·格林死亡的原因：无所事事的员工与患者都假定了其他人已经提供了帮助，或是将会施以援手。对于组织里这种"这不关我的事"或"其他人会做"的想法，迪士尼乐园给我们展示了应该如何阻止。如果你是在某个迪士尼乐园工作的员工，不管你的职位是什么，当顾客看似需要帮助时，你每次都应该马上施以援手。如果地上有垃圾，那你要捡起来。

第3个因素是因为现场没有其他人帮忙，人们就会担心其他目击者不赞成自己立即去做他们认为理所应当的事情。对校园霸凌的研究表明，一旦同学们目睹了嘲弄和暴力的行为但并未向老师报告，或是没有主动介入以阻止这种冷酷行为，欺负人的小鬼便会更加胆大妄为。芬兰的克里斯蒂娜·萨尔米瓦利（Christina Salmivalli）和同事的研究表明，目击暴行的学生通常私下里也不赞成这种行为，他们也因未能竭力阻止而产生负罪感。但之所以不采取行动，是因为他们害怕被同学排挤。对事态感到含糊不清也对目击者有一定的影响。同学们的不作为使得目击者质疑自己的判断，琢磨霸凌行为是不是只是普通的行为，某些孩子可能必须得忍受。

总之，有3个方法可以扭转组织内部及其他地方的旁观者不作为现象。第一，要确保每个人都感到有义务去扭转现状或是弥补过错，无论周围的人会不会有所行动。第二，确保每个人都明白且认同什么是不良的行为，宁可让人感到你过于直截了当、啰哩啰嗦，千万不要设想你所认为的不良行为，同样会被他人认为是不良的。第三，确保不良行为不会被“正常化”，不要让大家一致认为这种不良行为是必要的、必然的、不可阻挡的、毫不意外的且可以被接受的，甚至是调皮好玩的。

激励会出错，好人也会做坏事

组织通常使用激励手段来鼓励良好的行为，但如果使用的是最简单的方法，即要做不好的事情来获得好的结果，那么破坏性的思维就会产生。过了一阵子，不良的行为似乎看起来也并非真的就错了，因为你周围的每个人都那样做，他们似乎鼓动或是要求你也这样做，然后你也会开始教促别人和你一起犯错。

我们看看 1999—2010 年亚特兰大公立学校的负责人贝弗利·霍尔（Beverly Hall）博士所领导的教职员工的行动吧。霍尔决心要提高学生的年度考核分数，于是她运用了强大的“胡萝卜加大棒”策略来达到目的。霍尔不只是将校长和教师的金钱奖励与学生的考试分数挂钩，还将工作的稳定性及个人声誉与学生成绩是否持续提高相挂钩。据《纽约时报》报道，“校长被告知，如果州级考试成绩提高得不够，他们就会被解雇，结果 90% 的人在霍尔博士管理期间都被革职了”。霍尔还利用大家的自尊心和羞愧感来施压。霍尔博士在大球场召集会议，她让获得最高考试分数的校长靠近她坐在前面，而让那些得分最低的员工坐到看台的侧面。这种手段看起来似乎奏效了。亚特兰大学校的 52 000 名孩子开始比佐治亚州每个市区学生的成绩都要优异。虽然很多人来自贫困家庭，但他们在州级考试中屡屡比富裕郊区的孩子表现得出色。这些结果使霍尔获得美国学校管理者协会选出的 2009 年度最佳管理者称号。霍尔在她管理亚特兰大学校期间获得了超过 50 万美元的奖金。

霍尔的"纸牌屋"从 2009 年开始崩塌，当时《亚特兰大宪法报》（*Atlanta Journal-Constitution*）揭露了 19 所亚特兰大学校考试成绩不寻常波动的情况。例如，西部庄园学校（West Manor School）五年级的成绩从全州最差之一变成全州最好之一，而这种提升的概率大约是十亿分之一。在基甸小学（Gideon Elementary），每次数学考试，平均每 70 个答案里就有 27 个答案被擦掉，并由错误的改为正确的。佐治亚州的官员进行了为期 2 年的调查，其中涉及 2 100 次面谈，审阅超过 800 000 份文档。调查人员得出的结论是，亚特兰大公立学校的体制极其失常和腐败。他们发现，亚特兰大接受审查的 56 所学校中作弊的学校高达 44 所，38 位校长和 178 位教师涉嫌有组织地参与作弊行为。在威尼斯山学校（Venetian Hills School），一批教师和行政职员自称是"选中之人"，他们被挑选出来，定期集中去更改学生考试的答卷。在基甸小学，教师们在其中某个教师的家里举行"更改集会"，篡改考试卷。一位亚特兰大教师承认，作弊时间一长，"我们将它当成了日常工作的一部分"。2013 年 3 月，大陪审团起诉了 35 位亚特兰大教育工作者，霍尔博士名列其中，起诉的原因是，"合谋欺骗、隐瞒作弊行为或对举报人进行报复，以达到提高考试分数的目的，从而获取经济报酬"。

此事触目惊心，与利用奖励和惩罚手段反而产生不良行为的其他案例一样，它有两个特征。第 1 个特征是，给予的奖励让人垂涎三尺、蠢蠢欲动，几乎每个人都变得行为不良了。环顾你周围的同事，人人行为不良，那么不良行为看起来倒像是正常合理的了。套用记者沃尔特·李普曼（Walter Lippmann）的话，事态每况愈下，直到大家想的都一样，所以也就没有人会多想了。同样，2010 年在加州的圣布鲁诺（San Bruno），太平洋天然气与电力公司（PG&E）负责维护的煤气管道因漏气而发生了爆炸，事故造成 8 人死亡，损毁了 38 栋房屋，从中暴露的不良行为实属家常便饭，并不意外。调查人员发现，直到2008年，如果主管人员发现泄漏的次数越少，维修成本越少，那么得到的奖金就会越多。其结果就是几乎没有泄漏事故上报了。于是PG&E做出决定，大幅度削减负责检查并修复泄漏工作的人员。有位PG&E员工站出来揭发："每个人都报告我们的系统强大且防泄漏。没有人发现泄漏之处，所以无须修复。既然没有问题要解决，那就不需要人手了。"之后有几位敢于直言的工作人员告诉那些高管"没炸毁更多的房子真是令人惊奇"，至此，他们才意识到是这种激励制度造成了安全问题。当PG&E废除了这项有误导性的激励政策后，大家发现泄漏的次数迅速上升。据《旧金山纪事报》（*San Francisco Chronicle*）报道，"在弗雷斯诺（Fresno），2006年PG&E发现的泄漏是41处，但是2008年一项为期两年的重新调查结果显示是7 628处泄漏"。PG&E急于修复那些因变相的激励制度而造成的尚未及时修复的泄漏隐患。但是此举对于2010年在圣布鲁诺丢掉性命、失去家园的受害者而言，一切都为时过晚。

第2个特征，就是颇具误导性的激励制度鼓动人们投机取巧，而不能尽职尽责。他们弄虚作假，对于创造真正的成功所必需的艰苦工作拈轻怕重。这些于亚特兰大公立学校而言，就是指教师们费尽心思作弊、玩弄体制，例如将学习差的学生转出班级，导致教师们不再专心致志教学生读书。在PG&E，那种激励制度表明员工完全不用自找麻烦仔细寻找泄漏之处。即使当他们真的偶尔发现了煤气泄漏之处，这种激励制度以及来自上司的压力，又往往误导他们将泄漏级别从"严重"降为"轻微"。严重级别的泄漏原本应该在18个月之内进行修复。一旦怀疑煤气管道中存在隐患，联邦政府的规定是要求工作人员通过往管内注入高压水或是通过某种自动化的装置来检验煤气管道。但是有悖常理的激励制度使得在圣布鲁诺的爆炸发生之前，PG&E几乎很少采取措施，因为觉得采取措施很麻烦且花钱。

亚特兰大和PG&E的故事从积极的一面来讲，这种令人汗颜的做法最终还是被勇敢者揭发了。在亚特兰大，挺身而出的老师杰姬·帕克斯（Jackie

Parks）打破了威尼斯山学校的沉默，并承认自己是篡改考试成绩的“选中之人”之一。帕克斯后来同意佩戴隐藏的窃听器，记录与各位老师进行作弊方案的讨论。在 PG&E，煤气工作队的领班迈克尔·斯卡法尼（Michael Scafani）不停地向上级主管抱怨激励制度的弊端及其产生的泄漏隐患。最后，当不言放弃的斯卡法尼在 2007 年有幸参加了 CEO 彼得·达尔比（Peter Darbee）主持的会议之后，事情开始有了转机。管理层进行了改组，煤气安全部门的负责人被解雇，该激励制度也于 2008 年被废除。复制成功，再一次扫清了不良行为并为组织优势开道，落实到了每一位自觉自愿、拥有一技之长的人身上，让人们去做应当做的事情。

消除破坏性行为的 8 种措施

诸如此类的案例和研究所得出的结论，就是复制成功的成果取决于订立一套流程，使人们有能力防止和消除具有破坏性的态度、理念与行为。现在，我们来谈谈复制成功的领导者与团队可以用来打击不良行为的 8 种措施。

防患于未然

1982 年，犯罪学家乔治·凯林（George Kelling）和政治学家詹姆斯·威尔逊（James Q. Wilson）提出了一个简单的理论：“如果有行为表明‘无人在乎’，那么人们彼此尊重的意识与举止文明的义务感都会下降。”他们称之为“破窗效应”：如果隔壁邻居的一扇窗户玻璃被打破且无人维修，那么剩下的窗户玻璃也会在短时间内全被打破。“破窗效应”的启示，就是即使是再微小的错误行为，如果不采取预防及制止措施，那就会大错特错，因为这表明无人监督和阻止更加严重的不良行为。该理论很快便对打击犯罪政策的制定产生巨大的影响。纽约市交通警察的最高领导威廉·布拉顿（William Bratton）

就欣然接受了这个理论。他执行了“零容忍”政策以治理地铁和公交车逃票现象，并采取措施更快地逮捕犯罪情节轻微的罪犯。1994 年，鲁迪 · 朱利安尼（Rudy Giuliani）上任纽约市市长，他聘请了布拉顿担任警察局局长。布拉顿高举“保证生活质量”和“犯罪零容忍”政策的旗帜，执行各项措施，严厉打击了情节轻微的犯罪行为，其中包括地铁逃票、公共区域饮水、随地小便、涂鸦和“擦车仔”的胁迫行为。这些“擦车仔”强行给停泊的车辆擦挡风玻璃，然后要求车主支付报酬。虽然这些政策并非唯一因素，但是在短时间内，整个纽约市的各类犯罪案件数量都开始直线下降。

防患于未然实乃应对不良行为的上策，对此，大量的研究结果给出了证明。例如，20 世纪 90 年代，罗伯特·西奥迪尼博士和同事进行了一系列试验，设法将无人想要的废物放在一些人那里。例如，他们将大张传单搁在停车场的汽车挡风玻璃上，传单纸张大得挡住了视线。然后，研究人员观察这些车主是把传单扔在地上，还是会把它扔进垃圾桶。如果地上没有任何垃圾，或是只有一两片垃圾时，人们几乎不会乱扔垃圾。但如果看到地上有很多垃圾，他们往往会将垃圾丢在地上，而不愿意多走几步扔到垃圾桶里。虽然大家都清楚乱扔垃圾是不文明的行为，但如果看起来其他人都在乱扔，大家便将它当作是一种可以接受的行为了，就像加州大学洛杉矶分校作弊的那些学生，芬兰学校里未能阻止霸凌行为的学生，进行欺骗的亚特兰大学校的教师，还有 PG&E 公司里不愿花钱去查找泄漏煤气管道的主管。

纽约市的经验连同西奥迪尼的研究表明，清除组织内部通往成功大道上的障碍，取决于坚决制止破坏性的行为。如果你只当没看见或是认为危害不大而不去处理，那么事态有可能急转直下。杜绝“破窗效应”的思维模式所产生的力量，可见于查尔斯 · 奥赖利（Charles O'Reilly）和巴顿 · 韦茨（Barton Weitz）对一家大型零售连锁店 141 位主管进行的研究。奥赖利和韦茨专注于研究这些主管如何处理那些行为不佳的销售人员。这些人员的问题，比如有“不守时”“不帮忙处理库存问题”“不配合同事”“对顾客不够殷勤”，还有“销售业绩不佳”。大多数高效益，即销售业绩较高且成本较低的部门的主管处理问题时，手法更直接迅速，他们更多的是给出书面或口头的警告，更频繁地使用正式的惩罚手段。一旦警告无效，便立即解雇这些员工。这些主管坚信对付“害群之马”就要闻风而动，因为这些“害群之马”会有损其他同事的表现。主管还喜欢很负责地亲自来解雇表现不佳的员工，而不是将这个得罪人的工作推给其他经理。

在此，我们并非有意争论此举是否是杀鸡儆猴。医院也好，制造工厂也罢，针对工作场所中如何避免出错的研究显示，当人们终日诚惶诚恐，担心会被羞辱、降级、惩罚，或者会丢人现眼或被冷落时，就不会承认错误，也不会去帮助别人避免出现问题。一旦出错，大家便借机互相指责而非引以为戒。风险投资人、d 学校的教授迈克尔·迪林教导他所投资并辅导的企业家说，成长型公司有时必须行动起来，即便这些行动可能会使你手下闷闷不乐，甚至是受到伤害。例如，有时需要给员工一些负面反馈，有时也需要裁员。不过，做什么和怎么去做之间是有天壤之别的。

优秀的老板会对不良行为防患于未然，但在处理员工的过程中会保留其尊严。我们请教过 CEO 毛里亚·芬利（Mauria Finley）是如何在其创业公司里努力保持这种平衡的。那时，其创业公司柑橘巷（Citrus Lane）从 4 人发展至 20 人的规模。公司业务是将含有婴儿物品的护理包按月发送到妈妈们那里，到 2012 年，其年营收高达 510 万美元。芬利解释说，她曾经担任网景通信公司、易趣公司及其他公司的高管多年，这些经历教会她永远不要隐瞒负面消息，她会毫不犹豫地告诉员工什么时候和为什么他们的工作没有达到标准，但她会以最大的同理心来传递此类信息。有位芬利的直接下属形容她很有同情心但又极具权威，而她的确立志成为这样的人。

除掉“害群之马”

大多数人并非天生就不好。许多表现自私、令人讨厌、能力不足、懒惰以及有作弊行为的员工，在接受了改进意见和辅导后，或是辗转到一个管理层与同事都不能容忍不良行为的工作场所之后，他们便会痛改前非。所以我们的建议是，不要认为不良行为是无可救药的，不要一出现麻烦就将这些有点破坏性的员工解雇或是换部门。奥赖利和韦茨的研究给出的建议是，如果较小的举措毫无效果，那么最佳的领导者和团队就会雷厉风行地清除破坏性行为。清除破坏性思维模式最可靠的方式之一，就是除掉那些“害群之马”。

在讨论人类组织之前，我们先看看狒狒群体里最讨厌的成员一旦离开后会出现什么情况。生物学家罗伯特·萨波斯基（Robert Sapolsky）和同事跟踪肯尼亚的野生狒狒群长达30多年。1978年研究刚开始时，群里的一些成员经常从游客居住的旅馆附近的垃圾场偷食物吃。并非所有的成员都会在垃圾场共进晚餐。只有个头最大、实力最强，且最有进攻性的雄性狒狒有这种特权。为了抢到食物，它们与同样在那里吃食的另一群雄性狒狒争夺支配权；它们咆哮，用爪子重重击打对方身体，互相追逐，摆出示威的架势，比如露出牙齿等。后来，1983—1986年，狒狒群里46%的雄性因吃了垃圾场带菌的肉致死，即占据首领地位、个头最大、最自私的那些狒狒。生物学家通过对其他狒狒群的研究发现，雄性首领经常撕咬、拳击、怒视、欺负、追逐着群里面地位与其相近以及地位较低的雄性狒狒，偶尔也会这样对待雌性狒狒。

这些雄性狒狒死亡后，地位较低的幸存雄性成为群里的首领。萨波斯基和同事莉萨·沙雷（Lisa Share）观察到这些新首领与其他成员的进攻性很快会减弱。与老的狒狒首领不同，新首领几乎完全只对群里占优势的雄性狒狒有进攻性。他们很少针对那些地位较低的雄性，且从来不会进攻雌性。群里的成员还会花大量的时间互相梳理皮毛、亲密地坐在一起。其激素水平表明那些地位低下的雄性狒狒遭受的情绪困扰，相比于其他狒狒群里同等地位的雄性有所减少，这显然是因为它们不必忍受一个大个头、自私自利的雄性狒狒持续不断的威胁以及时不时的抓搔与撕咬了。这种氛围的转变一直持续到20世纪90年代后期，直到最早的那些慈善温和的雄性首领全部死去之后很久。这意味着"太平的氛围"被传到了下一代。此外，正如萨波斯基所解释的那样，当其他群里的年轻雄性加入这个"太平"的狒狒群之后，也会很快融入这个新"组织"的文化，以更太平的方式与其他狒狒相处。

狒狒群的情况与组织的治理情况有些类似之处，这一点从对芝加哥36所成绩欠佳的公立学校脱胎换骨后所做的评估中可以略见一二。芝加哥大学的马里萨·德·拉·托尔（Marisa de la Torre）和同事发现学校尝试了各种方法来治理学校，其中包括引进一些能够扭转乾坤的专家与负责重组的工作人员，他们将学校关闭之后，重新聘请教职员工，然后再开学。这36所学校，校长、副校长都被更换了。36所学校中有32所近50%的教师被替换。结果表明，与同样成绩不佳的学校相比，此举提高了22所小学里学生的标准化考试成绩，不过并没有提高其他14所中学的成绩。这些学校位于芝加哥，不同于亚特兰大的学校，没有任何作弊的迹象。研究人员要提醒的是，不管怎样，学校的"脱胎换骨"是一个持续不断的过程，而绝非一次性事件。小学耗费了几年的时间，情况才开始有所改善；高中学校规模大，问题更加复杂，学生的行为更是积习难改，所以改变需要耗时更长。事实上有迹象表明，有几所高中学校在研究项目即将结束时情况也开始有所好转。

有一项为时7年的研究，将100所焕然一新的学校与另外100所未能成功脱胎换骨的学校做了对比，其结果正如研究人员提醒的那样，并不是只要换掉领导者和工作人员就足够了。该项研究结果发现，学校成功地脱胎换骨取决于5个因素：有效的领导者、合作的教师、关系紧密的家庭和社区、远大的指导方针，以及安全有序的学习氛围。如果学校的蜕变具备这五大因素，相比于那些只具备一两个因素的学校，其得以改善的概率高达10倍。我们再次目睹了复制成功的最佳途径绝非是最简单的方法。

"害群之马"并非是领导者与复制成功的团队需要长期应对的问题。懒惰、霸道、刻薄、无能、顽固的人，可能会毁掉那些哪怕只是负责短期项目的团队与组织。有关团队的研究表明，这些人消极的一面会使其他同事分心，其他同事也会近墨者黑。此时，老练的领导者便会直截了当地采取行动，降低"害群之马"的负面影响，甚至将这些破坏性人物从现场带走。例如斯坦福大学的佩里·克莱班之所以闻名遐迩，就因为他对参与 d 学校实践项目的高管教导有方，擅长使功能失调的团队脱胎换骨。通常情况下，d 学校的这些项目为期 3 ～ 6 天，每个项目为大约 60 名高管开设，他们会被分成 10 ～ 12 个小组，每 5 ～ 6 人一组，每个小组都有自己的导师。过去举办的一些项目都关注如 BP 加油站或特斯拉本地经销商客户体验的改善，还有斯坦福血库捐献者体验的改进。在每个项目的进程中，克莱班会在不同的小组之间踱来踱去，仔细观察每个小组，与导师一起做简单检查。一旦发现某位组员遇上麻烦，他经常会立即在现场进行一对一的辅导，给予鼓励，敦促他们以更具建设性的方式去参与项目。克莱班还借这些举动来评估那些潜在的"害群之马"得以"挽救"的可能性。之后，克莱班和来自 d 学校的同事，与克莱班一起主导大多数项目的合伙人杰里米·厄特利（Jeremy Utley），会在每晚召开一场汇报会议，十几位导师会就每个小组以及每个项目展开讨论，什么事情进行得顺利，还有什么事情需要纠正，便一清二楚。

在近年来的几个项目中，克莱班、厄特利和导师找出了几个"害群之马"。这些人对小组危害之大，在导师看来，他们都应该被扫地出门。于是克莱班把所有这些具有破坏性的人放在一起，组成一个新的小组，把他们挪到一个角落里，这样就不会影响到其他人，并且他还找来了一位绝不允许乱来的导师提供指导。这招立竿见影。据克莱班介绍，原先那些小组的活力及项目质量，在将"害群之马"清除出去以后得到了明显的改善。虽然"害群之马"所在的几个小组表现欠佳，但其他几个小组却制造出让人拍案叫绝的样板。

克莱班表示，这些令人喜出望外的改进使他想起从前他在领导岗位上的经验教训。这些领导岗位包括阿特拉斯雪地靴（Atlas）的创始人及 CEO、巴塔哥尼亚户外服装公司（Patagonia）高级副总裁、天霸箱包公司（Timbuk2）CEO。他的经验教训就是："害群之马"这类员工有时换个环境，又会是"有识之士"。尤其是在 d 学校，如果害群之马集中在一起的小组里个个都是"霸道总裁"，特别是那种"阿尔法领袖型"，并且小组导师又有能力应付自如，那么颇具建设性的小组就会应运而生。之所以有这种情况发生，是因为尽管这些"霸道总裁"可能会随意践踏团队里处处忍让的成员，但是一旦把他们放在一起，就会产生权力均衡的现象。克莱班观察到的这些领袖型人物通常朝气蓬勃，而诀窍就在于引导他们去运筹谋划，而不是对周围其他成员以强凌弱。

"修理水管"在前，"创作诗歌"在后

我们在第 3 章末尾讨论过，"破窗效应"理论直接影响詹姆斯·马奇所主张的领导者是扮演"诗人"，还是截然不同的"水管工"，两者不分伯仲且相得益彰。该理论表明，让人侧重于组织中平淡无奇的细节，才是去除消极影响的有效途径。用马奇的话来讲，在文思泉涌地创作诗歌之前，先把水管修理好。加州奥克兰的阿拉米达卫生机构（Alameda Health System，简称 AHS）10 多年前的混乱状态令人难以置信，我们来看看新一届领导是如何循序渐进把这个烂摊子收拾妥当的。作为公共卫生保健系统机构，AHS 能提供 475 张病床，拥有 6 个主要的医疗场所、500 名医生，服务的对象大多是贫穷有困难的患者。2012 年，AHS 的员工做了 5 000 多例手术，接诊近 30 万次。该机构，特别是奥克兰的旗舰医院高地医院，是公立医院机构功能发挥失常的一个典型。至 2005 年，AHS 在 11 年间换了 10 位 CEO。医院每月的损失高达 100 万美元，累计赤字近 5 000 万美元，其中有部分原因是员工在 Medicare 与 MediCal 保险公司[①] 收款的工作做得太差。其工作环境也骇人听闻：一位医生被患者殴打并勒死，横躺在地板上半小时之后才被一个看门人发现；感染

① 政府指定的保险机构，给老年人及无保险福利的公民报销医疗费用。——译者注

艾滋病毒的血液经常被混入普通垃圾里；护士经常对医生和主管拒不服从。医院工作人员的汽车停满了车库，患者不得不绕来绕去找停车位。AHS 耗费了几百万美元的公共资金，因为要向一家咨询公司支付 320 万美元的费用而遭到抨击，这家咨询公司曾建议医院解雇 300 名员工，并大幅削减患者的服务项目。

新上任的 CEO 赖特·拉西特（Wright Lassiter）和 COO 比尔·曼（Bill Mann）认为 AHS 正值多事之秋，如果谈论价值观和战略、发表演讲，或是高呼改革，以任何形式“吟诗作赋”，都只会事与愿违。眼下大量的行政管理工作没有奏效，员工没有任何理由相信他们能够力挽狂澜。于是，他们便潜心关注“修理水管”的工作，一段时间内仅解决一个地方的问题。最初开展的是一项为期 16 周的基层“找钱”活动，后来他们称之为“成功的基石”。该活动将 85 位高管分成 12 个“冤家小组”，每个小组里有医生、护士、管理人员和技术人员。对各小组的要求是通过开源节流的方式获取 2 100 万美元的资金。拉西特告诉大家：“决定权在你们手上。我们几乎连厕所在哪儿都不知道，所以无法解决问题，需要你们去解决。”各小组仔细研究了各个合同并查阅各种账本，奇思妙想就接二连三地产生了。例如，一个价值 96.5 美元、用来测试新生儿脐带血的工具，被他们用一个 29 美分的工具取代，而且使用起来也不差。仅此措施，一年就节省了 322 000 美元。他们还找到了新的收入来源。特别在糖尿病的医疗护理方面实施了一项转诊措施，使数百名患者从社区诊所转到 AHS 来治疗。

随后拉西特和比尔·曼取消了 80 位 AHS 雇员的岗位，不过他们为大部分下岗的员工在 AHS 内部安排了其他工作。他们又是“找钱”又是裁减岗位，从中获得了 2 300 万美元。他们接下来着手处理尤其棘手的问题：与工会合作处理那些态度恶劣的护士。有位资深的医生告诉《快公司》（*Fast Company*）杂志：“我如果说，‘护士，给这个人抽血’，她会说，‘你自己为什么不抽？’那我就自己抽了。诸如此类的事情在拉西特来之前司空见惯。”这位医生接着说，

AHS 大多数护士都非常专业，这些护士也会很反感那些态度恶劣的护士。

有几十位表现极差的护士被开除了。拉西特和比尔·曼并没有用裁员的方式处理这些护士。他们希望工会和共事的职员都明白，这种破坏性的行为是不能容忍的，还希望他们与管理层合作而不是处处作对，要一起将“害群之马”扫地出门。拉西特和比尔·曼还与工会齐心协力腾出了更多的停车位。令人火冒三丈的不只是患者要浪费时间寻找停车位，而且这同时也耗费了 AHS 很多钱财。如果预约被推迟、等待时间延长，那么医院收入就会受到影响。工会同意为解决停车问题而给员工提供班车服务。这项改进不仅腾出了车位，对于拉西特和比尔·曼希望传播的思维模式，也就是将患者的需求放在首位来讲，也为员工秉持这种思维模式创造了一段过渡性经历。

AHS 面临的障碍依然让人不胜其烦，医疗保健费用飞涨，资金来源也毫无着落。但自从拉西特和比尔·曼上任之后，他们强调的是“修理水管”的工作而非“创作诗歌”，这使得 AHS 几乎每年的财政状况都转亏为盈了。外部的评价报告表明 AHS 的患者医疗护理质量稳定提高了。一栋耗资 6.68 亿美元的医院大楼正在建设中。拉西特对于“创作诗歌”的方式仍然保持警觉，不过有时在被催促再三的情况下，他也不否认：“我希望使这里与私人医院不相上下，甚至比后者略胜一筹。”

先完成基础工作，再追求成功

AHS 的历程，还有对“坏事比好事的影响大”这一现象的研究以及“破窗效应”理论，让我们明白，在不辞辛劳地扩张优势以前，第一要务是消除不良行为。这个建议可能显而易见，不过正如我们的同事杰弗里·普费弗喜欢说的那样，只有伟大的领袖和团队才能掌握显而易见的事物，这是难得的才能。

对于组织为取悦客户而扩大服务范围的做法，我们很赞成。正如我们在第

4 章中讨论的财捷集团“设计为愉悦而生”项目，令人印象深刻。但是，在清除客户体验中的消极因素之前，我们并不建议开展此类活动，财捷集团在开启该项目之前也花了很长的时间正本清源。可惜的是，商业咨询公司 CEB（Corporate Executive Board）的研究结果发现，许多公司并没有遵循这一点。他们调查了 100 位客户服务部门负责人，其中有 89 位认为他们主要的策略就是要超过客户的预期。但是 CEB 在调查了 75 000 余名客户后发现，大多数人并不指望顶级服务，真正使他们离开的是糟糕的服务。这一点对公司业务造成的损害实在很大，比如，因丢失行李向航空公司提出索赔，电缆供应商的技术人员让客户等了又等，移动电话公司的销售代表让客户在电话另一端等待太久等。

CEB 的研究表明，与客户忠诚度关系更大的是公司如何保持基本的诚信，而不是弄得客户眼花缭乱。根据 CEB 的研究员马修·狄克逊（Matthew Dixon）及同事的报告，25% 的客户可能会讲出客户服务体验的正面内容，但有 65% 的人有可能会说一些负面的事情。类似地，他们发现有 23% 的顾客一旦接受优质的服务，就会告诉更多的人；而一旦有过糟糕的接受服务的经历，会告诉更多人的顾客则高达 48%。该研究表明，让客户感到不费力气，对于保持客户忠诚度、预防或转变客户不满意程度尤其关键。精明的公司，会想方设法确保客户不用再次打电话回来采购物品、预约服务、完成交易，或是解决问题。澳大利亚电信公司是 CEB 的客户之一，他们就淘汰了评估呼叫中心销售代表接听电话效率的做法。现在公司评估员工工作表现的标准是其拜访客户并提供的服务是否满足了需求。因此，虽然现在呼叫中心的接听电话时间稍有延长，但接听重复性电话的百分比下降了 58%。

善用“酷”小孩来制止不良行为

我们在第 5 章里提到，为复制成功所招募的各式各样的人才，以及招募他们的时机，都对复制成功举足轻重。第 5 章里总结的许多经验教训，诸如聘用容易产生内疚感的领导者、充满正能量的人，以及多元化的团队，这些都适用于消除不良行为。例如，普林斯顿大学的研究员伊丽莎白·帕鲁克（Elizabeth Paluck）与哈娜·谢泼德（Hana Shepherd）评估并实施了一项旨在减少康涅狄格州高中学校霸凌行为的干预措施。她们多措并举，并从不同的学生帮派里招募了11个小头目，以阻止发生在290名在校学生身上的冷嘲热讽、戏弄、打斗、恶语中伤及其他五花八门的“人为状况”。

干预工作的焦点在于找出那些在学校耍酷的孩子，并说服他们帮助同学明白欺负他人是怎么一回事，受到欺负后的感受如何，他们能做些什么，并且应该如何阻止这种行为。干预小组运用社交网络分析方法确定了两种耍酷的孩子，或是称作“社交参照对象”，帕鲁克和谢泼德将之定义为社交关系紧密，长期以来行为表现方式引人注目的学生。第1种是指那些“众所周知”的学生，他们在学校很吃得开，学生们都说他们很高调。第2种是指“帮派的头目”，他们每个人都带领着一个关系紧密的小团体，但并不一定为外人所知。

研究人员用这种方法确定了83个“酷”小孩，并随机挑选了24个，其中13个是“众所周知”的孩子，11个是“帮派的头目”，然后请他们来引领这项干预措施。这些被挑选出来的“酷”小孩从反诽谤联盟成员那里接受了反霸凌的培训。他们学会了识别骚扰事件中的各个角色，诸如盟友、旁观者、施害者以及受害者。每个学生还写了一篇文章来讲述他们在培训时扮演这些角色的体验。那年10月份，反诽谤联盟成员与老师们共同挑选出5名学生，在全校师生大会上朗读了自己的文章。其余的学生还表演了小品，来说明常见的校园骚扰行为以及如何勇敢地反抗。学校大会以一个小品拉开序幕，该小品讲述的是一个女孩被污蔑的故事。小品表现出她的悲痛欲绝，结局是另一个女孩为受害者挺身而出。接下来，挑选出的这5个“酷”小孩朗读了自己写的文章。其中一个女孩讲述了她曾经屡次被同学取笑，最后不得不转学的经历。一个男孩描述了他是如何卷入一场打斗的，最终大家赤膊上阵、污言秽语，导致了恶性循环。

随后，这些“酷”小孩邀请其他学生分享自己的经历。这样所有的学生都被分成小组来讨论在学校大会上学会的内容，以及他们将如何施以援手来制止各种“人为状况”的出现。在此后的一年里，他们还安排了后续的活动。在学校集会期间，选出来的那些“酷”小孩朗读了制止骚扰行为的公告、制作了一系列的海报，海报上有他们身穿为该项活动特制的 T 恤衫的照片，孩子们经常穿着 T 恤衫在学校附近走动。另外，他们还出售一种 1 美元一只的腕带，上面写有“挺身而出，联合起来”的口号。

研究人员发现，那些与带领该干预项目的“酷”小孩关系密切的学生，其校园行为有了巨大变化。几乎没有学生会将“人为状况”或是任何冲突当作是正常的事了，也不再认为一旦出现“人为状况”，理应独善其身，或者坐视不管。大家的行为方式有了可喜的变化。据教师们报告，同干预项目“小头目”关系密切的学生与之前相比，现在更倾向于保护受到骚扰的同学，也极少对校园环境带来负面的影响了。

不管怎样，多数工作场所在很多方面都与高中学校大同小异。从上述研究中可以看出，对于他人公认的不良或良好的行为，“酷”的那些人会产生与之并不相称的影响，不论那些不如他们“酷”的同事是否在不良行为刚一冒头时便出来制止。因此，招募受人敬仰、广交朋友的人到组织中来，让他们明白不良行为的具体表现，并鼓励他们勿做肇事者，此举不失为消除负面影响的灵丹妙药。

美国南部地区大型零售连锁公司的一位高管告诉萨顿，其手下的高层团队成员开会时总是盯着智能手机，真的让他受够了。尽管在会议开始之前，他就一再要求大家把手机放下，但他们屡教不改。有好几次，他们太过沉迷于那个小屏幕，结果有些员工错过了会议上的重点，以至于在需要他们献计献策时无法参与进来。于是这位高管将两位最受人尊敬的成员，同时也是违规最严重的两个人拉到一边，要求他们在会议期间保持电话关机状态，把手机放在口袋里面，同时要求他们协助他鼓励其他成员也这样。此举立竿见影。他物色的这两位模范员工，在下一次开会时没有看手机，而且还积极地敦促其他成员也不要看。如今一旦会议开始，每个人都会把手机关机并放入口袋或钱包。这位高管单枪匹马想要改变这个坏习惯时，并无效果。不过，一旦他招揽了两位举足轻重的成员，即他身边的“酷”小孩，不但他们自己改正错误，而且还帮助他人一起改正，整个团队很快就变得能遵守规矩了。

遏制“刺激”

马克·吐温说过，“被禁止的事情有一种无以言表的魅力，令人向往”。事实上，复制成功方面一个司空见惯但令人生气的阻碍，就是人们在使坏时的感觉总是非常好。正如乔治·凯林和詹姆斯·威尔逊指出的，之所以很难阻止大家打破那些窗户，原因之一是因为他们一旦动手，就会感到趣味无穷。有一个关于不良行为是如何受到激发以及该如何制止不良行为的例子。这是多伦多大学的加里·莱瑟姆（Gary Latham）曾帮助一家大型锯木厂编制、实施并进行研究的一项干预措施，我们常常拿来引用。管理层之所以请来莱瑟姆，是因为每年有价值约 100 万美元的设备会被小时工偷窃，管理层找不出方法阻止这种偷窃行为。问题的一部分原因是工会过于强大，几乎不可能惩罚盗贼。莱瑟姆提到，有一次一位主管拦住一名工人，原因是他拎的工具箱看起来非常重。工会立刻报到人力资源部说有工人被拦，人力资源部的员工只能央求该主管让步。此后，主管对待员工的偷窃行为只能眼不见为净。问题的另一部分原因是在锯木厂，与学校里的霸凌行为差不多，虽然许多工人并不赞成偷窃物品，自己也从不偷窃，但是如果举报盗窃行为，他们又感到来自同事的压力好比泰山压顶。有个工人告诉莱瑟姆:“如果想要在这儿待下去，那就得按游戏规则玩。”

莱瑟姆在与工人的面谈中还发现一个不可思议的真相：被偷走的大部分物品，工人并非真的用得上。他们之所以偷是因为偷窃本身颇具挑战性，还可以在同事面前树立威信。他们向莱瑟姆吹嘘：“我们厉害得很，可以从锯木厂偷个头道锯出来。”（一个头道锯的重量超过 1 吨。）他们甚至试图拉莱瑟姆下水参与这种荒唐行为。一个工人问他：“博士，告诉我们你想要什么，我们不出 45 天便可以把它搞到手。”当公司的高级管理人员明白了莱瑟姆发现的问题时，他们建议安装监控摄像头来捉贼。莱瑟姆则答复他们，几个小时工已经要求他向管理层提出这样的建议了，因为偷窃这种监控下的设备将会让他们“感到太刺激了”，管理层便立即放弃了这个想法。

莱瑟姆还发现偷窃行为的诱因及其抑制因素很耐人寻味。工人们对于管理层的处罚从未害怕过。但不胜其烦的是，这些盗贼经常讨论该轮到谁来负责存放，因为他们偷窃了这些东西之后并不会出售。尽管工人们对管理层无所畏惧，但他们害怕自己的配偶会大动肝火，怕被她们抱怨那些赃物将车库、地下室和阁楼塞得到处都是。

莱瑟姆一连数小时与管理层商量具有可行性的解决方案。深思熟虑后，他们最终否决了金钱奖励的措施，虽然此举可以使工人们将“刺激感”投入到工作中而不是行窃中，但是管理层担心，工人们会将此视为对其偷窃行为的奖励。最终，在莱瑟姆的帮助下，他们决定要消除从偷窃行为中获得的刺激感。他们建立了一套类似图书馆借还书的制度，工人们可以随时借出设备，以供个人使用，而他们只需在一张表上签名即可。

结果如何呢？失窃率立刻下降到接近于零。毕竟行窃已毫无乐趣可言，自我吹嘘而窃得的那些东西又是可以随意领取的，此举就不会在同事中赢得任何声望。偷窃行为在执行了这个制度的多年后几乎没再发生过，尽管工人们也几乎从来没有真正地签字借出过任何设备。其他的不良行为，比如故意破坏、涂鸦或旷工等，也未见增加。

管理层还指定了一个“大赦”的日子。此举也是受到了图书馆管理制度的启发。图书馆通常在一年中规定，长时间过期未还的书如果在某几天里归还，借书人就不必受罚。同样地，在某个春日，工人们如约返还那些失踪的设备，就不必担心受到责罚。管理层告诉工人们，他们认为任何归还的物品就好似他们给好友的，而不是工人们偷走的。在“大赦”的第一天，工人们带来了许多卡车运载的物品，使管理层不得不将这个活动期限延长。此后的几天里，卡车接二连三地载着物品返回了。正如莱瑟姆在多次访谈后发现的，很多男工人多年来苦不堪言，因为妻子老抱怨他们偷回家的东西占用了车库、储藏室太多的空间。所以他们趁机甩掉了这些东西。

不良行为的成因及如何抑制的方法，都可从莱瑟姆的经历中借鉴。第一，众多研究盗窃行为的结果表明，偷什么与偷多少，驱动力通常来自同事的压力，而不是管理层的一举一动。偷窃和其他不良行为经常被当作是可以在同事面前树立威望的方式。第二，尽管物质奖励可能引起或扼杀不良行为，但往往没有必要。如果可以找到其他一些行之有效的奖励或抑制措施，有时不花一分钱便能遏制不良行为。第三，不良行为除了可能使人骄傲并带来威望之外，往往还会使人发自内心地感到快乐。对很多工人而言，偷窃锯木厂里的物品在日常工作中最具挑战性，而关键则在于想方设法减少这种“刺激感”，并代以更富有建设性的行动，这绝非易事，但成功后必有所获。

从当下的自我到未来的自我

有时可以让人们去思考自己如何成为自己希望的样子，而不只是成为现在的样子，从而打击某些不良行为。纽约大学的哈尔·赫什菲尔德（Hal Hershfield）和同事发现，当人们全神贯注于当下的自我，而不是专注于现在是谁、将会是谁、将来想成为谁的时候，他们更惯于说谎和采取不道德的行为。比如，当与别人进行谈判时，有些人只着眼于当下的自我，对于现在的决定此后是否需要付出高昂代价的问题，他们并不会深思熟虑。他们不太认同的是，要考虑到事情将来结果会如何，然后试图以日常的行为来影响结果。赫什菲尔德进行了另一项研究，他将大学生带入一个虚拟现实的房间，要求他们看着镜子里由计算机生成的自己的影像。一组学生看到的是当前自己的影像，另一组学生看到的是自己在 68 岁时的老年影像。当他们离开房间时，研究人员问了学生们一些问题，其中有一个是问他们，如果给他们 1 000 美元，他们会用来做什么。那些见过 68 岁时自己影像的学生，相比于只见过当前自己的影像的学生，会将多一倍的钱分配到退休账户中。

阿曼达・尚茨（Amanda Shantz）和加里・莱瑟姆曾经在 3 次试验中目睹过相关的结果。试验对象是为一所大学筹钱的一个呼叫中心的 145 名员工。他们随机将这些员工分成两个小组。一组获得了有关如何说服大家捐钱的书面指导。另一组得到了内容相同的指导，不过指导内容和一张照片一起被印刷在了一个背景墙上，照片中有一个在跑步比赛中获胜的女人。那些见到这张照片的员工筹得了更多的资金，因为这个简单的提示使他们把注意力集中在未来的自我上面，尤其是将每次电话里的内容都与他们期望达到的目标联系起来。

有时，使雄心勃勃的目标更加形象生动，从情感方面来讲是不可抗拒的。领导者可以帮助员工关注未来的自我。比如，施乐公司的前 CEO 安妮・马尔卡希（Anne Mulcahy）于 2001 年上任，在其带领下，举步维艰的施乐公司焕然一新。在任职的头几个月，她并没有按照惯例拟定公司的愿景，而是与高级管理团队共同撰写了一篇想象施乐公司到 2005 年将会如何的文章，并刊登在《华尔街日报》上："我们描绘蓝图就如同已经达成了既定目标一样。其中还提到了业绩衡量指标，甚至引用了华尔街分析师的指标。这正是我们期望公司达成的愿景。"

正如管理大师吉姆・柯林斯（Jim Collins）所言，时间转移之举并非总是需要壮志凌云，才能说服大家消除负面影响、突出正面作用。有时管理者只是需要找到一些方法，使员工的负面行为带来的影响更加形象生动，这样他们便会努力将短期行为同长期目标相挂钩。英国燃气公司的高管告诉拉奥，在印度他们是怎样克服这种问题的。该公司在某些城市是唯一的能源供应商，因此他们的态度就像垄断了美国的能源行业一样，非常傲慢。英国燃气公司的员工对客户通常不理不睬。于是，管理层心生妙计，招募了一些顾客，要求员工与顾客互相扮演对方的角色。这些由顾客扮演的员工“以其人之道，还治其人之身”，当“由员工扮演的顾客”前来付账时，他们不理不睬，总是忙于私事而让“顾客”等着，对他们不屑一顾或出言不逊。当员工意识到，这正是自己一直以来对待前来付账的顾客的态度时，他们从此便改变了对现实中顾客的态度，尽职尽责。

把重心放在关键时刻

2008 年，萨顿和斯坦福大学的同事德布拉·邓恩（Debra Dunn）邀请迪士尼乐园的卡琳·克里科里安来课堂做演讲。在课堂上讲的是捷蓝航空公司的邦尼·西米和其他管理人员共同致力于改善客户体验的案例。克里科里安拥有斯坦福大学市场营销的博士学位，她提醒同学们不要忘记诺贝尔奖得主丹尼尔·卡尼曼的“峰终定律”（peak-end rule）：无论是多么美好或糟糕的经历，不论它持续的时间有多长，判断取决于最好及最坏的时刻，以及看它结束时是好还是坏，而不是任何时刻都比量齐观。那时的 3 个学生——安妮·亚当斯（Annie Adams）、惠特菲尔德·福勒（Whitfield Fowler）和西蒙娜·马蒂克（Simone Marticke），曾全程跟随捷蓝航空的乘客进出机场。克里科里安的意见之所以切中要害，是因为与这 3 个学生交谈过的许多乘客都表示，最糟糕的体验就是在行李认领区域。乘客们表示行李区与行李转盘本身就让人晕头转向，而且他们旅途劳顿，迫不急待想取回行李，周围人都同样心急如焚。这种体验好比雪上加霜：“峰”，即最糟糕的那部分，以及“终”这一部分，两者掺和在一起，祸不单行。

克里科里安的意见和学生们自己观察的结果发人深省，他们试行了一个被称作“深蓝关爱”[①]的活动，特制了前胸印有蓝色标志的T恤衫，标志上兼有捷蓝航空和斯坦福d学校的主题内容。T恤衫的背面印着“不要告诉任何人呦，您是我们喜爱的客户”。他们前往机场，在行李认领区帮助乘客。3个人采取了克里科里安和迪士尼乐园的经验，专门帮助那些看起来最着急或晕头转向的乘客。这样做，一是因为这些人需要帮助，二是因为如果他们的焦虑情绪能够得到安抚，那么其消极情绪就不会传染给其他人。亚当斯、福勒和马蒂克回答了那些心怀感激的乘客的各种问题，有问“我那价值千金的滑雪板出来了，要到几号去认领”，还有问“我在哪里可以帮我母亲取到轮椅”。乘客们发现这种安排非常好，称赞他们使航空旅行体验最糟糕的那部分更加人性化了。当邦尼·西米将这种做法告诉捷蓝航空公司的经理和主管时，他们都对此举及其带来的乘客与员工的正面反馈印象深刻。即使增加这类新岗位从经济上来讲对于捷蓝航空可行性不高，特别是考虑到航空行业竞争压力巨大，但是西米说这种做法大有裨益，因为此举提醒了公司领导要与机组员工一起加倍努力，使得乘客领取行李的过程尽可能顺畅。

更广泛地说，“深蓝关爱”这种形式提醒了大家，尽管复制成功涉及的是尽可能地消除和减少糟糕的体验，但并非每一个紧要关头都用一样的方式处理。这不只适用于客户的体验，也同样适用于员工的职业发展。“峰终定律”表明，当某位员工离开组织或团队时，管理层要尽心尽力地为他创造一个难以忘记的离职体验，这不失为别具一格的明智之举。这无关员工的离职是否是主动的。我们熟知的朋友——风险投资人本·霍罗威茨在复制成功的课堂上，提到了他曾经获得的有关处理裁员事件的金玉良言：要亲自跟他们道别，帮助他们把箱子搬出去，与他们握手或给一个拥抱，并说声谢谢。这样做的话，会使丢了工作的人感觉美好一点，或者说至少没那么糟糕。那些没有丢掉工作的员工对能留在公司继续工作也会感觉更好，而且你自己也会感觉好一些。将来，如果公司有了转机，或者你试图再次招聘那个离职的人回来，相比于躲在办公

① 捷蓝航空的飞机机身以白色为主，机腹为深蓝色。——译者注

室里，害怕与他们眼神交流的做法，你的胜算将更大。

保持警惕，应对 5 种危险情绪

本章说明了保持持续的警惕是减少并消除破坏性理念与行为的必要条件，并提供了方式方法以打击不良行为。我们对这一挑战的论述对于在复制成功方面教学相长的各位领导者及团队来说都颇有裨益。集中在此的这 5 种情绪，一旦四处蔓延，便预示着不良行为已经产生，或者短时间内便会出现。我们在此介绍一下这些破坏性的行为产生的原因，为扫清复制成功的障碍指明了方向。

第 1 种危险情绪是害怕承担责任，尤其是觉得袖手旁观或举止失当，相比于做应当做的事情，反而更能明哲保身。我们见识了亚特兰大的老师战战兢兢不敢面对霍尔博士，20 世纪 60 年代的纽约人因为害怕而没有出手挽救凯蒂・吉诺维斯的生命，以及阿拉米达卫生机构的医生和护士面对不学无术、脾气粗暴的同事只能逆来顺受。大家缄口不言，便足以表明他们是因为害怕才选择事不关己，他们不会相互学习、自我批评从而获得成功。哈佛大学的埃米・埃德蒙森对 8 家医院的监护室药物治疗事故的研究，就揭示了由于恐惧而产生的这种遏制作用。起初，埃德蒙森对其研究结果疑惑不解。据结果显示，在人际关系亲密的监护室，相比于关系最糟糕的监护室，护士们出错的概率竟高达 10 倍之多！然而，她原本提出的理论是，如果人们工作时相互信任、关心，专注于查找和修正错误，那么他们出错的概率就会减少。但这项研究的结果与她预测的恰恰相反。

埃德蒙森决定聘用一位对此项出人意料的研究结果毫不知情的研究人员，请他花两个月的时间与这些工作人员面谈，并对这 8 个监护室进行观察。这位研究人员的发现加上埃德蒙森自己的观察使她明白，在那些相处不融洽的监护室里报告显示护士错误率低，是因为护士们不敢承认自己的错误。一旦他们承认，或是被抓住出了错，就会被嗤之以鼻。沉默并不总是金子。所以他们完全不认错、不指出别人的错误，也不与主管或同事讨论如何彻底消除错误。因此从错误率来看，虽然关系不融洽的监护室的数据更好看，但这数据是不可信的。而在人际关系亲密的监护室里，护士们的看法截然相反。他们认为及时消除错误是人命关天的大事，每个人都应该承认错误并立即上报，且应当与同事讨论错误产生的根本原因。当学会如何避免犯错之后，他们便会责无旁贷地将经验教训传授给其他人。埃德蒙森也强调，出类拔萃的领导者、团队和组织，通过制造“心理安全感”来驱散恐惧感，鼓励人们在出错时要敢于发声，并留意出错的人。

一项针对荷兰 65 家公司有关“对错误的管理文化”的研究结果得出的经验教训也是如此。在某些财务状况表现极佳的公司里，其核心理念是将错误看作是能够提高业绩的有价值的信息。出错被视为学习过程中的正常部分，是可以分析和讨论的机会，理应与同事分享，这样大家就不会重蹈覆辙了。这项研究以及更多缜密的试验结果表明，发生错误之后，人们如果只是将矛头指向别人，尤其是将自己的错误归咎于他人，就毫无责任感可言，大家会变得诚惶诚恐，而且也不可能学到任何东西。正如埃德蒙森的研究所展现的，领导者及其他颇具影响力的人需要勇于承认自己的错误，不论他们是否应该向某个具体的错误负直接责任，都应该把重点放在从中学会了什么，而不应该关注让谁出丑或是对谁风言风语。的确，领导者有时候必须去除“害群之马”，他们不是屡教不改，就是将破坏性的情绪和行为传染给其他同事。但是，正如柑橘巷的 CEO 毛里亚·芬利所主张的，此类艰难的决定应该尽可能地带着同理心与同情心执行。

第 2 种危险情绪是害怕被排斥或被社会边缘化。这种恐惧感为许多校园霸凌行为推波助澜，同样，它使那些在道义上反对偷窃行为、自己从不行窃的锯木厂工人，却对偷窃财物的工友不敢吱声。在那所康涅狄格州高中，克服这种危险情绪的手段就是将其产生的社交压力转变方向。于是，那些“害群之马”就会感受到来自同伴的压力，从而改过向善；如果他们迷途不返，便会尴尬不堪，被冷眼相待。睿智、从不因循守旧的本·霍罗威茨在复制成功的课堂上演讲时，扼腕长叹，说硅谷的风险投资人经常让企业家在事先约定时间的会议上一等再等，正是这些无礼的举动使他们臭名昭著。霍罗威茨说，他为了打击这种不良行为，一旦知道他们与企业家开会时迟到了，他就会向其合伙人及同事按每分钟 10 美元收取费用。他会当场收取现金罚款，并向企业家解释为什么收钱。正如霍罗威茨所指出的，颜面尽失的刺激远比损失钱财的强烈得多。

一般情况下，令他人尴尬、排斥他人的方法在使用时最好克制一些，且须采取适当的预防措施。我们曾目睹在亚特兰大的学校，此举被恶意利用，其产生的压力使大家迫不得已而无所不为，包括撒谎和欺骗，以避免当众受辱。令人尴尬的手段如果能为大家指明一个切实可行、合乎道德的方向，使大家更有自豪感，更具容他性，那么就是有效的手段。例如那位零售连锁店的高管给团队招募了很“酷”的成员，以此来改掉大家在会议中玩手机的习惯。此举的确多少会令同事难堪，但也提醒了大家该项禁令不再是空谈。重点是使大家能关掉手机并将它放在一边，从而充分地融入会议中。

第 3 种危险情绪是不为人知。如果没有人时时刻刻监督你，你便觉得可以为所欲为了，自私、不诚实、投机取巧或是工作起来漫不经心。感到不会被人发现，有可能会产生不良的行为。最近有证据表明，黑暗的环境会让人产生虚幻的、不被他人注视的心理感受，正如小朋友玩的捉迷藏游戏，他们会闭上眼睛，相信其他人看不见他们。暗淡的灯光使人们相信“没人注意我，没人检查我”。多伦多大学研究人员对比了两组被试的行为，一组人置身于灯光较强的房间，另一组置身于灯光较暗的房间。被试收到一个装有 10 美元的棕色信封和一个空的白色信封。他们接到指示，做 5 分钟的数学题，然后自己打分，每得到一个正确回答就奖励自己 50 美分，然后将剩余的钱放入白色信封。置身于两个房间的被试都做了相同的测试。结果表明，那些在光线较暗房间里的被试，他们的欺骗行为次数更多，相比于在光线充足房间里的另一个小组的人，他们实际拿走的钱比应该拿走的要多得多。研究人员还随机让他们戴上深色的太阳镜或透明镜片的平光眼镜，给了他们每人 6 美元，并要求他们给自己留一点钱，再拿一些给其他人。那些戴着墨镜的人留给自己的钱较多，给其他人的则较少。

迈克尔·迪林，我们曾经提到过的风险投资人及 d 学校的同事，他向我们细述了那些经营大型零售商店的高管长久以来利用明亮灯光的技巧，使员工和顾客感到倍受重视。20 世纪 90 年代，迪林管理着一家位于波士顿的名为菲林地下室（Filene's Basement）的大型零售商店。导师曾教导他，不论是哪个级别的员工，如果他们在明亮、开放的环境工作，那么商品丢失、损坏或被盗的现象就会减少，工作效率会上升。迪林非常肯定，敞开的大门、玻璃的隔断、明亮的灯光，还有高层领导频繁地“路过”，都可以保证大约 13 000 平方米的商店生意兴旺，并保护商品免受意外或人为损失。年销售额超过 1 亿美元的同一品牌的不同商店里，商品短缺及工作效率方面的改善会有天壤之别。多伦多大学研究人员的研究表明，迪林的导师教会他的就是有实证的实践，而绝非仅仅基于那些武断的行业传统和某些迷信行为。

不为人知的情绪还会带来另一种危险，那就是很难保持责任感。员工会认为他们服务的客人无名无姓，与他们素未谋面，而不会将客人当作活生生的人，不值得他们专心致志，使出浑身解数来对待。将人性在员工面前更生动地表现出来，可以提升大家的责任感。例如，放射科医生在查看 X 光片时，如果见过患者的照片，他们会更加专心致志。在埃默里大学（Emory University）的斯里尼·特里丹达帕尼（Srini Tridandapani）和同事进行的一项研究中，他们要求 10 位放射科医生首先查看 20 张胸部 X 光片，共查看 200 次。每张胸片是同一位患者在两个不同时间拍摄的。但是每组中有几张胸片被有意错误地放在了一起，因而放射科医生检查的并不是同一位患者的 2 张胸片，实际上是两位患者的胸片。当放射科医生查看前 200 张胸片时，他们发现了12.5%，即24张中有3张胸片放错了。然后另10位放射科医生被要求查看另一批患者的10张胸片，不过这一次，患者的照片与每一张X光胸片附在了一起。结果放射科医生发现了64%，即25张中有16张错误放置的胸片。换句话说，相比于提醒医生要给予患者人性关怀，如果医生对患者一无所知，那么他们也不会全神贯注。另外有一个类似的研究，要求15位放射科医生查看1 000多张胸片，结果表明，在看到患者的照片后，他们的同理心程度提升了，工作时也更加一丝不苟。

第4种危险情绪是不公平的感受。众多研究结果显示，当人们感到受到了雇主的不公平待遇时，就会减少付出，不良行为便会频繁出现，他们努力的程度、效率、质量水准、文明程度及其他衡量优势的指标都会下降。事实上，虽然那些锯木厂工人偷窃财物只是取乐，但大多数工人之所以偷窃，主要原因是他们感觉受到了不公正对待，比如薪酬遭到不公平削减、与其他人的收入有差距，以及老板对他们不屑一顾，与他们疏远。这项研究的根本教训已经由迈克尔·迪林总结了：做什么和怎么去做之间是有天壤之别的。不论你是否做了比如减薪或降级的“坏”事，或是做了比如加薪和晋升的“好”事，如果你花时间给员工解释为什么此举是必须做的，与大家交谈这些变化将如何进展下去，并自始至终尊重他们，那么员工便会勤勤恳恳，对分外的工作也会全心全意，加班加点，更加忠诚。正如本·霍罗威茨提出的，领导者在裁员过程中要亲自出面，要有同情心。如果你采取诸如此类的行动，尽可能避免主观的不公正，员工将投桃报李。但是一旦他们感到一丝丝的不公正待遇，特别是你一向冷酷无情、心胸狭窄的话，他们就会事不关己、高高挂起。而且如果他们可以蒙混过关，就会开始迟到早退，工作马马虎虎，以一报还一报。

第5种危险情绪是无助感。当人们认为自己无力阻止坏事发生，就会推卸责任、袖手旁观、委曲求全并东躲西藏。正如心理学家马丁·塞利格曼

（Martin Seligman）[①] 关于习得性无助（Learned helplessness）的经典研究表明，即使人们可以轻松地摆脱困局，或是改变现状、为他人造福，但如果他们认为无力改善自己的生活状况，那么宁愿生闷气、吃苦头也不会做任何事情。当人们身处习得性无助的状态中时，他们就像塞利格曼早期研究过的那些被电击的狗一样。这些可怜的狗曾遭受到随机的、想逃也逃不掉的电击。后来，当这些狗被放在只要跳过一堵矮墙就可以轻易逃脱电击的地方时，它们却试都不试着挪动一下身体，只是蹲在那儿，每次受电击时就呜咽一下。治愈动物和人类无助感的关键在于说服。不论过去发生了什么，现在仍然可以采取行动改善现状。在前 CEO 赖特・拉西特和 COO 比尔・曼就任前，阿拉米达卫生机构很多员工的状态就好似塞利格曼的狗一样。处于下滑状态太久，他们感到绝无可能改善机构的财政状况、患者的体验或是自己的工作生活状态了。这就是为什么拉西特和比尔・曼要跳过“创作诗歌”这一步，直接让员工马上开始“找钱”的活动。这些颇有影响力的多元化员工不仅找出了 2 000 多万美元，而且在此过程中，他们对自己、对同事表现出的不再是无能为力，而是对消除阿拉米达卫生机构的负面因素凸显出正面作用，表现得铿锵有力。

最后，我们用一条在组织里消除不良因素并创造优良业绩的关键性教训来结束这一章。如果有人能够想方设法将团队或组织的注意力引向那些受其影响的人，那么团队或组织的成员将会承担更大的责任去做应做的事情。这对于那些放射科医生来讲是毋庸置疑的，当患者的照片出现在他们面前的时候，他们发现了更多错放的 X 光胸片。同样，阿拉米达卫生机构的前 CEO 赖特・拉西特说服了工会领导，让员工乘坐穿梭大巴往返停车场，而不是去与患者争停车位，那么患者及员工都会欢天喜地。

---

① 马丁・塞利格曼是“积极心理学之父”，美国心理协会终身成就奖获得者，其传奇一生被记述在《塞利格曼自传》之中，此外，他还著有畅销书《真实的幸福》《认识自己，接纳自己》，这些书已由湛庐策划，浙江教育出版社出版。——编者注

类似的转变也在亚特兰大的学校有所进展。贝弗利·霍尔博士在 2011 年被解职后，小埃罗尔·B. 戴维斯（Erroll B. Davis Jr.）上任收拾残局。那时戴维斯 67 岁，他本来准备从佐治亚大学校长一职上退休，然后陪伴结婚 43 年的妻子。妻子试图说服他不要接受这份新的工作，迈克尔·鲍尔斯（Michael Bowers），这位揭发作弊行为的国家调查局负责人之一也劝告说："你这个年纪接手这项工作，真是疯了。"戴维斯不需要这笔工资，也不需要去证明什么。但他无法拒绝，因为他感到责无旁贷，认为自己是最合适的人选。这像极了在第 5 章里我们所了解的那些高效但容易产生内疚感的领导者。鲍尔斯是这么说戴维斯的："他才是真正的人民公仆。"

戴维斯采取了许多大动作使亚特兰大学校的境况日新月异，特别是使教师与行政人员感到如果他们行为端正，则一切皆有保障；一旦行为不端，情况则岌岌可危。戴维斯解雇了近 200 名国家调查局揭露的作弊教师和行政管理人员。然后，他对待作弊行为实施了"零容忍"政策。据说有位教师将某次标准化考试的答案给了学生，戴维斯进行了调查并立刻将她从教室请了出去。他解释说："我不希望有欺骗行为的人来教育孩子们。我能不能做到？让我们拭目以待。如果我做不到，那就控告我。"

不过，最让我们印象深刻的还是戴维斯所做的一些小事。他对教师非常尊重，这在霍尔博士管理期间闻所未闻。有一天，戴维斯在斯莱特小学（Slater Elementary）里从一个班走到另一个班，对每位教师说："我要为你所做的一切表示感谢，你的工作我可做不了。"我们尤其为他搬到新办公室时所做的简单改变而吃惊，它让我们想起那个对放射科医生进行的研究。当霍尔博士使用那间办公室时，她在墙上挂满了亚特兰大所有 100 所学校考试成绩的条形图表。戴维斯将图表拿了下来，换上了他为之服务的学生的大幅彩色照片。

SCALING UP EXCELLENCE

Getting to More Without Settling for Less

第三部分

让组织成效倍增的行动指南

第8章

08

“事前验尸”，如果明天成功了，你今天做对了什么

在过去的7年里，“成功的增量问题”使我们受益匪浅。但是我们并没有找到任何简单快速、万无一失的解决办法，来创造可观的绩效并使其加倍增长，甚至我们曾经研究的最杰出的复制成功活动也会跌宕起伏。有时候似乎事事不顺，大家垂头丧气，前路迷茫，让人生气。然而，我们坚信，创建、传播并保持组织中的优势，这条征途将引导我们获得大有裨益、鼓舞人心的经验教训。

在第1章，我们以1条重要的经验教训开头：复制成功应该被视为“地面战”，而不只是“空战”。接下来，我们介绍了复制成功的7条箴言。在第2章，我们审查了复制成功的关键选择，特别是“克隆式复制”和“改善式复制”策略之间的权衡取舍及其矛盾关系。后面5章的内容，剖析了复制成功的关键原理：热问题，冷处理；避免认知负荷，保持合理的复杂度；建立一个彼此担当的组织；互通有无，扩张优势；坏事比好事的影响大。我们也考虑到不同情境下几条非常重要的经验教训，特别是优秀的领导者和团队要把复制成功看作是一场马拉松比赛，而不是一次短距离冲刺，要致力于从每次成功与挫折中有所领悟。优秀的领导者和团队始终感到不满足，觉得事情没有尽善尽美，并为此心急火燎。这种无休止的不安分感被皮克斯公司的布拉德·伯德定义为优秀组织的特征之一，它意味着人们会日益完善自己的工作。

立足将来，回顾现在

最后这一章的重点，是如何把这些知识及其他一切你所了解的与复制成功相关的内容转化为行动。在整本书里，我们讨论了思维模式的实施方法。仅仅明白了何为该做的事情并不一定能带来多少优势，除非你真正地采取行动。我们以一种具有新意、变通的思维模式来结束这一章，激励和引导人们对了然于胸的事物采取行动，从而提高成功的胜算。我们会立足于诺贝尔奖得主丹尼尔·卡尼曼最欣赏的做出更好决策的方法。这听起来可能有点不可思议，它被称为“事前验尸”（premortem）。卡尼曼非常认可心理学家加里·克莱因（Gary Klein）创造的“事前验尸”方法，并运用它帮助了许多项目团队避免真正的失败，以及经常随之而来的难看的“事后验尸”。

复制成功的“事前验尸”方法是这样的。当团队马上要实施一项重大决定时，你要召集开会，要求每个成员展开想象，比方说一年后会是什么样的；成员被分成两组，一组想象这个决定就是一个彻头彻尾的灾难，另一组假想它将是一个巨大的成功。每个成员独立思考成功或失败的原因，或者进一步叙述为什么会成功或失败。指导他们时要尽可能详细，正如克莱因强调的，要查明那些他们通常不会提及的担心失策的原因。接下来，请“失败”小组中的每一位大声朗读自己罗列的清单或写下的情节，记录并整理这些原因。“成功”的小组也重复此过程。最后，利用这两组收集的原因来改善复制成功的计划。如果发现一些不可逾越的障碍，就请回到画板前修正该计划。

“事前验尸”刺激了参与者使用“预想式回顾”的方法，或者用语法术语来讲，就是用“将来完成时态”① 来思考及讨论问题。举个例子，与其思考“我们将在未来 6 个月内致力于传播以患者为中心的护理实践活动”，不如假

① 将来完成时态用于表示在将来某一时间以前已经完成或一直持续的动作。——译者注

想时间走到了将来，去思考“我们已经有 6 个月的时间用在传播以患者为中心的护理实践活动上了”。现在，关键的因素出现了，你想象着一些事情已经发生了，要“从将来往回看”来讲述事情的成因。我们在最后一章就有一个“预想式回顾”的例子。2001 年，施乐公司的 CEO 安妮 · 马尔卡希和团队写了一篇文章发表在《华尔街日报》上，文章中设想了 2005 年公司取得了巨大的成功。这篇设想性文章罗列了业绩指标，并引用了专家提出的具体步骤。运用这些具体步骤，施乐公司在 4 年里完成了一个惊人的转变。

假装成功或者失败已经发生，回顾并虚构一些为什么会如此的细节，这看起来似乎出奇的简单。然而著名的学者，包括卡尼曼、克莱因和卡尔 · 韦克在内，都提供了无可辩驳的逻辑及证据，来表明这种方法有助于制定更英明的决策和计划。他们的工作也表明为什么“事前验尸”方法可以帮助组织预防幻想、急躁、无能的状态破坏复制成功的团队，使所有涉及复制成功的成员的生活都如在地狱一般。

对于创业者来讲，“从将来往回看”可以帮助人们消除某些盲点。正如我们在第 1 章和第 7 章里提到的，当即将发生的事情变得遥不可及，人们制订的计划就会更加不切实际、含糊不清，会忽视那些本可以实现长期目标的日常细节。“从将来往回看”可以帮助人们将短期和长期的所思所想关联起来，这便是复制成功的标志。韦克之所以认为这种转变很有效，部分原因是想象产生单一结果的详细原因，相比于想象多个结果，并努力解释每个结果可能产生的详细原因，要容易得多。除此之外，分析单一事件，就好像它已经发生，而不是假装它可能发生，会使它看起来更加具体，这将促使人们给予更多的注意力以阐明一切。韦克分析了一位教授前往欧洲的旅程，预测了“超级碗”[①] 比赛结果，引用了一场虚构的交通事故，来说明“从将来往回看”，相比于朝前看相同的假设事件，人们能够想象出更丰富的经历。沃顿商学院的德博拉 · 米切

① 超级碗是美国国家橄榄球联盟的年度冠军赛。——译者注

尔（Deborah Mitchell）和同事的试验证实了类似的结果。试验表明，“预想式回顾”，或者说想象一个事件已经发生，其提高人们正确识别未来结果成因的能力达 30%。

“从将来往回看”也能避免过分乐观，特别是当想象出失败、平庸，或是大失所望的结果时。卡尼曼和其他研究人员指出，大多数人会高估美好的事情在自己身上发生的概率，低估他们将面临失败、延迟和挫折的概率。卡尼曼还补充说，一般情况下，任何组织都不欢迎悲观主义者。当有人唱反调提出诸多风险和不利条件时，他们会被看作是背叛者。在第 1 章，我们讲到斯坦福大学 IT 团队实施了“大爆炸”似的、未经证实的半成品财务系统。复制成功团队迫使 4 000 人使用该系统，即便他们知道数据将会丢失，而且系统交易也会变得缓慢且操作困难，依然一意孤行。他们并没有推迟系统的启动，也没有在一个时间段内只推广到一个部门，以减少损害，并尽量从中学习。相反，非理性的乐观情绪占了上风，团队确信事情不会变得那么糟糕。他们的急躁、幻想和无能是“聚众憋屈”状态的典型特征，这致使斯坦福大学数千名合格的员工在好几个月里无法履行好自己的职责。

如果在正式开始之前，领导者问一下团队，“想象一下我们到了 2004 年 9 月，甲骨文财务系统被证明是一场可怕的灾难，情况会如何？请尽可能详细地说明”，那么这个决定可能就不一样了。克莱因解释说，“事前验尸”的方法可以削弱不顾一切的态度，而这往往是过度投入到项目中的人所持的态度。斯坦福大学的领导者可能还会问另外一个问题：“如果请你为一所与我们情况相似的大学提建议，你会有什么建议？”哈佛大学的马克斯·巴泽曼（Max Bazerman）证明，如果让人们预测他人的项目或企业的命运，而不是自己的，他们较少会表现出乐观。巴泽曼观察到，如果谈到住宅建设或装修改造工程，大多数人会估计其朋友的工程工期将会延长 25%～50% 且超出预算。但相同的这些人估计自己的工程时，却认为会及时完成，与预期时间接近。世界需要梦想家。没有他们，就没有奇妙的全新发明，就不存在传播得又远又广、富有灵感的新想法。但那些可以实现的梦想最好与不可动摇的事实、切合实际的可能性高的推测结合到一起。对于我们选择追求的梦想，“预想式回顾”可以提高其成真的概率。

“事前验尸”的方法还可以粉碎某些幻想，这些幻想认为复制成功的每个人都赞同即将做出的决定，或者每个人都相信活动会进行得很顺利。强大又过分自信的领导者往往会奖励那些赞同他们的人，而惩罚不赞同的人。当大家不再提出个人的疑虑，不再质疑已知的风险和惹事生非的事实时，其中产生的从众现象便显而易见了。与此相反的是，克莱因解释说，“事前验尸”的方法也可以促成内部竞争，团队成员会感到有责任提出别人没有提出的问题，于是整个动态变化就会产生，他们从试图避免任何可能破坏和谐状态的事物，改变为要使潜在的问题浮出水面。克莱因讲述了一家进入《财富》50 强的公司“事前验尸”的故事。该公司有一个上亿美元的环保项目，因为引领该项目的 CEO 已经退休了，而新的 CEO 又尚未接手，于是，该公司的一位高管想象这个项目已经失败了。如果“事前验尸”做得恰到好处，那么直接说出存在风险的坏消息，就无需任何的顾虑，会被认为是应该受到鼓励的举动。

成长不一定是向前冲

新生事物并不总是意味着改善，更多时候反而是退步。成长并不一定就是向前迈步。等待有时候比继续向前冲更有效。有时，你无法由此及彼，即无法将美好的事物从它蓬勃发展的地方传播到你想要它萌芽的其他地方。“想象你已成功或失败”的方法，对于决定做还是不做，决定复制成功到底是否值得启动，是应该按计划尽快实施还是继续保持现状，都非常有用。

有几个“事前验尸”方面的问题颇具指导意义。首先看看复制成功的可行性。你真的有能力保质保量地复制成功吗？举个例子，大约 30 年前，给小型赛艇制造船帆的汉克·乔茨（Hank Jotz）已将他在旧金山的店铺由独立经营发展到 6 个人的规模。撇开规模扩张不谈，乔茨其实并未赚到更多的钱。他反复演算着各种数据，发现只有一个因素决定他每年能挣多少钱，那就是他用于缝纫的小时数。乔茨告诉萨顿："我发现我只是养活了一群'嬉皮士'。"于是，他将一些人气高但并不是很赚钱的店铺关闭了，回到只有乔茨船帆的一人店铺，从那以后，他更快乐了。

可行性的问题也在于是否越快越远复制成功就是明智的。正如第 4 章中所说的，创业团队应该"从将来往回看"，并且问问自己："我们是否变得太大太快了？"这种担心程度因"创业基因组项目"而加剧了。该项目是指马克斯·马默（Max Marmer）、比约恩·赫尔曼（Bjoern Herrmann）及其同事对 3 200 家高成长型创业公司进行的调查。调查发现，74% 的年轻组织曾因过早扩展规模吃过苦头，而这正是马默和赫尔曼推断有如此多的创业公司增长得太慢或失败的主要原因。停滞不前或已经解散的创业公司，相比于那些成功的同类型公司，他们在早期成长阶段雇用了约 50% 的多余员工。同类型的公司如果不是非常着急，就不会增加新的员工。一下子雇用太多的员工会用光现金、增加不必要的行政管理负担、破坏创新，并导致公司在并没有什么值得向客户推销的东西之前，就把重点放在了赢取客户资源上。风险投资人迈克尔·杰克逊（Michael A. Jackson）是这样说的："获得风险投资就好比将火箭的发动机装在一辆车上。复制成功归功于加速前要确保发动机已经做好了加速的准备。"

"事前验尸"还应该把重点放在复制成功需要人们付出的代价上。即使最终大功告成，将组织优势扩张得更远更广，但是中间付出的成本是值得的吗？我们现在谈的不是金钱，谈论的是疲劳感，甚至是有时由于长期紧张的工作对身体造成的伤害。这非常像一些登山者，他们登顶了珠穆朗玛峰，结果却死在了下山的路上。这些罹难者如果知道他们最终要付出的代价，可能就不会开始艰苦的跋涉。甲骨文财务系统的惨败也是如此。斯坦福大学的首席信息官克里斯·汉德利就因为在这种“聚众憋屈”的状态下扮演的“高光角色”而离职了。假如他能让时光倒流，我们很难相信他还会赞成。

有些情况下，你可能会重振旗鼓，但仅限于你可以减轻痛苦且不再感到精疲力竭的情况。皮克斯公司的联合创始人埃德·卡姆尔讲述了在长达 8 个月的时间里，员工工作时长非常长才完成了《玩具总动员》的第二部。有几位员工得了反复性应激损伤，有一位员工甚至不得不放弃现场工作。一个温暖的六月天，有位父亲本来应该开车送婴儿去日间护理处，但是他忘记孩子就坐在后座，直接开车去上班，将孩子锁在了车里。几个小时后，同样在皮克斯工作的妻子问起了孩子的情况。惊慌的夫妇俩跑到停车处，这才发现孩子已经昏迷不醒。后来用冷水降温的方法婴儿才苏醒过来。卡姆尔的团队决定，虽然《玩具总动员》的第二部按时完成了，并获得巨大的成功，但他们不会重蹈覆辙，于是施行了一些重大改变，包括限制员工工作时间，请来反复性应激问题的专家，并主办了一些健身活动及课程。卡姆尔解释说，他们从中吸取了教训并采取了行动，而不只是口头说教。

假如梦想成真，我们建议你对于目的地扪心自问一下。有时成功并不完全如它被你所吹捧的那样。想象一下，你已建立了一个受人尊敬的大型公司或非营利性组织，或者你已经将质量管理工具、精益管理的方法或设计思维传播出去了。问问你所在的团队：“在我们已经建立的世界里，我们快乐吗？”正如第 4 章里提到的，在组织成长期间，它需要设立更多的级别、招聘更多的管理人员、制定更多的规则和令人讨厌的管理流程。它也会变得越来越难以让员工们维系良好关系。即使复制成功使你变得富有，身处自己营造的围墙内，却也会让你如坐针毡。

大约 15 年前，萨顿同米奇·卡普尔（Mitch Kapor）和他的妻子弗莱达·克莱因（Freada Klein）进行了一场对话，谈论有关他们在莲花公司（Lotus

Development Corporation）的经历。莲花公司最早是卡普尔与几个朋友于1982年合伙设立的一家小公司。Lotus 1-2-3是该公司开发的电子表格软件，很快它成为IBM个人电脑及下一代个人电脑的热卖软件。1983年，其销售额高达5 000万美元，1984年跃升至1.5亿美元以上。卡普尔并不想去经营一家大型公司，他仍然担任公司主席一职，晋升了麦肯锡顾问公司的前顾问吉姆·曼兹（Jim Manzi）任CEO。到了1985年，曼兹使莲花公司成为一家员工超千人的公司，并储备了许多来自传统企业的人员，比如宝洁、可口可乐和IBM的“销售型”和“流程型”人才。卡普尔和莲花公司其他早期雇员非常享受他们获得的新财富，但是其中很多人是属于反主流文化类型的人，他们因为企业的一些做派和条条框框非常恼火。“创业的激情沦为一家大型公司的操练活动”，作家罗伯特·科林利（Robert Cringely）如此评论道。

1985年，弗莱达·克莱因做了一个试验，证实莲花公司已经不是一个适合创始人待的地方。在卡普尔的许可下，克莱因将莲花公司40位元老级员工的简历收集到一起。大多数的简历上面，克莱因只是更改了一下员工的名字，但她改动了卡普尔的简历，因为卡普尔过去当过超验冥想老师[①]及电台主持人的经历在莲花公司众所周知。克莱因解释说，大部分早期员工拥有成长型公司所需的技能，但太多人做过高风险又不理智的事情，比如做过社团组织者、临床心理学家，还有人生活在道场，或是像卡普尔一样，教别人超验冥想。后来，克莱因不声不响做了件事情，她将这40份简历交到莲花公司人力资源部。结果40个人选中，包括卡普尔，竟然没有一位受邀前来面试。创始人建立的王国拒绝了那些与他们类似的人。卡普尔在1986年辞去了莲花公司主席一职，他说，是因为“我的抱负不是去运营一家大型公司。我曾想创造伟大的产品，做大生意，但是在运营这个庞大公司的过程中，我没有找到任何令我喜出望外的积极因素……我喜欢独处，做自己的事情。但事与愿违，我被一个电子表格软件‘禁锢’了”。莲花公司最终以35亿美元卖给了IBM。自从离开莲花公

① 超验冥想本质上是瑜伽的一种简化形式，是一种自我鼓励、自我放松的方式。——译者注

司之后，卡普尔将时间花在了运营小公司和非营利组织的工作上，这使他感到像在家里一样自在。

避免复制失败的 7 条教训

当《可复制的成功》一书即将结束时，让我们停下来反思一下前言以及前面 7 章的内容。有几周我们忙得焦头烂额，不停地辩论，最后汇集了 7 条最基本的经验教训，它们可以使复制成功避免陷入一败涂地的结局。我们为每一条教训添加了一些新的解释，其中包括以“从将来往回看”的角度来讲解这些教训。“事前验尸”的方法并不只是关于在复制成功开始前或在某个关键决策点前开一两次会议的方法。那些将“预想式回顾”融入复制成功中的领导者与团队，会占据绝佳的有利地位。这就意味着，与其去问“我们明天做什么”，不如问“如果我们明天成功了，是因为做了些什么才成功的”，并且我们还要以类似的方式来计划下一周、下一个月、下一年的工作。本着这种精神，我们讲解每一条教训时，都会让大家感觉自己已经做过这些举措了。

从我们所在的地方开始

有人请教复制成功的明星克劳迪娅·科奇卡，应该从哪里着手一项创新活动，她给出的建议是：“从自己开始，从你目前所在的地方，从你现在拥有并立刻能够得到的资源开始。”我们的前言就是以这个建议结尾的。有位经理给一群高管描述她工作的那家大型公司是如何推广设计思维的，于是我们第一次听到科奇卡给他们提出了此项建议。这位经理一开始运用了设计思维中的一些原则和技巧来重新装修办公室，包括以培养员工的同情心为目标进行环境设计，设置空间来放写着头脑风暴想法的便利贴。她还把头发剪短，染成另一种颜色，旨在向同事表明并提醒自己，她正在做一些与之前完全不同的事情。在探访公司的零售商店时，这位经理请那些等候服务的顾客尝试各种样品，以此来引起他们的兴趣。她还招募了一些销售人员开发出与顾客交流的新用语。这位经理并未谈论什么是设计思维，她选择身体力行。她还给同事组织了培训，内容包括“初学者的心态”“极端的用户”以及“绿野仙踪”的模拟测试系统——该系统带有虚拟功能，可以测试用户的想法。因为公司注重私密性，员工之间也很有竞争性，所以当这位经理邀请同事参加培训时，她对培训的课题含糊其辞，并限制报名人数。能够参加的人感觉就好像他们是“选中之人”才入选的，她也要求他们对培训的内容暂时保密。这些策略吸引了广泛的关注，她的几位同事也组织了同样对外含糊其辞的神秘讲习班。

这位经理一开始并没有预算和工作人员，也没有请实践过设计思维的同事帮忙。现在，已经有几十位同事加入其中了。这位经理就像每一位复制成功的人一样，从当前的处境着手，并充分利用了现有的资源。那些有着大量现金与人力、可以随心所欲的团队也是一样。凯撒医疗集团的路易丝·梁博士就拥有数亿美元的预算来升级凯撒健康连接系统。但她的“老虎队”仍然面临艰难险阻，尤其是那 10 年间失败的信息系统实施计划使大家半信半疑，某些独立运作区域的员工对于标准化系统也很抗拒。路易丝·梁博士团队的成功，是因为他们立足于当下的处境，并对现有的资源物尽其用。系统的首次试行选在夏威夷区，因为那里的领导者愿意承担风险。这是他们最小的区域，所以实施起来并不像较大的区域那样困难。路易斯·梁博士在职业生涯早期有好几年在夏威夷工作，所以她有朋友去支持该项目，而且她对当地的一些优缺点及“雷区”了如指掌。夏威夷是第一个树立了优势标杆的地方，之后，成功就在整个凯撒医疗集团里逐步扩散开来了。

我们的目的是扩展组织规模，而不是聚集更多人

一些领导者乐于主持欢天喜地的启动仪式，但缺乏长期“地面战”所需要的勇气。有位老板在我们面前捶胸顿足，就是因为其公司 CEO 非常喜欢举行

新项目的典礼，推出新产品，宣布并庆祝并购项目，“她喜欢策划主持晚宴，但对于清理烂摊子的工作则毫无兴趣”。大伙儿聚在一起，讨论大胆的想法和庞大的计划，其中带来的刺激，使这位 CEO 心驰神往，但对于复制成功所需的日复一日的吃苦耐劳，却感到不胜其烦。为了调动某种思维模式，针对新的理念、行为以及倡议，来激发大家的热情并提高意识，是极有意义的第一步，但这远远不够。大家必须身体力行，否则就不能持之以恒。

培训对于我们重点提到的许多复制成功来讲举足轻重，其中有 Facebook 的“新员工训练营”和“桥梁国际教育”的训练营。培训对于精简惠氏公司的制造流程也起到了关键的干预作用，这项干预措施削减的成本高达 25%，并且提高了质量水平。每个“迷你改造”团队成员都掌握了一些技能，比如如何与同事进行艰难的谈话，如何给予指导并提供改进意见，如何实践精益化生产，如何与成员一起鼓气加油。虽然培训可以为人们在新的思维模式下的身体力行做好准备，但这还不够充分。在惠氏公司，团队由经理及顾问负责训练，他们运用掌握的新技能，在工作流程和具体实践中进行重大的改变。他们学有所成之后，就会把经验复制到惠氏公司其他的团队。

可惜的是，有时培训与普通的短期群体活动毫无二致，就好像企业启动了某个项目，但后期的跟进工作要么根本站不住脚，要么根本就没有。如果传授了新的理念与行为方式，但并没有采取任何步骤使团队去具体实践，那么培训的效果就几乎为零。几年前，美国运输安全管理局（TSA）开发了一个运用比喻手法、非常引人入胜的培训，内容是指导机场的安检，旨在沟通一种新的员工思维模式。其中一个比喻是讲在平静的海面更容易发现鲨鱼。也就是说，安检时周遭环境是放松和安静的，相比于紧张和喧闹的状态，更容易发现神情紧张的恐怖分子。另一个比喻是讲 TSA 工作人员的行为应该更像机警的英国指示犬，而不是令人生畏、反应迟钝的杜宾犬。这些比喻手法强调了工作人员在对乘客的表情及行为始终保持警惕的同时，应该创造一个平静的安检体验。这些比喻内容作为开发培训的起点，旨在帮助 TSA 的工作人员表现得沉着有力，能够对乘客提高安全意识，并运用自己的判断和批判性思维来检查乘客。

斯蒂芬妮·罗（Stephanie Rowe）是 TSA 的前高管，她负责领导了这项培训。她向我们讲述了如何在两天内为 1 100 名 TSA 员工培训这些内容。斯蒂芬妮·罗的“培训培训师”视频显示，参与培训的员工对于传播这种新的想法及技能热情高涨。1 100 位培训师又在 450 多个机场组织了每次为时 4 小时的培训，将这些培训内容教给了 54 000 名 TSA 员工。他们埋头苦干、专心致志地使培训妙趣横生，影响广泛。大多数培训师相信，如果员工根据他们所教的内容，坚信这种思维模式并身体力行，那么 TSA 的安检体验对于工作人员及乘客来讲都会更人性化，捕捉到不良意图的人的概率就会增加。

作为航空公司的常客，我们可能会认为并没有什么证据能够表明 TSA 的工作人员检查乘客时，单单这个培训对其思想与行为产生了多大的影响。但斯蒂芬妮·罗相信，在一部分机场，已经有远见卓识的领导者，还有因此倍受激励的部分培训师，所以这个培训已经产生了持久的影响。但她也承认，让 54 000 名工作人员明白最新的理念，教会他们以新的方式来工作，这只是开始。尽管这是颇具潜在价值的第一步，但由于高层领导的变动及 TSA 的预算问题，一些旨在支持或授权工作人员确保该培训学以致用的跟进工作毫无进展。总而言之，这次培训还是激发了 TSA 员工几个月高涨的热情。54 000 位员工中的每一位都接受了几个小时的培训，这真是伟大的一步。但是，正因为没有采取关键的步骤来使员工们身体力行，因此并没有任何证据表明它传播了一个难以磨灭的思维模式。

我们旨在指点迷津，而不是回答所有问题

TSA 的经历表明传播并践行某种思维模式举足轻重，这意味着尽量向更多人展示、在更多地方粘贴标志或挂上横幅，还是不够的。正如所有根深蒂固

的人类信仰一样，思维模式是一把双刃剑，在需要它们的同时，你还应该不停地问自己是否该放弃了。卡尔·韦克再次提出了有趣的一点。韦克在读完诺曼·麦克林恩（Norman McLean）的《年轻人与火》（*Young Men and Fire*）一书后，那些同森林火灾战斗的人使他十分着迷。韦克将生命中最后的 14 年都致力于分析 1949 年蒙大拿州曼恩峡谷的救火行动，他想知道为什么 16 位跳伞灭火员中有 13 位丧生。韦克发现，曼恩峡谷大火中 13 位灭火员的丧生，与 50 年后科罗拉多州南峡谷大火中 14 位灭火员的丧生原因如出一辙。在这两次火灾中，23 名男性与 4 名女性都因为未能丢弃沉重的工具器材，导致在撤退时行动过于缓慢，最终被爆炸性的火灾吞噬。27 条性命都丧生于安全视线范围以内。

韦克认为，这种不情愿丢弃有用工具的做法，如同组织中所做的许多决定。我们看到过家得宝公司是如何因为无力修正根深蒂固的思维模式，最终导致在中国市场的扩张失败的。他们的失败，正是因为高管无法丢弃“自己动手”的模式——这种模式在其他市场被证明非常有效。在新兴的地方、与新认识的人复制成功，随着时间的推移，就必须时刻保持警惕。你就必须为丢弃那些陈旧的工具做好准备。无论你与同事使用它们时多么得心应手，过去这些工具曾带来多大的益处，留着它们你会感到多么心安，都要及时抛弃。如果那些陈旧的工具在此刻看起来不再管用了，那就回想一下高空走钢丝艺术家卡尔·瓦伦达（Karl Wallenda）的事故。走高空钢丝长达 60 多年以后，瓦伦达在 73 岁时摔死，尽管他的双手能够抓住下面的钢丝绳，但他死亡的时候，手中仍然紧紧地抓着平衡杆。

约束条件是用来引导才智的，而非破坏

在第 2 章，我们花了很大的篇幅来探讨“改善式复制—克隆式复制”的统一体。我们剖析了 3 个问题，帮助复制成功的团队决定在多大程度上要鼓励员工去适应当地的需求和喜好，而不仅仅是要求员工符合当前的模板或流

程。这方面的关键性经验教训值得我们进一步强调和解释：人们如果受到稍严格的约束，让他们几乎不能打破这种约束的话，复制成功会进行得更迅速、更轻松。

创造力与创新的研究给约束条件提出了发人深省的观点。几乎所有创造性的业绩，都是由那些面临挑战和不可动摇的制约因素的个人、团队和组织完成的。比如，创造于欧洲文艺复兴时期的众多著名艺术作品，都是受到捐助人，如教会和政府的委托的。他们利用合同约束艺术家，规定了许多细节，包括材料、颜色和大小。你可能见过米开朗琪罗著名雕像《大卫》的图片，也许你在佛罗伦萨美术学院的画廊参观过。这座雕像自 1463 年由阿戈斯蒂诺·迪·杜乔（Agostino di Duccio）着手制作，一直没有完工。1501 年，米开朗琪罗受雇完成了它。合同规定他要在两年之内完成，还具体规定了雕像的外观以及如何放置它。在那些规定范围之内，米开朗琪罗雕刻出了许多他个人认为恰如其分的神韵，并对许多批评置之不理。有位政府官员还纠缠他，让他把大卫的鼻子雕小一点。就这样，文艺复兴时期最著名的雕塑诞生了。巨大的尺寸、严肃的面部表情与轻松又若无其事的姿态所形成的强烈反差，使它闻名于世。

著名的建筑师和家具设计师查尔斯·埃姆斯（Charles Eames）认为，“在很大程度上，设计取决于制约因素”。也就是说，当受制于不可变的因素时，创意者工作的意愿与激情决定了成败。有无限制因素不是问题，问题是人们是否有意愿、有能力围绕着这些限制去想办法将它们转化成优点。对创造力与制约因素的研究表明，当选择有限时，人们会产生更多而非更少的解决方案。这是因为在没有约束时，他们的注意力被分散开来了。一项关于大学生玩电脑游戏的研究发现，在类似迷宫的游戏中，如果出口更少，他们会找到更多解决方案，而且是更富有想象力的方案。

就复制成功而言，某些参数是不可能或者很难去更改的，其中包括预算、日程、技术手段、天气以及地理因素。而且，无论朝“改善式复制—克隆式复制”统一体的哪个方向努力，有效的复制成功都取决于有没有划清几个关键的分界线，来引导人们避免不必要的混淆与风险，避免浪费时间和金钱。即使有必要谨慎地去照搬某些制约，精明能干的复制成功团队也始终会保持精炼，减轻认知负荷，并将注意力引向当务之急的挑战。路易丝·梁的“老虎队”在推广凯撒健康连接系统时所部署的“护栏战略”就表明，即使是在一个尊崇改善式复制的组织里，强制执行几项关键的“禁止改变项目”也是相当明智的。正确的制约因素能帮助凯撒医疗集团的员工注意到什么才是最重要的，即服务于患者：通过限制员工购买及维护的软件数量，帮助他们提高经济效益；通过给各区域的医疗保健供应商施压，要求他们在 24 小时之内回复患者的电子邮件，提高客户服务的速度及统一性；通过要求所有的用户界面看起来一致，操作起来也一样，减轻客户的困惑及认知负荷。

了解“老虎队”“护栏战略”的几个月之后，萨顿参加了一个在帕洛阿尔托举行的世界经济论坛研习班，约有 40 位成长型公司的领导者参加。会议期间谈到复制成功的环节，萨顿提到了“克隆式复制”与“改善式复制”之间的矛盾。几分钟之后，知名国际建筑和设计公司 NBBJ 的管理合伙人斯科特·怀亚特（Scott Wyatt）评论说，他们就是一个“改善式复制”的组织。但他又补充说，公司的领导者也发现了他们需要“护栏”来约束 NBBJ 的 10 个办事处和 700 名员工。怀亚特后来又向我们解释，17 年前，他刚成为公司的管理合伙人，NBBJ “万事皆可”的文化造成了许多效率和品牌管理方面的问题。公司使用了太多截然不同的计算机辅助设计（CAD）系统，使得员工在项目合作上经常束手束脚。员工在接听电话时根本就没有标准用语，各地办公室及各项服务的品牌化千差万别，而且大家都个人主义至上，每位建筑师都使用自己的个性化标记在图纸上指示“北方”。怀亚特的团队开始将公司打造成真正的“同一个公司”。

此后，NBBJ 设置了几个关键的“护栏”。例如，CAD 系统和市场营销资料现在已经标准化了。这些“护栏”和其他制约因素使大家受益匪浅。现在

NBBJ 的员工可以轻松协作，客户也不会因为不统一的品牌形象和不一致的市场信息而一头雾水。据怀亚特的报告，树立一种形象，共享做事与做人的方式，意味着在 NBBJ 工作是什么样子，与他们合作又是什么样子，这些都格外具有挑战性。有一个“护栏”是实现它的必要条件，即以“价值”为基础而不是以“商品”为基础的敬业精神。在客户争先恐后需要某家公司服务的时候，保持这个规则轻而易举。但是，当一场严重的经济衰退袭来时，比如 2009 年的经济危机，公司为了维持生计，就会更偏向于采取以商品为基础的方式完成工作。怀亚特说，这样做最终必错无疑，因为它损害了公司的品牌，削弱了在组织前行道路上以价值为基础获取成功的能力。

NBBJ 采取了一种方式来帮助其合伙人接纳这种思维模式。当一位合伙人接到一项潜在的项目时，其他一两位并不参与该项目的合伙人会来审查。除非这几位合伙人都表示同意，否则公司不会决定承担这个项目。特殊的关注给予了只接受以价值为基础的业务。怀亚特还补充了一些内容，这与丹尼尔·卡尼曼有关人类过度自信的警示不谋而合。怀亚特说，这种做法势在必行，因为建筑师天生就有信心，相信自己无所不能。在开始之前就先结束不良项目，这样做不只是为了省钱，而且还保护了品牌，它使员工避免了 5 ～ 10 年的可怕煎熬，这个时间段是 NBBJ 一个项目持续进行的时间区段。

等级是为了避免摩擦，而非制造摩擦

在第 4 章，我们引用了 Twitter 公司工程业务负责人克里斯·弗赖伊的有趣说法:“等级制度的任务是打败等级制度”。弗赖伊与任高管的同事史蒂夫·格林都不认为等级制度是用来制造混乱的。格林认为它应该用来打造一个更完善的组织运营体系，这也是他们在 Salesforce 公司复制成功时总结的经验教训。弗赖伊和格林要强调的是，尽管在组织和项目复制成功时，设立更多的岗位及制定更多的流程势在必行，但是久经沙场的领导者会利用自己手握的大权，消除不必要的摩擦，避免员工因为糟心的规则、工具、庸才而受苦，这些只会使工作难上加难，浪费金钱和才智。

2013年4月，萨顿出席了弗赖伊召集的一个聚会。会上，布拉德·伯德和比尔·坎贝尔就“创造出伟大的产品”进行了一场热烈的讨论。这两位对弗赖伊和格林的建议产生了共鸣，强调他们一定要为工程师减少摩擦，并会尽一切可能，使员工在创造公司产品时不会感觉好像在泥泞中走路那样步履艰难。坎贝尔还对许多听众强调，非管理职位的员工也应该这么想、这么做。我们后来继续跟进财捷集团，以便更多地了解这家公司的领导者是如何执行这一理念的。尤其触动我们的是，他们为做到快速决策而做出的改变。有一个内部工作小组在检查产品团队是如何决定哪些内容要放入一个新开发的软件版本中时，他们发现太多经理参与做决定了。这一流程效率低下，有时非常打击成员的士气。经过仔细分析，工作小组推行了一个新的决策流程。这个新流程极大程度地授权各个小型开发团队运用敏捷软件开发方式来做决策。管理人员在每个决策过程中最多做两类审批性的工作：一类是身为组织者清除组织前进路上的阻碍；另一类是负责做教练，给开发团队提供愿景。管理人员将余下的部分留给开发团队，因为他们最了解产品及目标客户。

财捷集团的案例说明了等级制度在复制成功时应该如何起作用：最佳组织采用的是不断删减的方法，而不只是做加法或乘法。这个案例也强化了复制成功的基本认识：“人多好办事”这句话只对了一半，因为人多也有危害性。我们已经表明，增加更多的人手对于组织、项目或团队是如何产生代价高昂的负面效应的。随着更多人的介入，成员必须投入更多的时间和精力去沟通、协调并维持社交关系。撇开这种付出不谈，更多人的加入会使协调难上加难，使关系更复杂，人们更难相处。J. 理查德·哈克曼的法则说，“任何工作团队的成员人数不应该多于两位数……当一个团队人数增加时，碰到的绩效问题便会成倍增长”。一个有用的推论是：如果团队出现了领导力与绩效问题，先不要责备领导者，也不要急于找出“害群之马”改变他们或将他们扫地出门。首先要考虑的是团队的规模。按照脉冲新闻创始人阿克沙伊·科塔里和安吉特·古普塔在公司使用的方法，当沟通问题突然出现时，如果团队的成员人数超过六七人，那就把它分成 2 个或 3 个小组来解决。

第 4 章里梅利莎·瓦伦丁与埃米·埃德蒙森有关“急诊站”的研究证实，当组织规模扩大时，保持小规模的团队确实更有优势。当急诊科无组织、无秩序的 25 名医生和护士被分配到 5 ～ 6 人一组的“急诊站”之后，大家的沟通、满意度、信任度及责任感都得到了显著提高。患者在急诊科就诊的时间平均减少了 3 个小时，看病时间下降 40%，从 8 个小时下降至 5 个小时。

与我们尊敬的人共事，但没必要成为朋友

第 6 章的内容表明，虽然大多数人喜欢身边有自己的同类，但如果团队成员背景各异、多才多艺，并且大家见仁见智，那么新的思维模式、技能及方式方法就能传播得更快更远。试想一个群体无所不包，其成员代表了整个组织中的全部人才与岗位，那么当他们启动某项复制成功活动时，成员与整个组织内部的其他同事，会在专业、情感方面更加关系紧密。正如我们所看到的，邦尼·西米在捷蓝航空公司组建了第一个应对“非正常运营”问题的团队。一个多元化的团队可以利用其广泛但不重叠的人际关系作为通道，将组织优势传播到社交网络的各个角落。

康姆斯克（comScore）这家互联网技术公司的联合创始人、负责全球发展业务的执行副总裁琳达·亚伯拉罕（Linda Abraham）说过：“大家都会有一种强烈的倾向，去雇用与自己惺惺相惜、不谋而合的人。但这对团队建设一无是处。”亚伯拉罕说，这些都是她在创立了两家公司后得到的教训。尽管公司从 1999 年成立之后就历经磨难，包括 2001 年互联网泡沫经济破灭和 2007—2009 年的全球金融危机，但这个教训使康姆斯克九死一生，后来事业蒸蒸日上。这家公司的业务主要包括监测人们的上网行为并提供行业见解。现在它在 23 个国家拥有 32 个办公室与 1100 名员工，年销售额达到约 2.8 亿

美元。亚伯拉罕将康姆斯克公司的成功一部分归因于“那些不一定是你想要与其共进晚餐或有私交的人，但他们不仅拥有与你的团队互补的各项技能，而且与你自己相比，他们眼光独到”。亚伯拉罕还补充道，你所要聘请的人应该是你尊敬的、能给组织带来新思路的人，至于你是否喜欢他们是次要的。无论大家是不是朋友，团队需要的是同心协力。风格、思想及文化的多样性有时会产生摩擦，但如果它是有生产力的摩擦，并且团队就是以这种方式搭建而成的，那么它就会像打脱敏针的效果一样立竿见影，能够帮助组织重振旗鼓。亚伯拉罕强调，如果想使这个方法达到最佳效果，切勿骄傲自大，要授权给他们去尝试那些与你迥然不同的想法。当他们证明你大错特错的时候，你就要改变自己的想法。

相关研究也支持了亚伯拉罕的观点。当团队成员在相互尊重的气氛中争辩时，他们更善于解决问题并发挥创造力。每个成员都感到正确时要据理力争，犯下错误时要内视反听。亚伯拉罕的观点，加上支持其观点的相关研究，让我们想起从伊万·欧内斯特（Ivan Ernest）那里听到的一件事情，欧内斯特在谷歌公司的工程部负责人力资源工作，那时公司员工由 2005 年的 1 200 名发展到了 2010 年的 12 000 名。欧内斯特解释说，建设性的争论是谷歌文化的关键，在谷歌，对证据及逻辑的期望胜过员工的个人地位及过往成就。欧内斯特有一次参加了由谷歌联合创始人谢尔盖·布林和拉里·佩奇主持的会议。在会上，他与一位意志格外坚强的工程部负责人进行了激烈的争论。欧内斯特一开始担心他使这位比他高一级的同事太难堪了，而且还是当着谷歌创始人的面。后来他的对手突然中途停下来说：“我现在非常不认同自己的观点了，你说得对。”琳达·亚伯拉罕所谈论的健康的组织就应该这样。

高度责任感会战胜“搭便车”行为

我们曾强调过，当组织员工都感到“这个地方是我的，我也属于这个地方”时，那么“搭便车”的现象就会受到遏制，由此产生的社交压力就会敦促大家各司其职。这种责任感，我们在奈飞公司、蛋蛋屋、泰姬陵酒店恐怖袭击中有目共睹。在第 5 章的结尾，我们集中讲到了泰姬陵酒店员工极其勇敢、极具自我牺牲的精神。泰姬陵酒店员工在惊心动魄的那天表现出的责任感，证明了在他们所做的每一件普通的事情中，“客户至上、以客户为中心”的思维模式都得到了见证。这种思维模式在约翰·托马斯（John Thomas，现任 Rambus 公司副总裁）及其家人于 2005 年入住泰姬陵酒店时得以展现。从美国长途飞行到印度之后，他们在机场受到泰姬陵酒店司机的迎接。他们 3 岁的女儿阿里艾又累又饿，不管父母怎么哄，她还是在整个行车过程中不停地哭。他们一到酒店，就有一名工作人员立即向他们打招呼，并交给他们一把房门钥匙，告知他们没有必要排队办理入住手续，也不用担心行李，这些都会有人安排。这样一来，父母就可以直奔客房照顾哭闹的孩子了。当他们走进房间之后，一杯温热的牛奶和一些饼干已经摆在桌子上了。使这对夫妇感到欣慰的是，阿里艾立即大口地喝完了牛奶，吃掉了饼干，露出了笑容；几分钟之后，孩子就咯咯地笑出声来。欣喜不已的托马斯打电话给前台，向他们表示感谢，并询问他们是如何知道阿里艾大哭大闹的事情的。泰姬陵酒店员工说，司机在途中曾打电话给前台，后面的事情就交由酒店来处理了。

我们认真思考了阿里艾一事，并查阅了其他案例、媒体新闻，还有泰姬陵酒店的其他客人告诉我们的经历。我们意识到，责任感在这家酒店里无处不在，是因为虽然他们也有严格的等级制度及专业职责的划分，但每一位员工，不论是什么级别，他们的甄选、培训、奖励都是为了维护客人的利益、了解每一位客人的特殊需求的，并且会彬彬有礼地敦促、教导其他同事照做不误。这种思维模式也说明“主人翁”精神在每次工作交接的时候并没有减弱，反而得以保持，并且形成了许多微小的行动，比如托马斯家女儿哭闹的消息，从司机转到了前台及泰姬陵酒店其他员工那里。与此相反，回想一下第 5 章一开头提到的安妮和佩里·克莱班在美国联合航空公司的经历。责任感的缺失致使机场的一位合同工将他们的女儿菲比弄丢了。也就是说，当时没有员工让菲比给提心吊胆的父母或是营地的员工打电话，通知他们航空公司出了差错，但是她一切安好。这种责任感的缺失使美联航多名员工认为，他们拒绝帮助担心的父母这一行为是被允许的，直到克莱班提醒了其中一位同样为人母的员工，她才有所行动。

一旦员工推三阻四，不再向客户提供满意的服务，责任感便会缺失，该有的压力也没有了，他们就不会做该做的事情了。如果工作的游戏规则是鼓励每位员工先己后人，同样的事情还会发生。如果薪酬和晋升制度与自私的行为正向挂钩，比如要去忽略同事甚至损害同事的利益，那么员工就会以为成功与职位的保全取决于要始终想着自己，而不是“我们”，即组织的所有人。当责任感与义务感消失殆尽，那么人们的一举一动几乎都只是发自可悲的想当然而已。一家大型金融服务公司新聘请的高管告诉拉奥，当一位同事谈起“我20% 的时间被分配到这个团队，所以我只负责团队目标的 20%”时，他便开始意识到“搭便车”的现象已经在公司里蔓延了。

而当员工的责任感充满了工作场所，那种想要解决问题的责任感渗透到每次交接的工作中、会议中以及与组织服务的客户的每一次互动中，成功就会被复制，并得以延续。“器官捐献突破性协作”（Organ Donation Breakthrough Collaborative）项目的案例研究表明，这一点是毋庸置疑的。2003 年，美国 45 家医院组建了这个联盟，旨在提高器官的捐赠率。美国每年有成千上万的人需要移植心脏、肺、肝或肾，但是许多人因为无法获得匹配的器官而离世。一家标准的美国医院可以从 50% 离世的患者那里获得大量的器官，他们同意捐赠器官，离世后也有可以存活的器官。但是，只有大约 15% 的美国医院的器官转换率超过 75%。一项案例研究揭示了这些医院的思维模式与方法。每个阶段，医护人员都积极且巧妙地联系潜在的捐助者及其家庭成员，以求得每一个可能的机会。所有的医护人员，不只是医生、护士，还有前台接待员、管理人员及神职人员，都尽力确保能够完成捐赠。“抱团”是这类医院运用的一种关键方式，可以催生出责任感，让员工积极与濒临死亡的、有可以存活的器官的捐赠者沟通。团队会召开一系列简短的站立会议，来讨论患者家庭对患者情况的了解，以及家庭的情绪状态和他们在医院的种种经历。这些步骤是获得家庭信任最基本的方式，以确定提出器官捐赠问题的最佳方式及时间点，以及具体哪些团队成员将采取哪些行动。

在捐赠率最高的医院里，“全员教，全员学”是引导这些“抱团”行为的座右铭，也指导着医院许多其他的行为。当大家都觉得责无旁贷时，人人都感到在必须做一个老师的同时，也要做一个学生，去与同事分享自己的全部知识，以及尽可能地向别人学到更多。这种情况下，责任感便会螺旋式上升，而不会产生具有破坏性的想法，比如说“这不是我的工作”，或者说“如果我做了这件事情，那么我会遇上坏事的”。

满足感推动你不断向前

我们详细地讲述过将组织优势从无到有四处传播时会遇到的诸多困难。一开始，我们将复制成功称为“成功的增量问题”，并将其描述为是令人心烦意乱的挑战，困扰并折磨着领导者和团队。我们如实记录了数不胜数的障碍，并表明复制成功没有坦途。不过，乐观向上的主题始终贯穿了《可复制的成功》这本书，每一次提到与复制成功有关的谈话时，我们的自豪感是真切的，是一种“齐心协力共创成功”的感觉，而且还希望大家都有一份信心，尽管会千辛万苦，但要持之以恒、竭尽全力，并以“这个地方是我的，我也属于这个地方”的思维模式来身体力行。团结一心，好事便会接连发生。

当捷蓝航空公司的邦尼·西米在召集第一次会议时，大多数同事认为“非正常运营”的项目注定要失败。西米百折不挠，请那些持怀疑态度的人在那天迁就她，邀请大家来绘制流程图，确定恶劣天气来临时捷蓝航空公司在肯尼迪机场进行关闭运营及重新开放必不可少的步骤。西米看到团队第一天就取得了巨大的进展，而且他们还愿意再坚持更长一点的时间，来让其他同样对此表示怀疑的同事试一试，她感到非常满意。此后，团队层层深入，齐心协力找出了系统中需要改进之处。团队成员开始接二连三地解决美中不足的地方，并将这些改变在整个公司推广，人人都豪情万丈。现在，每当西米与最终加入“非正常运营”项目的捷蓝航空成百上千名员工回顾大家的聪明才智及付出的辛勤劳动时，他们都会因为“齐心协力共创成功”而引以为豪。机票预订代理人安妮特·希尔（Annette Hill）是这样说的，作为“非正常运营”项目的一员，她感到“这是我们的公司，不是别人的，是我们的”。

推动复制成功日复一日有效进行而产生的各种满足感，是令复制成功高手们感到自豪并难以忘怀的一点，而且还会吸引他们进行下一次的复制成功，哪怕上一次已经非常艰难。

7 年的对话

我俩加起来有超过 50 年的项目研究经历，从中汲取了组织管理的知识，尤其是竭尽全力撰写了一些同行评议的学术论文，发表在诸如《管理科学季刊》（*Administrative Science Quarterly*）和《美国社会学杂志》（*American Journal of Sociology*）上；还写了一些文章，是面向管理类读者的，发表在《哈佛商业评论》（*Harvard Business Review*）和《麦肯锡季刊》（*McKinsey Quarterly*）上。另外，我们还出版了一些书，比如这本，期望解决实践中的一些难题。然而《可复制的成功》这本书最终能修成正果可谓历经重重困难，我们之前谁也没有经历过。在这 7 年中，我们经常感到前路漫漫、难以预测，有时令人沮丧，但有时又魅力无穷。这里讲述的便是我们曾经运用过的思想体系、学习策略及方式方法。虽然这个旅程因此书的完成和出版而暂告一个段落了，但它将在未来多年里继续。

严谨性和实用性

我们的指导理念受到《保证严谨与实用的修正工作》（*Repairs on the Road to Rigor and Relevance*）一文的启发，这是1995年加州大学伯克利分校的巴里·斯托（Barry Staw）撰写的文章。我们在前言里曾提到，“我们做的所有工作都始终围绕着两个目标：一个是力所能及地找到最严谨的证据与理论，另一个是给那些希望大规模复制成功的人提供实质性的意见和建议”。这意味着理论研究世界的单纯、谨慎、有序。身为研究人员，我们非常热爱学术的严密性，但现实中，人们要努力奋斗将成功复制给有需要的人。与他们息息相关的是复杂问题、令人抓狂的局促状况，以及一波三折的日常事务。而我们就在这样的学术研究世界和现实生活之间一心挂两头，研精致思。

随着项目的展开，这一理念也改变了几次。我们大力倡导以实证为基础的管理理念，坚信如果领导者和团队能够利用自己组织定量、定性的数据和其他公司的模式，以及人类群体行为研究结果，就能做出英明的决定来复制成功。这个观点贯穿《可复制的成功》一书。但凡我们讲到了某个案例或是提出某个管理技巧，但并没有提及具体的理论或研究，背后必有学术论文或书刊支撑。然而，写这本书时我们意识到，以实证为基础的管理理念是有限制的。我们查阅的理论及数据虽堆积如山，但仍不够先进、完整和一致，不足以使想要复制成功的团队成员唾手可得，从而答疑解惑、运用自如。行为科学尚未发展到这个阶段。就复制成功而言，挑战包含很多不同的方面，不同团队、组织及行业，甚至同一团队或组织面临的不同挑战，其正确答案可能大相径庭。要找出一个“依葫芦画瓢”的方法纯属无稽之谈。无论你读了多少案例、研究报告或是书刊，复制的成功总是取决于需要你做出的千变万化又难以名状的判断。

复制成功类似于驾驶飞机或做手术。就像那些出类拔萃的飞行员和外科医生一样，负责复制成功的领导者与团队技高一筹，明白并应用最佳实证，才会百炼成钢，降低失败的概率。但这样仍美中不足。如果一位外科医生只是熟记了学习过的内容，比如怎么做阑尾炎手术，但却从未真正地实践过手术流程，没人会愿意让他做手术的。同样，复制成功就像其他复杂领导力的复杂难题一样，这是一门手艺，需要多年的身体力行才能成为大师。这就是为什么我们会大量利用参与复制成功的领导者、团队及组织的案例和经验。对于那些全力以赴应对这些挑战的人来说，只有当学术理论与研究结果真实可靠，能够使他们明白摆在面前的艰难险阻，并引导他们去操练技能，它们才会有价值。

7 年的对话

我们以往几乎所有出版物的诞生过程并无二致。许多学术机构和企业也大同小异。首先，我们会花几个月或几年的时间集思广益、搜集证据。接下来，分析事实，得出结论。最后，我们向那些阅读我们文章和书刊、参与课程及演讲的人展示“真理”。在这个旅程的第 1 年或第 2 年，一路顺顺利利。我们研究案例，翻阅理论文章，然后聚在一起深入了解复制成功的挑战，并提出解决方案。渐渐地，这个对话过程就从两人之间的私人对话，变成了同一群有识之士进行的持续对话。我们身处一个过程的中心地带，决定要对哪个领导者、案例及证据寻根问底，筛选哪些内容舍弃不用，哪些保存下来以供将来参考，然后将它们连在一起。不过，与其说这本书是我们私下构思至今而首次发布的整合之物，不如说它是我们与许多有思想的人历经多年而形成的“受惠”产物。

曾经帮助我们的人有几百人之多，发挥了更大间接作用的人达几千人。我们会在以下 7 个核心方法的概述中详细介绍这些互动。不过，从另一个有利的角度来看，在过去的 5 年中，我们在这个项目里日复一日做的是差不多同样的事情：与那些深谙复制成功的人打交道，采纳他们的思想，力图完善我们自己的。我们仍然或独自或两人一起做了很多工作。在阅读学术文章、案例或媒体报道的时候，并未让他人介入。两人会谈论一些新想法，并记下内容。不过，我们早期便意识到，平时长时间闭门读书来揭示“真理”，然后推广出去的方式并不能将收集的想法、建议及案例浓缩到这样一本书里。因此，我们采取了一个效率较低，但却更有成效的方法。

我们开始积极地招募一些人手来帮助开展和评价我们的工作，直到这本书完成。有时，我们给大家发电子邮件询问一知半解的问题，大家会竭尽全力回复一些颇有见地的观点。例如在第 5 章，我们讨论了风险投资人约翰·利利在斯坦福大学计算机科学入门课程里担当“协调员”的经历。这个任务对于利利成长为领导者和企业家至关重要，对于其他高科技领袖，包括雅虎的 CEO 玛丽萨·迈耶来说也是如此。那次我们问了利利一句有关做协调员的问题，他立刻回复了一封长达 400 字的电子邮件，并在结尾说：“你是要这些吗？我非常乐意再多谈一些。这个话题我最喜欢了。”后来，利利还检查了那部分的草稿，以确保我们写得正确无误。多年来，有好几次我们也向利利展示了一些新冒出的理念，他总是考虑很周全，如果我们有所遗漏，他会毫无保留地提出来。我们还运用了相关的方法，从其他复制成功的大师那里收集案例，集思广益。其中有凯撒健康连接系统推广项目的路易丝·梁，以及“挽救 10 万条生命”活动的乔·麦坎农。我们采用了类似的方法来挖掘一些字数较少的片断，如第 3 章里奥施公司 CEO 兰德尔·利普斯订立的挂衣仪式，他以此来提醒团队成员在门口要自省。

在我们撰写这本书很久之前，已经开始将自己对复制成功不成熟的想法呈现给那些深陷这一挑战的人。第一次是在 2009 年，萨顿去财捷集团给卡伦·汉森的“设计为愉悦而生”项目小组的 6 位人士做演示。多年以来，我们的思想就是从这些演示中所获得的经验教训里逐渐发展而来的。直到 2013 年夏季的一个为期 1 周的课堂上，拉奥还在向 158 位高管（来自 25 个国家、30 多个不同行业）教授复制成功的内容。经过粗略的计算，我们向上百个不同人群、6 000 多位人士展示过不同版本的此类想法。有时听众人数非常庞大，比如 2 000 位啤酒分销商或管理大型监狱的几百位高管人士。有时听众只有一个人，比如我们与奥利弗·乔（Oliver Chow）共进晚餐，他是联发公司（MediaTek，一家半导体产品公司）的高级管理人员，也是复制成功的高手。我们请大家直接明了地反馈，收到了诸多的严厉批评。我们会观察大家的眼神、脸部表情及身体语言，保留他们感到有趣的想法、经历，并舍弃或订正索然无味的内容，把这些发送到他们的手机上。听众在我们谈到“改善式复制—克隆式复制”的时候精神振奋，但在我们过度探究社交网络时，偶尔会变得兴趣全无。

大家听说我们正在写一本有关复制成功的书，经常主动找到我们，想听听我们的想法，告诉我们他们的故事，同时也会提出批评、提供一些新的线索。例如，我们在鸡尾酒聚会上认识的一位顾问在听到“责任感”这个词后堵了我们 45 分钟，详细地讲述了这种“主人翁意识”的消亡及随之而来的互相埋怨的行为是如何摧毁其客户公司的。有一次，萨顿没有心情与妻子谈论复制成功，但他意识到最好还是谈一下。他妻子和同事当时正提议资助一项复制成功的活动：将在加州成立女童子军的青少年成长基金会的做法推广到 9 个最大的美国女童子军委员会中的 8 个当中。青少年成长基金会资助了这个为期两年的项目，复制成功也正在进行中。

我们运用了以下讲到的 7 个方法，来发现、开展并测试那些最终出现在《可复制的成功》一书里的内容。但是我们之所以出版了这本书，并非是感到有必要将我们的工作切割、归类成清晰的范畴。当我们与那些加入这个旅程，思虑周全、乐于助人的人进行一场又一场对话的时候，这 7 个方法在我们的心中是融为一体的。我们将本书当作是对其精辟凝练的总结，它饱含了我们从这场对话过程中所学会的复制成功的重要经验教训。

核心方法

对行为科学及其他研究融会贯通

我们采用了大量的学术研究报告，用来发展《可复制的成功》一书中提到的各种思想。我们专注于行为科学的研究，主要是从心理学、社会学和经济学方面来考虑，同时还考虑更多的应用领域，包括组织行为学、营销和战略领域。我们偶尔也会涉及物理、计算机科学和生物学领域，还引用及更改了早期书刊中以实证为基础的几个主题，包括拉奥的《市场叛逆者》（*Market Rebels*）和萨顿的《好老板，坏老板》（*Good Boss, Bad Boss*）。

这种方式反映出我们的观点，即计划和开展研究时，一开始就抓住复制成功或任何其他复杂管理难题所需要的关键要素，这简直是异想天开。我们跟进的物理及行为科学两个领域的学者，他们接受过专业训练，不太相信单一的研究所得到的结果；经验丰富的学者只接受多次深入研究而得到的结果。诸如复制成功这类复杂问题最坚定的结论，是通过站在巨人的肩膀上，吸取他们的经验和教训，运用多项研究，并将各项研究结果联系起来才得到的。事实上，早期我们几乎每天都会讨论这本书。大多数时候，我们会致力于将收集的这些经历和案例与严谨的理论和研究，以准确、实用又引人入胜的方法联系起来。

开展和收集详细的案例研究

我们与斯坦福大学的作家合作，制作了几个以复制成功为主题的教学案例，其中包括“挽救 10 万条生命”活动、惠氏制药公司、捷蓝航空公司、瑞特公司“相互取乐”游戏以及谋智公司的案例。在第 5 章里，我们引用了萨顿发布在博客上的一篇名为“工作无小事”的帖子，帖子详细描述了安妮和佩里·克莱班在美国联合航空公司走失女儿菲比的经历。我们也引用了同事撰写的某些组织的案例，其中有蛋蛋屋、尼曼百货商店、夏洛特·比尔斯管理的奥美广告公司以及遭受恐怖袭击的孟买泰姬陵酒店。我们通过面谈或引用公开发表的资料来描述奈飞公司、凯撒健康连接系统的推广实施、Facebook 的“新员工训练营”、查克·埃斯利和阿明·萨贝里的公开在线课程，以及亚特兰大学校的作弊丑闻。我们也用了很长的篇幅来讲述某些组织，其中包括亚当·拉辛斯基的《苹果》(*Inside Apple*) 和百胜集团 CEO 戴维·诺瓦克的《超级领导力》(*Taking People with You*)。

源自多元化媒体的简短案例

为了发现观点、找寻经历，我们尝试了多种媒体渠道，其中包括《纽约时报》《华尔街日报》《旧金山纪事报》《中国商业评论》《哈佛商业评论》《麦肯锡季刊》《纽约客》《经济学人》《大西洋》和《财富》。我们还借鉴了各种不同的文章，包括米切尔·贝克《争论的蜥蜴》，本·霍罗威茨给人启发的《本的博客》《工作游戏化》，英国心理学会的《研究摘要》(*Research Digest*)，以及萨顿的《工作无小事》。

有针对性的访谈与非计划性的对话

当我们与许多复制成功的高手及专业人士对话时，从未停止过寻找一些内容来帮助我们说明、开展和测试新的想法。我们几乎每天都会通过面对面、电话及电子邮件等多种方式进行大量的访谈，包括后续的进一步交流，以核对事实并收集更多细节。互动的形式各种各样，此处无法一一列举，每一个都铭记不忘。我们对上百名参与这些交流的人感激不尽。

将复制成功的新想法呈现给多元化的受众

上面提到多元化受众的想法与反馈是如何引导我们撰写这本书的。我们的策略是使书中涵盖的组织和行业能够有一定的广度，因为要考虑到，我们的目标是选取在大多数组织里大多数领导者与团队感到有价值的全方位视角。成百上千的受众太多了，也无法在此列出。对这种广度，在这里给读者一点概念吧。我们将这些想法介绍给了辛辛那提儿童医院的 50 位卫生医疗高管和研究人员，科罗拉多美国法律制度发展研究所（Institute for the Advancement of the American Legal System）会议上关于宣传司法改革的 60 位法官和法律学校教授，亚利桑那州一家律师事务所年会上的 400 位合伙人，加州 20 位高中校长及其资深团队，得克萨斯州敏捷开发的 500 位程序员、顾问和高管，斯坦福大学课堂上的 50 位 CFO，百威英博（InBev，世界上最大的啤酒公司）的 60 位顶尖高管，谷歌负责企业运营的 20 位经理和高管，斯坦福大学人力资源部门的 250 位成员，还有参与芝加哥餐饮服务妇女论坛的包括麦当劳、可口可乐和百事可乐的 400 位经理与高管，亚利桑那州的 200 名营销研究人员，以及加州伯灵格姆（Burlingame）的 400 位项目经理。每个群体都教会了我们了解新的事物，使我们随后修订了复制成功的想法与案例。

给斯坦福大学研究生教授“可复制的成功”的课程

2012 年和 2013 年，我们两人分别给 50 位左右的斯坦福大学工商管理和工程学院的硕士研究生教授了“可复制的成功”课程。这样做，可以从 3 个方面发展我们的思想。第一，作为对 100 位敏而好学且非常重要的斯坦福大学学生的回应，它使我们能够讨论和改进这本书中提及的思想。第二，课堂上的嘉宾，包括书中提到的众多复制成功的“明星”，其中有一些是来课堂演讲时我们才初次相遇的，其他则都是老朋友。有幸福生活酒店集团的奇普・康利、Facebook 的克里斯・考克斯和迈克・斯科洛普夫、Cost Plus World Market 的巴里・费尔德、Twitter 的克里斯・弗赖伊、迪士尼的卡琳・克里科里安、财捷集团的卡伦・汉森、安德森・霍罗威茨公司的本・霍罗威茨和捷蓝航空的邦尼・西米。

第三，也是重中之重的，从学生团队的复制成功实践项目中，我们受益匪浅。2012 年，团队曾与阿里亚德妮・斯科特（斯坦福大学的自行车项目协调员）和黛布拉・邓恩（d 学校的教授、惠普前执行副总裁）为提高斯坦福大学学生骑自行车时的头盔佩戴率一起合作。团队运用了复制成功的理论，经历了多次失败，但也取得了几个令人瞩目的成就，其中包括“西瓜攻势”和一个利用学生作为子女的身份来施压于父母实行戴头盔的项目。2013 年，团队与美国陆军快速装备部队（REF）的负责人彼得・纽厄尔上校（Peter Newell）一起合作，旨在为前线士兵加快发展并推广一些技术性的解决方案，特别是应用了“连接及传播”的原则。有几个团队负责帮助减少“从闪光到爆炸的时间”，即减少从发现问题到士兵找出或得到一个有效解决方案之间的延迟。应对这个挑战，最重要的是将士兵的经验和群体智慧同可能找到解决方案的 REF 工程师与其他技术人员建立联系。有个学生团队开发了一种系统，类似亚马逊网站销售产品的评级方法。士兵可以用 5 个档次来评价可能的解决方案。另外一个团队开发了类似 Twitter 的系统，使用简单的技术，消耗最小的功率，士兵便可以轻松地将那些应对挑战的相关建议和信息传送到 REF 团队那里。

从斯坦福大学 d 学校获得的启示

自 2002 年以来，我们就参与了斯坦福大学 d 学校的建设，那时它看起来就好像是戴维・凯利与同事分享的一个遥不可及的梦想。萨顿是创始教职人员之一，自 2005 年以来，他已经联合教授了十几个 d 学校的课程。d 学校 2004—2005 学年开设了 4 节课，上课的活动教室散发着臭味、空间狭窄。到了 2007—2008 学年，学校发展到有十几节课，那时地方虽然大了，但是空间依旧局促；再到 2012—2013 学年，常规及短期课程达到 50 余个，这时课堂设在经过重建的宽敞大楼里，那段时间萨顿孜孜不倦地在那里工作。拉奥和萨顿还联合创立了“以客户为中心的创新”课程，这是 d 学校的第一个高级管理人员课程，是与工商管理研究生院合作的。2006 年参加的高管人士有 27 位，在第 7 个年头即 2013 年，参加的高管有 60 位；目前，在 d 学校每年为大约 500 位高管提供的 8 个课程中，这个课程便是其中之一。d 学校每年还教授短期培训班，学员至少有上千名，包括小学校长、医生等不同行业的人。

从帮助 d 学校成长的过程中，我们在复制成功方面受益良多。更重要的是，我们第一手观察到戴维・凯利这位创始人及其灵感的源泉，还有其他领导者，包括学术总监伯尼・罗斯（Bernie Roth）和管理总监萨拉・斯坦・格林伯格（Sarah Stein Greenberg），他们都遇到了这本书里论及的几乎每一个复制成功的挑战。此外，我们在“以客户为中心的创新”课程中起到的领导作用，让我们能够追踪那些在组织内部传播设计思维的高管人士，其中的复制成功英雄包括通用电气的道格・迪茨、财捷集团的卡伦・汉森、捷蓝航空的邦尼・西米，美国第一资本投资国际集团（Capital One）、思杰（Citrix）、卫星电视服务商 DIRECTV 、富达国际（Fidelity）、凯悦、宝洁以及全球性企业应用和解决方案提供商 SAP 的各位高管，是他们源源不断地给我们提供他们的百般尝试、千辛万苦以及丰功伟绩的各种信息。

未来，属于终身学习者

我这辈子遇到的聪明人（来自各行各业的聪明人）没有不每天阅读的——没有，一个都没有。巴菲特读书之多，我读书之多，可能会让你感到吃惊。孩子们都笑话我。他们觉得我是一本长了两条腿的书。

——查理·芒格

互联网改变了信息连接的方式；指数型技术在迅速颠覆着现有的商业世界；人工智能已经开始抢占人类的工作岗位……

未来，到底需要什么样的人才？

改变命运唯一的策略是你要变成终身学习者。未来世界将不再需要单一的技能型人才，而是需要具备完善的知识结构、极强逻辑思考力和高感知力的复合型人才。优秀的人往往通过阅读建立足够强大的抽象思维能力，获得异于众人的思考和整合能力。未来，将属于终身学习者！而阅读必定和终身学习形影不离。

很多人读书，追求的是干货，寻求的是立刻行之有效的解决方案。其实这是一种留在舒适区的阅读方法。在这个充满不确定性的年代，答案不会简单地出现在书里，因为生活根本就没有标准确切的答案，你也不能期望过去的经验能解决未来的问题。

而真正的阅读，应该在书中与智者同行思考，借他们的视角看到世界的多元性，提出比答案更重要的好问题，在不确定的时代中领先起跑。

湛庐阅读App：与最聪明的人共同进化

有人常常把成本支出的焦点放在书价上，把读完一本书当作阅读的终结。其实不然。

时间是读者付出的最大阅读成本
怎么读是读者面临的最大阅读障碍
“读书破万卷”不仅仅在“万”，更重要的是在“破”！

现在，我们构建了全新的“湛庐阅读”App。它将成为你“破万卷”的新居所。在这里：

- 不用考虑读什么，你可以便捷找到纸书、电子书、有声书和各种声音产品；
- 你可以学会怎么读，你将发现集泛读、通读、精读于一体的阅读解决方案；
- 你会与作者、译者、专家、推荐人和阅读教练相遇，他们是优质思想的发源地；
- 你会与优秀的读者和终身学习者为伍，他们对阅读和学习有着持久的热情和源源不绝的内驱力。

从单一到复合，从知道到精通，从理解到创造，湛庐希望建立一个“与最聪明的人共同进化”的社区，成为人类先进思想交汇的聚集地，与你共同迎接未来。

与此同时，我们希望能够重新定义你的学习场景，让你随时随地收获有内容、有价值的思想，通过阅读实现终身学习。这是我们的使命和价值。

CHEERS

本书阅读资料包

给你便捷、高效、全面的阅读体验

本书参考资料

湛庐独家策划

- 参考文献

  为了环保、节约纸张，部分图书的参考文献以电子版方式提供

- 主题书单

  编辑精心推荐的延伸阅读书单，助你开启主题式阅读

- 图片资料

  提供部分图片的高清彩色原版大图，方便保存和分享

相关阅读服务

终身学习者必备

- 电子书

  便捷、高效，方便检索，易于携带，随时更新

- 有声书

  保护视力，随时随地，有温度、有情感地听本书

- 精读班

  2~4周，最懂这本书的人带你读完、读懂、读透这本好书

- 课　程

  课程权威专家给你开书单，带你快速浏览一个领域的知识概貌

- 讲　书

  30分钟，大咖给你讲本书，让你挑书不费劲

湛庐编辑为你独家呈现

助你更好获得书里和书外的思想和智慧，请扫码查收！

（阅读资料包的内容因书而异，最终以湛庐阅读App页面为准）

图书在版编目（CIP）数据

浙江省版权局
著作权合同登记号
图字:11-2020-183号

可复制的成功 / （英）罗伯特·萨顿（Robert Sutton），（英）哈吉·拉奥（Huggy Rao）著；王殊译. -- 杭州：浙江教育出版社，2021.6
ISBN 978-7-5722-1842-2

Ⅰ. ①可… Ⅱ. ①罗… ②哈… ③王… Ⅲ. ①企业管理—组织管理学 Ⅳ. ①F272.9

中国版本图书馆CIP数据核字(2021)第097277号

上架指导：商业思维 / 企业管理

可复制的成功
KE FUZHI DE CHENGGONG
［英］罗伯特·萨顿（Robert Sutton）　哈吉·拉奥（Huggy Rao）　著
王殊　译

责任编辑：高露露
美术编辑：韩　波
封面设计：ablackcover.com
责任校对：刘晋苏
责任印务：沈久凌
出版发行：浙江教育出版社（杭州市天目山路40号　电话：0571-85170300-80928）
印　　刷：唐山富达印务有限公司
开　　本：710mm ×965mm　1/16
印　　张：19　　**字　　数**：288千字
版　　次：2021年6月第1版　　**印　　次**：2021年6月第1次印刷
书　　号：ISBN 978-7-5722-1842-2　　**定　　价**：99.90元

如发现印装质量问题，影响阅读，请致电010-56676359联系调换。